LA LIBERACIÓN DE GUINEA ECUATORIAL
THE LIBERATION OF EQUATORIAL GUINEA
LA LIBÉRATION DE LA GUINÉE ÉQUATORIALE

LA LIBERACIÓN DE GUINEA ECUATORIAL
THE LIBERATION OF EQUATORIAL GUINEA
LA LIBÉRATION DE LA GUINÉE ÉQUATORIALE

Proyecto Político
Political Project
Projet Politique

Ángel Eló

Número de Control de la Biblioteca del Congreso de EE. UU.:   2018900419
ISBN: Tapa Dura   978-1-5065-2359-0
             Tapa Blanda   978-1-5065-2361-3
             Libro Electrónico   978-1-5065-2360-6

Información de la imprenta disponible en la última página.

Fecha de revisión: 16/01/2018

Para realizar pedidos de este libro, contacte con:
Palibrio
1663 Liberty Drive
Suite 200
Bloomington, IN 47403
Gratis desde EE. UU. al 877.407.5847
Gratis desde México al 01.800.288.2243
Gratis desde España al 900.866.949
Desde otro país al +1.812.671.9757
Fax: 01.812.355.1576
ventas@palibrio.com
764901

ÍNDICE

LA LIBERACIÓN DE GUINEA ECUATORIAL
PROYECTO POLÍTICO

THE LIBERATION OF EQUATORIAL GUINEA
POLITICAL PROJECT

LA LIBÉRATION DE LA GUINÉE ÉQUATORIALE
PROJET POLITIQUE

LA LIBERACIÓN DE GUINEA ECUATORIAL

PROYECTO POLÍTICO

Ángel Eló

INTRODUCCIÓN

EL JOVEN LIDER LA ESPERANZA DE LA JUVENTUD ECUATOGUINEANOS Y ECUATOGUINEANAS GENTES DE GUINEA ECUATORIAL

Breve historial de Ángel Elo

Joven Líder la esperanza de la juventud de Guinea Ecuatorial Ángel Elo es un ciudadano ecuatoguineano, con residencia real en Arizona, Estados Unidos. Nace el día 4 de mayo de 1968. En el poblado de Fula, distrito de Kogo, Guinea Ecuatorial, en el seno de una familia humilde. Su nombre completo es Ángel Eló. El joven Ángel vive su infancia en su pueblo natal de Fula, junto a sus padres. Empieza sus estudios primarios en el Colegio Nacional "Roque Enguang Ondo" de la ciudad de Kogo, donde obtiene sus estudios de "Grado en Estudios Primarios, también conocido como Enseñanza General Básica, en el año 1982. En el año 1983 se trasladó a Bata, capital económica de Guinea Ecuatorial la provincia de Litoral Bata para realizar sus estudios segundarios. Ingresa en el Instituto Politécnico "Modesto Gené Goig" de Bata, donde realizas sus estudios de Maestría industrial, en la rama de Metal, estudios que concluyen en el curso escolar 1983-1988. Después de que terminan sus estudios en Bata, y tras el fallecimiento de su querida madre, vuelve a su pueblo natal en donde comienza a ejercer el Maestro, en la recién abierta escuela por el Ministerio de Educación de Guinea Ecuatorial. Con la llegada de los movimientos políticos en Guinea Ecuatorial en los años 90, se alista en los movimientos políticos de la oposición, y comienza a ejercer de activista político de la oposición en la clandestinidad, denunciando las injusticias y el maltrato que soporta su pueblo y los habitantes de toda la región. Descubierta su afinidad política y sus vínculos con la oposición clandestina, es detenido, torturado y recluido varias veces durante largos periodos en la prisión de Modelo de Kogo. Después de esta larga persecución, continuas detenciones y maltratos, se refugia en Libreville, capital de la vecina República Gabonesa, en el año 1998, donde continúa con su actividad política, hasta que finalmente es aceptado por las autoridades de los Estados Unidos de América, que le conceden el asilo político solicitado y es trasladado a los Estados Unidos, donde actualmente reside. Desde los Estados Unidos, ha seguido con su proceso de formación, volviendo a las aulas, en donde obtiene el título de "Graduado en Comercio Internacional", en el año 2014. También ha realizado estudios sobre la "Ley de Patentes" de los Estados Unidos. Ha realizado cursos sobre la lucha contra el odio y la discriminación en los Estados Unidos. Y otras varias actividades sociales, concretamente en la institución de los veteranos paralizados del ejército americano, en donde ha recibido varias distinciones. Profesionalmente, ha realizado actividades laborales en las áreas de su formación. Concretamente en las siguientes empresas: Actualmente tiene su propia empresa de servicios, cuyo nombre es "Pan y Agua". También es miembro fundador de la asociación "África Organización para la Acción, que se dedica a promover las democracias en los países africanos. Como político, sigue pensando en el poder realiza el sueño de su pueblo vive en la libertad y en la prosperidad, en donde todos los ciudadanos son iguales y gozan de las mismas oportunidades. Ángel habla tres lenguas español, francés e inglés.

Breve Memoria de contexto histórico
Entre España y Guinea Ecuatorial

Guinea Ecuatorial desde 1968 no se ha variado en la última década la situación en Guinea Ecuatorial sigue lo mismo no se ha cambiado ni para nada, para hablar de Guinea Ecuatorial, estamos en un año escasos de escapar y llegar a 50 años de la independencia, puedo decirlo no podemos ignorarlo. Una independencia que todo el mundo sabe que una independencia tiene que estar en contra de las gentes que no están bien preparadas para llevar a cabo el timonel de una independencia, de un país independiente. También tiene que aceptar que después de los años de la colonización, los estados de la provincia de Guinea Ecuatorial están disponibles de una parte a través de los valores bastantes serios de su origen como un país. Acompañante naturalmente por la antigua colonia, sí ha habido la colonia modélica en África la colonización española que lo cual podía permitirse perfectamente el paso de la autonomía a la independencia sin tener el problema en cuanto a los desajuste de este profundo vacío que se produce a nada, por un pueblo que no se encontró porque el país está en el punto de mira que, está en el horizonte de un país como Guinea Ecuatorial que está, en las manos de colonos españoles por un pueblo como Guinea Ecuatorial más cristiano que cualquier otra cosa. De un pueblo formado de hondura de la paz, y de la tranquilidad la independencia significa pelear y pelear, los que dominan y los dominados entonces algo de colonización el modelo en África, llevaban las manos de los españoles a una dictadura cruel. Es evidente que muchos se preguntaron por qué no volvemos de colonización, erábamos más felices comíamos, trabajábamos, con tranquilidad. ¿Ahora con la independencia, porque no nos vamos a comprar nuestro café, y cacao, en nuestros productos agrícolas, que somos los que nos alimentan, nos hacen fuertes, nos cimientan en nuestro entorno y que hacemos? Entonces, es naturalmente un pueblo que se ha caído en la mano de una dictadura cruel. Que se dedica simple, llanamente robar, y robar, apoderarse de la riqueza del país, y a matar a cualquier residente. Por eso el país está dividido y lleva casi 50 años, parte de esa parte, más importante, más importante. Parte de exilio muy importante de la otra parte vegetante dentro del país aprensión y esa parte es muy importante también, pero sí ha caído en la mano de una dictadura cerrada. Después de esos 49 años se encuentra en Guinea Ecuatorial se encuentra en una situación de angustia, de donde sabemos que la única cosa que se ha postrado es el poder en la energía del petróleo, no hay nada para nada en el país, este petróleo esta vaporando en las manos de los poderes gobernantes y en las manos de grandes poderes avispados internacionales que llevan las partes de dinero en las fuerzas económicas del país. Guinea Ecuatorial se encuentra en una situación peligrosa, de la delincuencia, robo, droga pobreza, miseria, etc. El dictador es un hombre desahuciado políticamente para poder dirigir un país como Guinea Ecuatorial. No sé cómo salir de esta situación exilio, listo preparado, tomar la dirección de este país, que está actualmente vacio de valores. En Guinea Ecuatorial tiene la condición de que la comunidad internacional no se encuentre arrodillada, Guinea Ecuatorial tiene la responsabilidad de participar en la comunidad internacional de los norteamericanos. Las dos inquietudes que tenemos, todos los exiliados es la mayor del capital humano, tanto cultural, profesional, con mayor experiencia, de muchos años. Lo llamamos retorno en libertad en Guinea Ecuatorial, Guinea Ecuatorial tiene un potencial económico brutal de su riqueza, petróleo, pesca, madera, minerales, gas que significa, con este Los Estados Unidos, Francia y España están operando ahí.Es momento de tomar el poder la fuerzas la poblacion levantan las cabezas de revolucionarios en Guinea Ecuatorial.

Historia de fracaso proceso de democratización en Guinea Ecuatorial

Comienzo revivir mi historia por una recopilación de las relaciones entre España y Guinea Ecuatorial, empezando por Adolfo Suárez. Todos ustedes saben que Suárez fue un Nalca de Obiang para ascender en potencia, Obiang en 1979 promete a los guinea ecuatorianos que a los tres años dejaría el poder, a manos de los civiles se cumplen los tres años Obtiene usted su tambor En Qué Es "Variado en el mundo", Suárez pasa en España. Sube arriba Felipe Gonzales está observando al Obiang una lechuga dictatorial, comenzando las medidas para frenar lo que podría entenderse como una compensación a las posiciones peores que las que se encontraban en Guinea Ecuatorial. Felipe Gonzales en las solanas sitúa a Joaquín Pérez Gomes, como embajador en la misión especial sobre el tema de Guinea Ecuatorial. Moratinos fue director de África subsahariana no había ido en el medio significa empezar a hablar para llevar a una oposición y Morata para ver si entre esa oposición y Obiang si puede llegar a un acuerdo y ambas partes para organizar para Guinea Ecuatorial comienza a democratizarse todos esos intentos fallaron Al final el último Felipe Gonzales recibió en su despacho Joaquín Pérez Gomes, esas fases de estos intentos abrieron la radio exterior de España luego cerraron el partido popular esa radio. Pero Obiang es un Diablo que sabe con jugar y jugar, todos los verbos que se necesitan para permanecer en la silla, pasa el Felipe Gonzales pasa y sube Aznar se eleva y el poder, Aznar tiene como derecho de Bracho todos los que Aznar estaba apoyando a muchos guineanos en España. Ramón Gil jasares, fue el jefe de Gabinete de Aznar, Ramón Gil Jasares estuvo en Guinea Ecuatorial, también cumplió lo que pasó la última fase de la que habló, en torno a los socialistas y Ramón Gil Jasares planteó el tema en otras palabras cambia las tornas y plantea lo que llama un compromiso constructivo para Guinea Ecuatorial una palabra que suena bien, pero no conduce nada. Tampoco hay concreción sobre el tema de Guinea Ecuatorial. Se sube en el poder del Zapatero con Moratinos como punta de lanza, se detiene en las primeras fases, se mantiene la continuidad del partido popular pero no hay soluciones al tema. La Guinea Ecuatorial para negociar con Obiang. Venían con las manos delante contando películas estaban democratizándose cuando tenían una regresión tremendísima hacia posiciones totalmente utilizables contra la población Guineana encarcelamiento, y tortura etc. Termina esta fase en el poder del Mariano Rajo, pasa olímpicamente del tema de Guinea Ecuatorial, la segunda legislatura de Pepe no se habla de Guinea Ecuatorial. Guinea Ecuatorial es un país con el hambre, la española es el único botón que muestra la hispanidad en todo el continente africano entre 55 0 56 países que hay en África Guinea Ecuatorial es el único y antes esa sección. Guinea Ecuatorial ha quedado desangelado sin saber dónde ni a quién recurrir. Por supuesto, la asistencia internacional tiene su papel, las naciones unidas emiten sus informes, pero las Naciones Unidas todas las instancias, las amistades internas están asociadas con los derechos humanos y otras, que tienen bienes de mala adquisición, no tienen la aclaración, capacidad de las máquinas o cosas para Obiang puede sentirse sacudido. Porque Obiang también ha montado, noventa mil capas que de manera que dan los comentarios de muchas historias en contra, ¿en qué medidas el régimen es sólido? Aquí es donde usted se enfrenta a incurrir para ver que puedo llegar. Empiezo diciendo que puedo vivir por las iniciativas de lo que puede, la demostración de la iniciación más las palmeras para lo que a menudo se acercan a lo que se puede tener un cambio. Por eso en Guinea Ecuatorial no hay sociedad civil, puede ser fruto de una sociedad civil, un fenómeno, que pone la plaga del cual el germen de semilla, de la creación de un grupo político que ahora cambia de fisonomía, o la geografía política de este país. Guinea Ecuatorial total desatado, Obiang es responsable de que el mas dictador, es un experto en eso, para cancelar todos los espacios debates, críticas de cualquier tema a su alrededor, si no hay espacio para debate político si no hay espacio para la crítica, si no hay espacio para la reflexión, si no hay espacio contra el poder o la confrontación contra el poder de la misma no puede haber cambio que lo tenemos muy difícil. Aquí está la fuerza de Obiang, aquí también está el reto que tiene revivir toda esa historia, los grupos guineanos guineanos, la sociedad civil guineana, los pueblos de diferentes pueblos de Guinea Ecuatorial, toda nuestra obligación es estar en filas nadie va a tener, también tiene el empuje, el apoyo, y la arropo de estancia, por muchas otras, la instancia para la que se puede lograr el cambio si no puedo llegar a una aproximación de lo que puede hacer un cambio y hasta ahora imposible cambio Guinea Ecuatorial no existe la sociedad civil puede producir esta sociedad civil que falta, Obiang las órdenes de la organización a su capricho, lo que es cierto, su término terminado 2023 teórico al leer, pero Obiang conoce su siglo vital, no es incluso eterno él tiene patología múltiple. Los que cuelgan con seguridad en el intento, tratan de mirar en las manos de uno de sus hijos, el testigo para poder pilotar la dictadura que creó a su vez y que es hoy aquí. Ahora a administrar sabiamente, al consumo de siglos porque el daño hizo esta gente por qué le pido a los Estados Unidos no se espera, y porque Francia se enfrenta contra el gobierno de Obiang, e insisto que los estadounidenses apoyan a la oposición guineana, el apoyo político y económico, el importante apoyo diplomático, la voz, la forma en que el juego que vivimos a lo largo del siglo termina. La cuestión de los gobiernos españoles recesivos es clara: en Guinea Ecuatorial no ha habido una política o un tipo para los hombres que han creado un snack bar un interés que no se puede solidarizar para que veamos un cambio real, en el liderazgo para la democratización, personas de Guinea Ecuatorial. Esperamos que con ese interés encuentre una solución sobre el tema que habla de la situación en Guinea Ecuatorial. Ahora, al sabio, al consumidor de los años, porque no se espera, porque se enfrenta con el gobierno de Obiang, y por qué los estadounidenses apoyan a la oposición por Guinea, el apoyo político y económico, el importante apoyo diplomático, la voz, la forma en que el juego que vivimos a lo largo del siglo termina. La cuestión de los líderes españoles es clara: en Guinea Ecuatorial no ha habido una política o un tipo para los hombres que han creado un snack bar un interés que no se puede solidarizar para que veamos un cambio real, en el liderazgo para la democratización, personas de Guinea Ecuatorial. Esperamos que con ese interés encuentre una solución para el tema que habla de la situación en Guinea Ecuatorial. El mundo moderno que viven los jóvenes Guineanos y Guineanas decíamos que pensamos cuando hablamos de liderazgo joven, el joven líder es la persona que tiene una visión diferente a los demás, mi criterio es ser líder que está viendo el bienestar de la población, y tengo una visión de cambio que piensa en mis hermanos antes que en mi propio bienestar. Mi liderazgo se sacrifica por ver y encontrar un cambio. Es alguien que dice hagamos y no decir hacer, creo que tengo una capacidad mejor. Soy el joven Líder la esperanza de la juventud de Guinea Ecuatorial. Yo encontré que, el problema que se enfrenta a los jóvenes, de este país Guinea Ecuatorial hoy en día, es que no cuentan con la oportunidad, para que lo enseñen y puedan dar la bienvenida a la sociedad Guineana en Guinea Ecuatorial que, somos capaces y utilizamos y que podemos conducir a un grupo de un país, en una dirección correcta. El Joven Líder la esperanza de la Juventud de Guinea Ecuatorial dice ahora para romper con ese paradigma debemos comenzar por darnos nuestro lugar y buscar un espacio en la sociedad Guineana. De eso encontramos que nuestra sociedad Guineana está rodeado de líderes, pero los líderes que piensan en su beneficio y sus intereses personales, ya no queremos este tipo de líderes. Queremos líderes que piensen en el bien común, por eso me pregunto por qué no daré la oportunidad a los jóvenes líderes. Que la persona que coordina que toma las decisiones claras para alcanzar el objetivo que tiene la motivación para tomar las decisiones juntamente con los demás. ¿Qué significará para la promoción de la juventud Guineana en Guinea Ecuatorial, por qué no somos jóvenes que no está a la altura de una persona individual, sino que somos jóvenes que caminamos juntos hacia en la carretera y en las montañas y damos un ejemplo a los demás? una persona activa que es capaz de realizar lo que el grupo opine o piensen. En el mundo que vivimos muchos que dicen que nosotros los jóvenes somos el futuro, me parece que no, pero en realidad, somos el presente, pensando en el futuro y el futuro de nuestros hijos, nietos, y bisnietos y nuestros padres, abuelos tatarabuelos es sus jubilaciones dignamente etc. El Joven Líder la esperanza de la juventud Ecuatoguineanos, y Ecuatoguineanas de Guinea Ecuatorial tengámonos el vigor y la fuerza, la energía y el ánimo de la selección de actividades que sí nos presentan. Por favor, no me gusta, no me gusta, no me gusta, y no me gusta ver la situación de Guinea Ecuatorial actualmente. El Joven Líder la esperanza de la juventud de Guinea Ecuatorial siempre es la persona que se interesa por el bienestar de los niños, y sus momentos difíciles, que está en el presente y en las circunstancias donde se necesita ayuda y busca soluciones para la problemática de los niños jóvenes, guineanas y guineanos que viven en Guinea Ecuatorial. En otro lado, el joven líder, la esperanza de la Juventud de Guinea Ecuatorial, quiero que todos los jóvenes tengan un conjunto de ojos que miran en todas las direcciones, una energía unánime, con las cabezaras muy altas y una fuerza que no se puede contener, para resolver los problemas. El joven líder de la esperanza de la Juventud de Guinea Ecuatorial quiero darles la alegría a todos los jóvenes de Guinea Ecuatorial, tener sueños, ideales, y programar miles de proyectos que hacer en Guinea Ecuatorial. El joven líder que busca el tesoro oportunidades para todos los jóvenes de Guinea Ecuatorial, ¿quién sabe lo que hace y cómo se puede hacer las cosas a la vez. El joven líder la esperanza de la Juventud de Guinea Ecuatorial que inquiete que está pasando por el mundo que vivimos, que he trabajo duro en todos los lados de una manera incansable, ahora quiero llegar a mi objetivo que, quiero cambiar el mundo la manera en que está ahora, por transformar la violencia en el mundo de paz. Dejarme de ver que, todos los niños deben vivirse en una vida saludable, en Guinea Ecuatorial. Los padres de niños deben de tener paciencia y esperan que los niños y niñas pueden vivir y recuperar su mejor vida en Guinea Ecuatorial. Los jóvenes Guineanos y Guineanas de Guinea Ecuatorial mi recomendación es vivir con la esperanza de que, tarde o temprano estamos listos de la recuperación el pueblo de la Guinea Ecuatorial en general y particular de la vida de todos los ciudadanos Ecuatoguineanos y Ecuatoguineanas que viven en Guinea Ecuatorial. De ese sentido, ahora, el equilibrio las circunstancias, y momentos difíciles, la paciencia, me he dado paradero, hoy en día, fuera de Guinea Ecuatorial y yo, tengo también, espíritu de mantener el orden, la calma, y entre otros. Como joven líder la esperanza de la juventud guineana y guineanos en Guinea Ecuatorial, soy una persona humilde, mi humildad me da la fuerza para la sencillez y la capacidad de mantener un orgullo positivo fuera de Guinea Ecuatorial. Como Joven líder la esperanza de la juventud de Guinea Ecuatorial, soy una persona con integridad y sinceridad, soy un auténtico joven líder honesto que sepa decir la verdad, y sincero, para reconocer mis errores, o para decir lo que es de mi agrado y lo que no es de mi agrado. El joven líder la esperanza de la juventud de Guinea Ecuatorial es un hombre de carácter disciplinado, tengo dominio de mí mismo, y se aplica a la autodisciplina da que he adquirido, la madurez espiritual social, como joven líder de la esperanza de la juventud de Guinea Ecuatorial. ¿He aprendido obedecer y escuchar? Guinea Ecuatorial para la esperanza de la vida de los hombres y mujeres en Guinea Ecuatorial miramos desde 1968 la esperanza de vida subió hasta llegar a 39,13 años. Ese año la esperanza de vida de las mujeres fue de 40,72 años mayor que los hombres que, fue 37,65 años. El Joven Líder la esperanza de la juventud de Guinea Ecuatorial que, he sabido que, con la juventud Guineana es un conjunto social de carácter heterogéneo, donde cada grupo desea diferenciar el resto de los adultos. El Joven Líder la esperanza de la juventud de

Guinea Ecuatorial sabe que los jóvenes siempre buscan un sentido de pertenencia en Guinea Ecuatorial.

Breve historia del Presidente Obiang Nguema, dictador de Guinea Ecutorial

Obiang en el gobierno dictadorial de su Tio Francisco Macias fue el jefe de la Guardia Nacional y su obra al frente de esta responsabilidad suposo una tristeza para el pueblo guineoecuatoriano, hasta que en el 1979, perpetuò un golpe de estado contra su proprio Tio Francisco Macias Nguema el entonces presidente dictadorial de la Republica de Guinea Ecuatorial, para accederse a la presidencia del pais. Macias habia gobernado el pais durante 11 años, asesinò a sus opositores y saqueò el tesoro publico, como es habitual en los dictadores. Guinea Ecuatorial en este momento quiere salir de esta dictadura que lleva amenazando a la poblacion hace màs de cuatro dècadas de vida, donde se estima que màs de un tercio de la poblacion es y ha sido asesinada, torturada en las carceles y expulsada del territorio nacional. Tanto Francisco Macias como su sobrino Obiang, actual dictador que gobierna Guinea Ecuatorial hace 38 años, a traves de sus regimenes, han asesinado a buena parte de la poblacion ecuatogineana.

Memoria Activa de la inseguridad Juridica en Guinea Ecuatorial

Partido Liberal Democrata Progresista de la República de Guinea Ecuatorial, y en mi condición como Joven Lider la Esperanza de la Joventud Ecuatoguineana, por primera vez, presento esa historia única para dirigir la dirección de un país donde no existe Presidente democratico y primer Magistrado del Estado de Ordinario arbitro y Moderador del proceso de democratización de la República de Guinea Ecuatorial. En un país donde no hay justicia en la República de Guinea Ecuatorial, para dar las cuentas de la administración del país. La República de Guinea Ecuatorial no respeta la ley de todos los ciudadanos nacionales y extranjeros residentes, todos los órganos del estado y todos los órganos de la administración pública de nuestro país todo esta bajo el control del presidente de la República Primer primer magistrado de la nación del estado, árbitro y moderador del proceso de democratización para Guinea Ecuatorial no rendir la cunta de cumplir la administracion de justicia del pais. Nos impone un pecado en el futuro a las legaledades de lo que ocure en la nacion por eso no rinde cuentas exactas en los poderes publicas, tenemos que decirlo que, con el corazón en las manos y las lágrimas en nuestros ojos. Nos imponemos de las leyes en el país. Todas las personas físicas y jurídicas, públicas y privadas el, como Presidente de la República Arbitro de la Moderadora y Primera Magistrada del Estado de Guinea Ecuatorial, en este caso denunciamos oficialmente ante el gobierno de Estados Unidos, el presidente y dictador cruel de África subshariana la República de Guinea Ecuatorial no hay Justicia.Nuestro querido país República de Guinea Ecuatorial está atravesando un momento muy difícil, por la crisis económica que a quedado a millas de Guineanos sin trabajo sin recursos, para poder mantener a sus familias ya miles de jóvenes metidos en la delincuencia y la prostitución que se ha dejado a los Jovenes las pobreszas mental en Guinea Ecuatorial. también con esta mala política que usa el dictador más poderoso de África, su mala política no permite que los ciudadanos guineanos sean libres y puedan votar libremente a elegir a sus dirigidos lo que hay que anadir al control militar de las calles, hay barreras en todas las rincones del pais, en nuestras ciudadades con atrapellos de todo tipo. El causante de toda esta situación de pobreza y falta de derechos es el gobierno del partido democrático de Guinea Ecuatorial PDGE. El joven líder la esperanza de la juventud de Guinea Ecuatoriasl, se promocionara la industria para la producción industrial en el sector agrícola en Guinea Ecuatorial. Nuestra riqueza puede ser una fuente económica importantes en benificios de todos los ciudadanos y ciudadanas Guineanas de Guinea Ecuatorial hace que la economía nacional no sera depende del petróleo. El Joven Lider la esperanza de la juventud de Guinea Ecuatorial, se enfocara también en otros sectores como el educativo y el sector de la salud y otros sectores con los que estoy comprometido a trabajar arduamente para lograr lo mejor en Guinea Ecuatorial Internacional. Todos los esfuerzos se centran en el cambio de la situación de Guinea Ecuatorial y para eso, se selecciona en el apoyo de la comunidad estadounidense de Estados Unidos es uno de los Estados que promueven el respeto por los derechos humanos. Esa potencia mundial como Estados Unidos es, lo tiene y que me ofrece apoyo para la materialización y la financiacion de mi proyecto político en la República de Guinea Ecuatorial, la confianza para los sectores económicos. Por ejemplo, para el apoyo de Estados Unidos a Irán, hoy en día tiene su beneficio económico total. Todos los recursos de riquezas que tienen nuestro país sera suficientes para distribuirlo entre nosotros. Son Sectores que cubrían la comunidad norteamericana en el caso de realizar mi proyecto político en Guinea Ecuatorial. Todo el Mundo Saben que Guinea Ecuatorial ese pais ya es una estafa y pais dictatorial.Titulo Hace el Dictador mala gestión adminitrativa dividir el País, por Las contradictorio Una mayoria los guineanos y Guineanas que Viven en la Pobreza en el pais y paga a los ciudadanos trabajadoras a un Dólar por hora. Por Otro Lado, los principales ministros su partido PDGE los Miembros del presidente Obiang y su clan, en el dia hoy los Recursos han Terminado del Petróleo y Que provienen Convertido en multimillonarios en Guinea Ecuatorial. De Mientras Faltan escuelas, hospitales, agua potable, viviendas y Para el bien Común, benificio contado Con Todos Los Ciudadanos de Guinea Ecuatorial. El Presidente es el N° 1 Dictador de Guinea Ecuatorial Dijo que tenia que dar a todos Trabajo, Luz para Todos, Hospitales Para Todos, agua potables para todos, y todo para Todos. ¿Son sus promesas? ¿Es seguro vivir en Guinea Ecuatorial? El País esta viviendo de esta situación de enfrentarse injusticias miserias, Pobreza que soporta el pais. El Dictador hace promissas generalizadas son pecado sin cumplir y con su partido PDGE. El régimen de la triste memoria fue asistida poderar los medios de comunicación, a su alcance. En este caso, hemos decidido que esta nueva acción para la liberación de Guinea Ecuatorial se aplicará a otros países acompañarnos para democratización Guinea Ecuatorial su democracia y libertad. No se puede ganar al Dictador por via de las elecciones y Regimen con el Poder que tienes. Por eso he creado un nuevo movimiento para muvilizar a la población de Guinea Ecuatorial, que sera presentado con los demás compatritas Ecutoguineanos. La República de Guinea

Ecuatorial es un país centroafricano que se define en su constitución como un estado independiente, unitario, social y democrático cuya forma de gobierno es la república presidencial. Es un pequeño país con 28051 km2 de superficie y 1. 222 442 habitantes aproximadamente. La República de Guinea Ecuatorial obtuvo su independencia el 12 de octubre de 1968 y desde esa fecha hasta hoy, Guinea Ecuatorial vive una vez más las dictaduras del mundo caracterizadas por una clara violación de los derechos humanos, la extrema pobreza de sus habitantes y la alta corrupción institucionalizada. Frente a esta situación caótica, vive mi país, Guinea Ecuatorial, y ante la necesidad de ubicar al hombre guineano en el centro de todo, respetando todos los valores que lo caracterizan como persona humana, me surge, como líder y político de este país, la idea de presentar este proyecto político a la comunidad internacional en general, ya la comunidad norteamericana en particular, con el fin de que este sea analizado y posteriormente, y si es posible, el apoyo necesario para que dicho proyecto sea ejecutado en la República de Guinea Ecuatorial.Somos el equipo humano que siempre defiende y establece el sistema político que defiende la soberanía nacional de las personas y el derecho de las personas a elegir y controlar sus gobernantes. Traeremos un nuevo régimen a esta doctrina, somos equipos políticos, lo que significa que queremos lograr la paz en nuestro país y la democracia moderna y participativa en Guinea Ecuatorial. Lanzaremos la nueva campaña que es lo que basa nuestra democracia es una forma de gobierno estatal donde el poder se ejerce por el pueblo y para el pueblo de la Republica de Guinea Ecuatorial. Mantendremos los verdaderos beneficios de la participación en la toma de decisiones políticas. El conocimiento, el entrenamiento y el entrenamiento que adquieren en la lucha contra el dictador en Guinea Ecuatorial hace que la población sea menos propensa a la dominación en el futuro. Es mucho más probable que este cambio en las relaciones de poder cree una sociedad democrática duradera en Guinea Ecuatorial. Nuestro mecanismo fundamental es la participación de los ciudadanos en el sufragio universal que significa libre, igual, directo y secreto a través del cual se eligen nuestras líderes o representantes por un período determinado. Las elecciones en Guinea Ecuatorial se lleva a cabo por el sistema de representación proporcional mayoritaria o la combinación de ambos. Guinea Ecuatorial un año más de 50 años de esclavización de la ley al demócrata, un caso común del uso de esta expresión en el gobierno de la actual Guinea Ecuatorial. Quiero decir que en Guinea Ecuatorial hay un gobierno de facto por haber tomado el poder después de un golpe de Estado como en el caso de la dictadura que tenemos en nuestro país, simplemente el que ocupa un vacío de poder en un momento dado. Nuestro equipo de poder humano móvil al máximo representante de los ciudadanos, ecuatoguineanos y ecuatoguineanas en una Guinea Ecuatorial democracia.

BREVE PRESENTACION DEL PARTIDO LIBERAL DEMÓCRATA DE G. ECUATORIAL. (P.L.D.G.E)

¿Quién es el presidente del gobierno? A pesar de otros cargos ejecutivos de rango regional o local, las mismas posiciones cargos legislativos también se atribuyen democráticamente por el voto en la Guinea Ecuatorial moderna. Somos el equipo humano demócrata que defenderá nuestra democracia. El gobierno de las mayorías por el pueblo y para el pueblo de la republica de Guinea Ecuatorial pero sin dejar de lado los derechos de los individuos ni descender a las minorías. Aseguraremos que la campaña que defiende nuestra democracia sea entendida como una doctrina política y una forma de vida en nuestra sociedad y que el enfoque principal sea el respeto de los derechos humanos y las organizaciones de las Naciones Unidas para la protección de las libertades civiles y los derechos individuales y la igualdad de oportunidades en la participación en la vida política, económica y cultural de la sociedad ecuatoguineana.Haremos que nuestra democracia también se asocie con otros países que tienen esta forma de gobierno. Por lo tanto, todo dependera de la democracia del mundo, por eso, nuestra democracia tiene una carta o ley suprema como guía para los legisladores y como garantía para los ciudadanos de Guinea Ecuatorial, con el objetivo de hacer más valiosos sus derechos y la nueva acción del futuro gobierno. La democracia y el estado de derecho en Guinea Ecuatorial sera un sistema en el que las élites tienen el control económico, político, social y humano de una nación que recuerda el objetivo de la gran estrategia contra la dictadura en Guinea Ecuatorial pero que establece un sistema democrático y hace imposible el surgimiento de una nueva dictadura. Para lograr estos objetivos, es necesario que los medios de lucha elegidos contribuyan a la distribución del poder efectivo de la sociedad. Bajo la dictadura, la población y las instituciones civiles de la sociedad han sido demasiado débiles y el gobierno demasiado fuerte. Sin embargo, si no hay una corrección de este desequilibrio, la nueva camarilla, como lo quería, podría ser tan dictatorial como la anterior. Es por eso que una revolución de palacio o un golpe de estado, por, no es bienvenida. El desafío político contribuye a una distribución más equitativa del poder efectivo, movilizando a la sociedad contra la dictadura en Guinea. Proceso ecuatoriano de ocurrencia de varias maneras. El desarrollo de una capacidad para la violencia no violenta significa que la capacidad para la represión violenta de la dictadura y la no intimidación o sumisión de la población con tanta facilidad. Trabajaremos duro en el aspecto que tendrá un conjunto de poderosos medios de acción para contrarrestar y, a veces, incluso bloquear el ejercicio del poder del dictador. Además, la movilización del poder popular a través de las políticas consolidará las instituciones independientes de la sociedad guineana. La experiencia de tener una vez los poderes del ejercicio efectivo no es fácil de olvidar. Multas y compromiso político del Partido Liberal Demócrata progresista de Guinea Ecuatorial. El propósito del Partido Liberal Democráta progresista de Guinea Ecuatorial es contribuir democráticamente a la formación de la voluntad política de los ciudadanos de Guinea Ecuatorial, así como promover su participación en las instituciones representativas de la naturaleza política a través de la presentación y el apoyo de los candidatos en las elecciones en Guinea Ecuatorial. En su acción política, el Partido Liberal Demócrata progresista de Guinea Ecuatorial parte de la doble premisa de que Guinea Ecuatorial es una nación de ciudadanos libres y similares, organizada en un Estado social y legal y que solo los ciudadanos, y no los territorios en los que viven, pueden ser sujetos de derechos y deberes. En consecuencia, el Partido defiende los intereses comunes de la ciudadanía con el particularismo territorial y el secularismo de los poderes públicos en asuntos que identifican. Todo esto, dentro del más estricto respeto por la pluralidad internacional tanto de la nación guineana como de las regiones, provincias y distritos que la componen. El Partido Liberal Demócrata progresista de Guinea Ecuatorial también tiene como objetivos básicos la defensa de la cohesión social y territorial y las libertades ciudadanas y el enfoque de la política para todos los ciudadanos de Guinea Ecuatorial.El concepto de adoptar medidas para la adopción de políticas públicas, así como la consecuencia de la mejor calidad de vida posible para todos los ciudadanos de Guinea Ecuatorial. El Partido Liberal Demócrata Progresista de Guinea Ecuatorial tiene como objetivo corregir el déficit sufrido por las poblaciones minoritarias de Guinea Ecuatorial y defensor de la integración leal y solidaria de los países de todas las regiones del Estado, así como de la protección del medio ambiente. El Partido Liberal Demócrata progresista de Guinea Ecuatorial alentará la participación de los ciudadanos en general en la vida política de las instituciones democraticas. En este sentido, establecera medios de comunicación permanentemente abiertos para las necesidades de ciudadanía, ya sea personal o telemáticamente. El Partido Liberal Demócrata progresista de Guinea Ecuatorial proyectó su actividad a través de las organizaciones políticas africanas, iberoamericanas e internacionales de las que es miembro y en particular los Partidos Demócrátas Liberales progresistas y la Internacional Democrática Central.El compromiso político del partido liberal demócrata progresista se expresa con la vocación abierta y global que exigen los grandes desafíos de nuestra sociedad en el siglo XXI. El Partido Liberal Demócrata progresista de Guinea Ecuatorial se define como una política al servicio de los intereses generales de Guinea Ecuatorial, que tiene como uno de sus objetivos el eje de su acción política y el progreso social.Con una clara vocación africana e Inspirados en los valores de la libertad, la democracia, la tolerancia, defiende la dignidad del ser humano y los derechos y libertades que le son inherentes; aboga por la democracia y el estado del derecho como base para la coexistencia pluralista en la libertad; promover, dentro de una economía de mercado, la solidaridad territorial, la modernización y la cohesión social, así como la igualdad de oportunidades y el papel protagónico de la sociedad por la participación de los ciudadanos en la vida política; Aboga por una comunidad internacional basada en la paz y el respeto universal por los derechos humanos.

OBJETIVOS GENERALES Y ESPECIFICOS DEL PROYECTO

- 1. Poner fin a la dictadura en Guinea Ecuatorial.

- 2. Otorgar libertad a todos los presos políticos del país.

- 3. Publicar la Ley de anmistia general que permita todos los guineoecuatorianos exiliados volver a Guinea Ecuatorial.

- 4. Convocar un referéndum popular en el que el pueblo de Guinea Ecuatorial vota sin coacción a su propia constitución.

- 5. Garantizar el respeto absoluto de la Ley Fundamental de Guinea Ecuatorial.

- 6. Implantar en Guinea Ecuatorial una verdadera democracia que permita al Guineo Ecuatoriano disfrutar de sus derechos naturales.

- 7. Mejorar la calidad de vida de los guineoecuatorianos.

- 8. Mantener los acuerdos permanentes y de mutuo interés con la comunidad norteamericana, que creo hacer realidad este proyecto político.

La República de Guinea Ecuatorial es un país rico en recursos naturales; situación que, sueño con aprovechar para mejorar la situación económica de mi país. Estos recursos naturales son en su totalidad el bosque, el mar y los recursos mineros. La no dependencia de la economía nacional en el sector petrolero, es otro de mis otros objetivos; teniendo presente que, la fuente de ingresos económicos de un país no debe depender solamente de un recurso natural limitado como es el caso de Guinea Ecuatorial. La promoción de la producción industrial en el sector agrícola en Guinea Ecuatorial puede ser una fuente económica muy importante que la economía nacional no dependa únicamente de la explotación petrolera. El sector educativo y el sector salud y otros sectores con los que me comprometo a trabajar duramente para que alcancen su mejor nivel de calidad. Todos mis esfuerzos se centran en revertir la situación de crisis política y económica que amenaza a mi nación y para hacerlo, cuento con el apoyo de la comunidad norteamericana que lidera Estados Unidos como uno de los Estados que promueven el respeto de los DDHH. Admiramos el sistema político y económico de EE. UU.Su patriotismo, sus innovaciones, el proceso político, el desarrollo humano, su sistema educativo, etc., su apoyo incondicional al pueblo de Israel y la lucha contra el terrorismo. creemos que los países victoriosos con los otros ejemplos de Corea del Norte e Irán, etcétera. Es en interés de los Estados Unidos invertir en una bandera libre y democrática y no en Guinea corrupta sin garantías legales. Una Guinea libre y democrática con la permanencia de los Estados Unidos en la zona también ayuda no solo por las libertades sino también por su influencia en la zona CEMAC y envía un mensaje a los extremistas en África. Es hora de que Estados Unidos haga algo por el pueblo de Guinea Ecuatorial; porque China apoya a los dictadores y está ganando mucha influencia en África Central. Somos como un hijo en busca de una familia que puede adoptar, hemos mirado a Asia, Europa solo cree que los Estados Unidos tiene todo lo necesario para ayudar a Guinea Ecuatorial. Hemos sido abandonados durante 50 años desde el 12 de octubre de 1968 hasta hoy, por el gobierno de España y su clase política, una diferencia de los beneficiarios de la ley que afecta a nuestro país. El dictador de Guinea Ecuatorial compra las voluntades de la soberanía de los políticos españoles y corrompe a la clase política.

EL JOVEN LIDER CREACION
OBJETIVO RESTRINGIDO

Transforman en una acción que se utilizan para lograr un objetivo restringido. Lanzaremos las campañas de nuestros objetivos generales de la resistencia democrática popular de los pueblos de Guinea Ecuatorial. Como el joven Lider la esperanza de la juventud de Guinea Ecuatorial hizo su definición y su análisis permite identificar las condiciones precisas para lograr cada objetivo seleccionado. La necesidad de claridad y también se aplica a la planificación táctica. Tácticas y métodos de acción se utilizan para llevar a cabo la estrategia. Las tácticas para obtener mejores resultados, para obtener la máxima ventaja, en una situación limitada. La selección de tácticas se basa en el principio de la mejor manera de usar, en una fase limitada de conflicto, los medios de combate disponibles para implementar la estrategia. Para ser más efectivos, se deben elegir tácticas y métodos para los objetivos estratégicos. Teniendo en cuenta que el Partido Liberal Demócrata de Guinea Ecuatorial no fortalece el logro de los objetivos estratégicos, puede, al final, convertirse en una energía derrochadora. Una táctica, por lo tanto, elige un acuerdo con un curso de acción limitado, que se ajusta dentro de una estrategia más amplia; Además de una estrategia dentro de la gran estrategia. Las tácticas siempre tienen que ver con la lucha, mientras que la estrategia incluye consideraciones más amplias. Mientras que una persona en particular solo puede ser entendida como parte de la estrategia general de una batalla de campaña. Las tácticas se utilizan durante el período de tiempo más allá de las estrategias, en áreas institucionales más pequeñas, etc. con un apego más limitado.

EL JOVEN LÍDER HA CREADO NUEVO MOVIMIENTO DE LA LIBERACIÓN NACIONAL DE GUINEA ECUATORIAL

El Partido Liberal Demócrata progresista de Guinea Ecuatorial en la acción no violenta, la distinción entre un objetivo táctico y el objetivo estratégico puede ir en parte, de hecho, que el objetivo de la acción es más o menos importante. El estado de la situación indica, por ejemplo, que la principal es una estrategia establecida en Guinea Ecuatorial, requiere un cálculo del uso de nuestro propio intelecto para planificar la estrategia. La incapacidad para planear inteligentemente puede contribuir al desastre, mientras que el uso efectivo de nuestras capacidades intelectuales puede cruzar el curso estratégico que utiliza juiciosamente nuestros recursos disponibles para empujar a la sociedad hacia los objetivos de la libertad y la democracia en Guinea Ecuatorial. La complejidad de la lucha contra el régimen dictatorial en Guinea Ecuatorial. El Partido Liberal Democráta progresista de Guinea Ecuatorial está trabajando duro. Como hemos visto en esta exposición, la lucha contra la violencia es una técnica completa de acción social, que incluye una multitud de métodos, una serie de cambios de tiempo y unos pendientes específicos. Para ser efectivo, especialmente contra la dictadura, el desafío político requiere preparación y planificación. Los probables participantes necesitarán saber qué se espera de ellos. Los recursos deben estar disponibles. Los estrategas pueden haber analizado cómo la pelea puede ser más severa. Ahora bien centraremos nuestra atención en este elemento crucial. La necesidad de una estrategia estratégica. Tenemos la necesidad de pensar en una estrategia contra la dictadura en Guinea Ecuatorial. Vamos a implementar el aumento de la campaña de desafío político contra el famoso dictador de más largo plazo en África Subsahariana, se puede iniciar de varias maneras. En el pasado, estas luchas casi nunca fueron planeadas y en hechos accidentales. Ahora algunos de los factores específicos que desencadenaron las acciones anteriores han variado, pero a menudo incluyen nuevas brutalidades, el arresto de la muerte de una persona en alta estima, una nueva política o regulación represiva, la falta de respeto a las creencias religiosas o el aniversario de una fiesta importante relacionado con los eventos. Nuestra reflexión y nuestro pensamiento de que creemos que existen, algunos individuos o grupos, por supuesto, no hay necesidad de una planificación extensa para un cambio, ingenuamente piensan eso, si simplemente abrazan sus ideales con fuerza y tenacidad durante mucho tiempo, de tal manera que terminan dándose cuenta de ellos. Otras personas que viven y dan testimonio de sus principios y valores frente a las dificultades. El Partido Liberal Demócrata progresista de Guinea Ecuatorial tiene un gran compromiso y objetivos, pero muy diferente de lo que ocurre actualmente en Guinea Ecuatorial. Personalmente, creo que la ayuda humanitaria y la lealtad a los ideales no son admirables, pero es un instrumento para poner fin a una dictadura tan poderosa como el régimen de Obiang y para conquistar la libertad que queremos que haga en Guinea Ecuatorial. Otros resultados de la dictadura ingenuamente creen que solo tiene suficiente violencia y que la libertad vendrá sola. Pero, como notamos antes, la violencia no garantiza el éxito. Desde la liberación de Guinea Ecuatorial que comenzamos hoy, que puede conducir a la derrota, una tragedia masiva o ambas. En la mayoría de los casos, la dictadura de Obiang en Guinea Ecuatorial está mejor equipada para luchar contra la violencia y las realidades militares, por lo que digo que rara vez es un favor de los demócratas. También hay activistas que basan su acción en lo que creen que hacer. Estos enfoques de la situación no son solo egos centristas, sino que no tienen una guía para desarrollar una estrategia de liberación para Guinea Ecuatorial. La acción basada en la esencia, en la gran idea que también se encontró

¿Qué hacer ahora en el lugar de lo que es la acción basada en un cálculo cuidadoso de los pasos para seguir un régimen dictatorial en Guinea Ecuatorial? Conozca el paso, porque no había sido seriamente las sucesivas que debían tomar para lograr la victoria. Ahora, comenzamos la creatividad y las ideas son brillantes, pero tenemos que usarlo para avanzar en la causa de las fuerzas democráticas. Comience a conocer más sobre la multitud de acciones que se pueden tomar contra la dictadura, y las incapacidades para determinar y comenzar, algunas personas aconsejan. Haga todo el tiempo posible, pero, por supuesto, imposible, especialmente en tiempos difíciles. Además, este enfoque no está orientado hacia el futuro, la ubicación de los recursos se limita a otras ubicaciones en Guinea Ecuatorial.

EL JOVEN LÍDER AUMENTO EN LA LUCHA NO VIOLENTA, CAMBIOS IMPORTANTES A CUATRO SENTIDO

El partido Liberal Demócrata progresista de Guinea Ecuatorial implementa cuatro mecanismos de cambio:

- El primer mecanismo se considera menos probable, incluso si esto ha sucedido. Cuando los miembros del grupo avanzan en la lucha por el dictador, Obiang no es uno de ellos.

- El segundo mecanismo es que la lucha no violenta puede ser mucho más poderoso que lo que indica los mecanismos de conversión o acomodación.

- Tercer mecanismo sobre todos los mecanismos importantes, la falta de cooperación con el régimen de masas y el problema que puede cambiar la situación política o social, especialmente las relaciones de poder, la forma en que el dictador de Guinea Ecuatorial pierde la capacidad económica, social y control político del gobierno ecuatoguineano y la sociedad de Guinea Ecuatorial.

- El cuarto mecanismo de cambio, la desintegración del sistema de nuestro adversario en el régimen actual, es decir, el debilitamiento de todos los recursos de los poderes que tiene el régimen dictatorial en Guinea Ecuatorial. Creemos que es tan completo que ni siquiera tiene el poder de desintegrar el régimen. El Partido Liberal Demócrata progresista de Guinea Ecuatorial ha planeado cuatro términos clave para la planificación estratégica.

• Alergia estas nuevas estrategias para la liberación de Guinea Ecuatorial, se deben tener en cuenta estos cuatro mecanismos. Sin embargo, a veces, para una oportunidad sistemática, la selección de uno o más de ellos como el mecanismo de cambio que elige trabajar en el conflicto permite formular estrategias de refuerzo mutuo, económico, humano, moral, político, organizativo, etc. de un grupo que busca alcanzar sus objetivos en un conflicto

• La gran estrategia, para enfocar la atención del grupo en los principales objetivos y recursos en el conflicto, elegir entre las técnicas de acción más apropiada. La gran estrategia establece que la gran estrategia se debe a los adversarios. Organigrama básico para la selección de las estrategias de menores con las que se debe desarrollar la lucha.

EL JOVEN LÍDER ESTA PARA DAR VIRTUD Y CUMPLIMIENTO A SUS PROMESAS

Las campañas de resistencia democrática popular de Guinea Ecuatorial. Como joven Líder la esperanza de la juventud de Guinea Ecuatorial tengo firmeza y constancia en los efectos, ideas y obligaciones en el cumplimiento de los compromisos establecidos, somos un equipo unido sin importar las circunstancias que esto puede traer. Tenemos cuatro términos importantes para la planificación estratégica de la resistencia popular de Guinea Ecuatorial. La resistencia democrática y popular de los amigos de la oposición de Guinea Ecuatorial aumenta y fortalece los recursos económicos, humanos, morales, políticos, organizativos, etc. Significa que la gran estrategia, enfocando la atención de los grupos en los objetivos, primarias y recursos en el conflicto, elija entre las técnicas de acción más apropiadas para derrocar al régimen dictatorial de Guinea Ecuatorial como la acción militar convencional, la lucha contra la violencia para ser utilizada en la lucha dentro del país. El Partido Liberal Demócrata progresista de Guinea Ecuatorial Representante Ecuatoriano de la gran estrategia, para quienes los líderes de la resistencia a la adversidad tienen un impacto negativo y las influencias que tienen sobre los adversarios que enfrentan. Creemos que más tarde, la gran estrategia que explora las decisiones sobre las condiciones y el momento apropiado. Para hacer un trabajo de iniciación y posterior, debe tomar un camino poco a poco. La gran estrategia establece el organigrama básico para la selección de las estrategias de menores con las que cuenta el desarrollo de la lucha contra la dictadura en Guinea Ecuatorial. De eso se trata de un acuerdo que implica una serie de responsabilidades que no se puede hacer violar ninguna de sus partes. Los compromisos del joven líder la esperanza de la juventud de Guinea Ecuatorial tiene un compromiso que decide qué es lo que hace ahora, y cómo hacer en un futuro incierto. El Joven Líder la esperanza de la juventud de Guinea Ecuatorial soy fiel en mis promesas y mantendrás mi lealtad incluso con el paso del tiempo, y las distintas circunstancias. Mi fidelidad supongo seguir un proyecto político de mi vida que ya está hecha de actos de promesas como persona de un pastel. El Partido Liberal Demócrata progresista de Guinea Ecuatorial ha entendido muy bien el hábil desplazamiento de los grupos de acción de la resistencia democrática popular de los pueblos de Guinea Ecuatorial y de los individuos en las operaciones más pequeñas. La planificación de una buena estrategia, debo considerar que requiere una técnica de lucha, elegida para el éxito de la operación. El Partido Liberal Demócrata progresista de Guinea Ecuatorial lo que es, en la actualidad, una tarea difícil. Por supuesto, cumplir los requisitos no es suficiente para garantizar el éxito. Otros factores pueden ser necesarios. Al desarrollo estrategias, los demócratas deben definir claramente sus objetivos y determinar la medida de la efectividad de los esfuerzos para lograrlos.

EL JOVEN LIDER CREAR UNION E IGUALDAD ENTRE LOS CIUDADANOS GUINEANEANOS DE GUINEA ECUATORIAL

Trabajar para conquistar nuestra libertad interior que es lo que logramos con nuestro esfuerzo propio, que conquista todos los días tratando de superar lo que obliga a esclavizar al pueblo de Guinea Ecuatorial. Por eso hoy es lo que permita al hombre, para obtener su máximo ejemplo de dignidad, acabar con el régimen totalitario y cruel inhumano, que ha generado en Guinea Ecuatorial, el mal carácter, el odio, la mediocridad, la pereza, el egoísmo, la mentira, la irresponsabilidad. Creo que es hora de desestabilizar este gobierno y su presidente. Requiere una técnica de combate, elegida para el éxito de la operación. Los objetivos generales de la lucha no violenta incluyen el desplazamiento hábil de los grupos de acciones particulares, en las operaciones menores. Visto desde la planificación de una buena estrategia, debo considerar las diferentes escuelas privadas. Por supuesto, cumplir los requisitos no es suficiente para garantizar el éxito. Otros factores pueden ser necesarios. En las estrategias de mapeo, los demócratas deben definir claramente sus objetivos y determinar cómo medir la efectividad de los esfuerzos para lograrlos. Esta definición y análisis permite a los usuarios identificar las condiciones precisas para lograr cada objetivo seleccionado. La necesidad de claridad y también se aplica a la planificación táctica. Tácticas y métodos de acción se utilizan para llevar a cabo la estrategia. Las tácticas para obtener mejores resultados, para obtener la máxima ventaja, en una situación limitada. Una acción táctica es una acción limitada, que se usa para lograr un objetivo restringido. Creemos que la selección de tácticas se basa en el principio de la mejor manera de usar, en una fase limitada de conflicto, los medios disponibles para combatir la estrategia. Para ser más efectivos, se deben elegir tácticas y métodos para los objetivos estratégicos. Que no refuercen el logro de los objetivos estratégicos, puede, al final, convertirse en energía de desecho. Considere nuestras ilustraciones limitadas, que encajan en una estrategia más amplia, como una estrategia dentro de la gran estrategia. Las tácticas siempre tienen que ver con la lucha, mientras que la estrategia incluye consideraciones más amplias. Una táctica en particular solo puede entenderse como parte de la estrategia general de una batalla de campaña. Las tácticas se aplica en un período de tiempo más corto que las estrategias, en áreas institucionales más pequeñas, etc., para un objetivo más limitado de las personas o para objetivos más limitados.

EL JOVEN LÍDER MIRA LA ULTIMA VERSIONES DE LA NACIÓN Y REVISE LAS DIRECCIONES CORRECTAS

El Joven Líder la esperanza de la juventud de Guinea Ecuatorial ha hablado sobre las irregularidades planteadas en alto tono, en Guinea Ecuatorial por eso tiene un llamado a los Estados Unidos y los latinoamericanos a favor de un proyecto político para el cambio de régimen y no aceptar más tarde, un régimen dictatorial en Guinea Ecuatorial. El joven líder la esperanza de la juventud de Guinea Ecuatorial y los estadounidenses tienen un terreno común, ahora no tenemos que aceptar un régimen totalitario, oprimido, cruel e inhumano y reprimido en Guinea Ecuatorial. El país ha sido herido durante una larga sentencia con muchos dictadores desde 1968 hasta ahora. Como joven Líder la esperamza de la juventud de Guinea Ecuatorial Tengo las responsabilidades de no aceptar más la dictadura como ahora está en Guinea Ecuatorial trabajar juntos por el día, las oportunidades en nuestra vida cuando uno está para levantar y otros deben hacer sus partes. Vamos a ayudar a este país en nuestro poder, por eso estamos valorando, la defensa, la libertad, y la igualdad, para nuestras generaciones, la nueva esperanza. Joven Líder tiene las cosas como la gran estrategia que tiene que lidiar con las decisiones sobre las condiciones y el momento adecuado para que las pruebas de las pruebas. Los demócratas y los republicanos siempre somos excelentes, nos hemos enfrentado con este tipo de confrontación internacional y esta lucha inactiva, estamos posicionando nuevas discusiones sobre la mesa. La lucha del futuro y es la necesidad de un activismo apasionado. Quiero decir que estamos comenzando nuevos títulos en nuestras vidas para casarnos, criar a nuestros hijos. Guinea Ecuatorial es el país soberano e independiente y los ciudadanos permanentes que luchan por liberar a Guinea Ecuatorial. Es por eso que estamos encontrando nuevas formas de cambiar nuestro mundo para mejor. Joven Líder es pensar cómo hacer la gran estrategia, establecer el sistema básico para la selección de estrategias. Es por eso que estamos encontrando nuevas formas de cambiar nuestro mundo para mejor. Joven Líder es pensar cómo hacer la gran estrategia, establecer el sistema básico para la selección de estrategias de menores con la dura dictadura que sufre al país y ministro de gobierno apoya hasta ahora, los guineanos tienen pocas esperanzas de democratizar el país. La misma resolución para luchar en Guinea Ecuatorial. La gran definición también determina los grupos que se pueden usar en las tareas generales y la distribución de los recursos que se han utilizado en la lucha. El país quiere sostener la democracia ahora pero con Guinea Ecuatorial y con ciudadanos comunes en países en desarrollo, comunidades internacionales y naciones democráticas, y Guinea Ecuatorial apela a los países en desarrollo, para ayudar a las estrategias democráticas del mundo a terminar con la dura dictadura que existe en Guinea Ecuatorial. siempre estaremos pensando en ti en la estrategia y los objetivos en el contexto de la gran estrategia elegida contra la dictadura en Guinea Ecuatorial. La estrategia tiene que ver con qué luchar o no, cuándo y cómo y cómo lograr la máxima efectividad en la lucha por buenos fines. El Partido Liberal Demócrata y sus Fuerzas Nacionales de Resistencia que hay en Guinea Ecuatorial, como activistas y organizaciones quieren las herramientas que necesitan para comenzar la lucha contra el dictador de Guinea Ecuatorial. Estoy agradecido por eso, nuestras comunidades, nuestras familias y lugares de trabajo en nuestros vecindarios y estados, por ser más inteligentes y más fuertes cuando los demócratas y las fuerzas receptoras luchan por el bien común tienen un asiento igual en la mesa. El Partido Liberal Demócrata de Guinea Ecuatorial ha creado una serie de proyectos muy atentos y atentos para poner fin al régimen ecuatoguineano. El concepto de nuestra estrategia fue desarrollado por el Partido Liberal Democráta de Guinea Ecuatorial se utiliza para referirse al plan diseñado para abordar su problema que afecta a Guinea Ecuatorial. Vamos a elaborar un conjunto de reglas que garanticen una decisión óptima en todo momento. Nuestra estrategia es el proceso seleccionado a través del cual se puede llegar a todo el territorio de Guinea Ecuatorial en el futuro. Somos los mejores para eso, hemos podido hacer todo lo posible, la estrategia se ha comparado con el concepto de artista y la estrategia con el proyecto detallado o el plan de un arquitecto. La estrategia también incluye esfuerzos para desarrollar una situación tan ventajosa para los contendientes que puede resultar en un conflicto abierto y causar derrota y, por lo tanto, la capitulación se decidirá sin llegar al combate. De lo contrario, permita que la situación estratégica sea tan buena como el triunfo de los contendientes en el concurso marítimo obvio. La estrategia también incluye cómo usar los beneficios.

APLICACIÓN DE LA LUCHA AL DESARROLLO CONTRA LA DURISIMA DICTADURA DE GUINEA ECUATORIAL

Lanzaremos el plan estratégico que indica cómo se debe desarrollar la campaña y cómo se deben combinar los diferentes componentes de la campaña con otros, para que los propietarios sepan todo lo posible sobre nuestros objetivos. Haremos tareas difíciles que implican el desplazamiento hábil de grupos de acción particulares, que se definen en operaciones más pequeñas. Por lo tanto, debe haber el mejor plan de trabajo para una buena estrategia, debe considerar que requiere una técnica de combate, será elegido para el éxito de la operación. El primer significado se refiere a la destrucción del arsenal del dictador. Nuestro concepto también se construye para cancelar todo tipo de actividades del régimen. Las empresas comienzan a desmantelar las instalaciones, la crisis económica. Los comerciantes comienzan a cerrar sus locales. Teniendo en cuenta que esta lucha contra el dictador de Guinea Ecuatorial, tiene diferentes técnicas que utilizaremos para tener diferentes demandas. Por supuesto, cumple con los requisitos que dice, no es suficiente para garantizar la victoria. Es posible que los factores más importantes en la historia de esa lucha contra el dictador Obiang de Guinea Ecuatorial y su régimen totalitario. Creemos que, en las estrategias de mapeo, los demócratas deben definir claramente sus objetivos y determinar cómo medir la efectividad de los esfuerzos para lograrlos. Primero lanzaremos lo que vamos a hacer para determinar el origen etimológico del término cartografía. Crearemos la cartografía como una ciencia que se encarga de mapear mapas geográficos. Creo que es posible aumentar la compresión sobre el significado. Esta definición y análisis le permite al estratega identificar las condiciones precisas para lograr cada objetivo seleccionado. La necesidad de claridad y definición también se aplica a la planificación táctica. Nos aseguramos de que haya tácticas y que los métodos de acción se utilicen para llevar a cabo la estrategia. Atacaremos el cruel régimen dictatorial de Guinea Ecuatorial y movilizaremos a los votantes para derrotarlos. Si no aprovechamos este cambio en el impulso, estamos listos antes de darnos cuenta. Es por eso que tenemos que mover nuestro plan de acción en pleno apogeo y llevar a cabo la lucha contra el dictador de Guinea Ecuatorial. Teniendo en cuenta esta táctica se refiere al mejor uso de las fuerzas de la propiedad, para obtener la máxima rentabilidad para tener una ventaja, en una situación limitada. Significa que una táctica es una acción limitada, que se usa para lograr un objetivo limitado en esta lucha contra el dictador de Guinea Ecuatorial.

LOS GUERREROS MUESTRAN EL FUTURO UN GRAN CORAJE ANTE SUS ENEMIGOS

Estrategias de la resistencia popular en Guinea Ecuatorial, nuestro trabajo basado en el valor de la decisión y el apasionamiento con esta acción, especialmente con la que se acomete una acción especial contra los enemigos. Gracias a sus esfuerzos para avanzar hacia adelante y lograr sus objetivos. La desintegración de la dictadura, por supuesto, serás motivo de gran celebración en Guinea Ecuatorial. Gente que ha estado sufriendo más de tres décadas por un régimen cruel e inhumano y que ha pagado un alto precio por estas personas, ahora es un momento de alegría, relajación y reconocimiento en ese triunfo. Haremos un trabajo de acción de generación de esfuerzo físico o moral con este fin, no se faltarán los grandes esfuerzos concentrados en el trabajo, que se convierta en un esfuerzo más que desasirse de las cadenas. Supuesto que con un gran esfuerzo intelectual, y económico, que no se vio compensado, con el correspondientes éxito. Guinea Ecuatorial debe estar orgullosa de sí misma y de todos los que tienen la posibilidad de ganar la libertad política. No sé exactamente si todos están en este día de la vida para celebrar este gran día. Será un día entre los vivos y los muertos, será como una forma de dar respuesta a la historia de la libertad en mi país. En este preciso momento, desafortunadamente, esta es una pequeña oportunidad para reducir la vigilancia en mi país. Un líder necesita comer para estar fuertes y las gentes de Guinea Ecuatorial siempre suenan la muerte por el poderoso mal que existe en Guinea Ecuatorial. Lanzaremos la esperanza y firme por nuestro pueblo que una persona tiene en que, algo sucede o funciona de una forma determinada en que otra persona actué, como el pueblo de quieres. Tengo plena confianza en mi capacidades, la confianza que ha deposito el joven líder. La seguridad y el derecho a la acción son obligatorios, depositarios de la confianza a nuestro pueblo, esperanza y firmeza, por lo tanto, tratamos de presenciaran a uno mismos y del ánimo de vigor para obrar. Pensar antes de actuar y además trabajar como sentimos, no como sabemos. Según nuestra actitud, como personas humanas que se esfuerzan, físicamente, moralmente, es por algo, hacen esos esfuerzos. Creemos que gracias a nuestros esfuerzos entrega, de todos los compañeros de lucha, hemos conseguido, más beneficios que nunca, que el pasado anos. Por eso este trabajo es un símbolo del universo, en el que reconocemos que el esfuerzo del hombre no acaba nunca de dominar la naturaleza. Tengo la confianza necesaria para derrocar, al rival, hay concepto que ahora estamos analizando, Aunque la dictadura se desintegró con éxito debido al peligro político, ahora debemos tomar precauciones para evitar que se convierta en un nuevo régimen sin justicia justa, se puede convertir en un país con la confusión que acompaña al derramamiento del antiguo régimen dictatorial de Guinea Ecuatorial. Vamos a fomentar la democracia en Guinea Ecuatorial, preparada como el avance. Trabajaremos para establecer las bases constitucionales y legales, así como las reglas de conducta de una democracia duradera en Guinea Ecuatorial. ¿Quién cree que la caída de la dictadura en Guinea Ecuatorial es una sociedad ideal? La desintegración de la dictadura simplemente facilita el punto de partida, en condiciones de libertad revalorizada, para que se lleven a cabo más a largo plazo para mejorar la respuesta y la sociedad. Después de la caída del régimen dictatorial de Guinea Ecuatorial, los demócratas serán serios problemas políticos.

PARTIDO LIBERAL DEMÓCRATA DE GUINEA ECUATORIAL. PLAN ESTRATÉGICO, LA ESCALADA DE LA LIBERACIÓN DE GUINEA ECUATORIAL

Hubo un momento no tan lejano en el que la escalada era una de las actividades que mejor representaba la montaña y la libertad, esa honda emoción, que recorre las venas hervir la sangre. La situación es previsible de no poder por mucho tiempo, el problema que ha tocado el pueblo de Guinea Ecuatorial. La espada con respecto a la reacción en esta situación que atraviesa Guinea Ecuatorial. Haremos todo lo posible por un futuro seguro de confianza para la etapa de resistencia selectiva, como el crecimiento de las pensiones, las instituciones sociales, económicas y políticas. Las políticas se expanden progresivamente para crear los espacios democráticos de la sociedad y el control de la dictadura para que no vuelva a aparecer en Guinea Ecuatorial. Las instituciones civiles de la sociedad Guineana son nuevas contra la dictadura de Guinea Ecuatorial y que la población se encuentra actualmente en la construcción de la libertad dominante de la democracia. Una sociedad que no vive libre e independiente por la dominación de la dictadura que hay en Guinea Ecuatorial. Anunciamos la acción para liberar al pueblo de la República de Guinea Ecuatorial. En Guinea Ecuatorial con libertad se refiere a la facultad de sus amados seres humanos para desarrollar una acción de acuerdo a su propia voluntad. Las nuevas reemplazan la usual libertad para unirse a otras virtudes como la justicia y la igualdad. Si la dictadura de Guinea Ecuatorial es una herramienta para no aumentar la libertad, cuando la tengamos, tenemos que luchar contra la violencia en defensa de este nuevo espacio ganado, y luego queremos al dictador de Guinea Ecuatorial para que ahora se enfrente a otro Frente en la lucha Con el tiempo, esta combinación de resistencia y construcción institucional puede conducir a la libertad. El plazo de tiempo extendió al país ese tipo de gobierno y el tiempo que no ha sido utilizado en absoluto en el país que el presidente de Guinea Ecuatorial tiene este tipo de mandato. Trabajaremos y consolidaremos para lograr un gran triunfo del colapso de la dictadura en Guinea Ecuatorial Saber que no es fácil de perseguir, pero la innegable probabilidad de unirse y el establecimiento formal de un sistema democrático en Guinea Ecuatorial se vuelve innegable, porque las relaciones han sido alteradas principalmente en el poder dentro de la sociedad. Guinea Ecuatorial tiene un régimen político en el que una sola persona gobierna con poder total en Guinea Ecuatorial, sin perjuicio de ningún tipo de limitaciones y con el poder de promulgar y enmendar la ley como capricho de su voluntad. Cuando los ecuatoguineanos sufren en Guinea Ecuatorial los tres despotismos y la tiranía de la dictadura más literaria y menos actual, acentúan lo abusivo e ilimitado. Los ciudadanos y opositores de la dictadura llaman a la forma de gobierno ejercida por una sola persona y familias que usan el poder arbitrariamente y sin estar cerca. Observamos que el régimen dictatorial de Guinea Ecuatorial que actúa en el sistema que reservamos sigue siendo un golpe para la sociedad con los castigos, arrestos, encarcelamiento y ocupación de acciones de este tipo. Desde ese punto de vista, es una cuestión de tiempo antes de que la sociedad haya derrocado por completo al régimen. Aunque la dictadura de Guinea Ecuatorial está disponible en la sociedad guineana, es posible organizar un nuevo gobierno democrático paralelo. Es decir, funcionaría cada vez más como un gobierno rival, al igual que la población y las instituciones de la sociedad de préstamos, obediencia y cooperación. La consecuencia es que Guinea Ecuatorial y sus ciudadanos ecuatoguineanos son víctimas de ese tipo de presidente y su forma de gobierno es una forma de gobierno caracterizada por la falta de control democrático, el proceso que condujo a la concentración. Todo el poder en el país. Guinea Ecuatorial, un país que ha estado liderando a Teodoro Obiang durante más de 38 años, pero con el sistema político que usa la fuerza y la violencia concentra todo el poder en una persona para su grupo y organización y con el pueblo de la República de Guinea Ecuatorial. Creemos que estas características del gobierno deben poner fin. Finalmente, un gobierno democrático que puede alcanzar un régimen democrático en Guinea Ecuatorial como parte de la transición a un sistema democrático. A su debido tiempo, se adoptará una nueva constitución y se celebrarán las elecciones como parte de la transición democrática en Guinea Ecuatorial.

LA SITUACIÓN DE LOS TRES PODERES EN LA REPUBLICA DE GUINEA DICTATORIAL

La constitucion de Guinea Ecuatorial reconoce la existencia e independencia de los tres poderes del Estado y el multipartilismo político en el territorio nacional, realidad constitucional que està siendo claramente violada por el regimen de Teodoro Obiang Nguema. El regimen ecuatoguineano es totalitario, es decir, que el poder absoluto recae en su dictador y su partido el P.D.G.E.(Partido Democratico de Guinea Ecuatorial). El poder ejecutivo que encabeza el dictador Obiang es el quel lleva el control absotulo de todas las estructuras gubernamentales del pais; los poderes como el Legislativo y el Judicial, simplemente ayudan a colaborar. Las elecciones son triviales por que no permiten que la polacion elija que actuàn como representantes en la toma de decisiones que conciernen a la sociedad en general. En mi calidad de Lider político, me urge la necesidad de crear una administracion basada en el respeto a la independencia de èstos tres poderes para garantizar un verdadero Estado de Derecho en la Republica de Guinea Ecuatorial. Para una buena gestion del pais, el presidente de la Republica debe respetar la autonomia de los poderes (ejecutivo, Legislativo y Judicial), para garantizar a sus ciudadanos una administracion sana, equilibrada y transparente; si èsto no ocurre, no se puede hablar de un Estado democratico en Guinea Ecuatorial. Creemos que el poder hace una esencia de la vida politica, implicando una relacion de mando y obediencia. Tener poder es la posibilidad de producir consecuencias en otro o atraer a ciertos fisicos o ideales, creemos que poder político es siempre el desarrollo entre los seres humanos. El poder político es un poder de energia a traves de la obediencia de promesas. Nuestro poder es producto de la interraccion humano, por lo tanto, un fenomeno permanentemente social. Obiang no respeta la division de poderes en Guinea Ecuatorial, una situacion que le permite hacer con Guinea Ecuatorial lo crea conveniente y por esta razon, nuestro pais se encuentra en el grupo de los paises con mas corrupcion del mundo; ya que, el dictador y gobierno manipulan las Leyes como se les cae mejor. Las sentencias judiciales son dictadas por el dictador a traves de los jueces, fiscales o magistrados que èl mismo nombra y cesa cuando quiere. Como demòcrata que soy, le pido a los EEUU, Francia y a Espania, a traves de sus diplomaticos, que presionen màs duro al regimen de Malabo.Conseguir la libertad con la paz en Guinea Ecuatorial no es una tarea facil, requiere una destreza estrategica, una organizacion y una buena planificacion. Es imprescindible el poder de los democratas para derrocar a la dictadura e implantar la libertad polica pero sin la necesitad de ejercer su propio poder de manera afectiva en Guinea Ecuatorial. Yo como oponente democratico a dicho regimen, quiero revertir esta situacion caotica en la que se ve metida la poblacion de mi pais afin de que, con el poder de los democratas, se instaure la anhelada democracia en la Republica de Guinea Ecuatorial; y, para llegar a eso, necesitria instrumentos de trabajo que faciliten dicho proceso. Estos instrumentos o recursos pueden ser:

- Recursos humanos de la cantidad e importancia de las personas y grupos que obedecen, cooperan y apoyan a los gobernantes.

- Los conocimientos y habilidades que el equipo necesita para llevar a cabo acciones especificas contra el regimen de guinea ecuatorial.

- Factores intangibles — los factores psicologicos e ideologicos que pueden mover a la gente a obedecer y apoyar a los gobernantes.Los recursos materiales que el dictador tiene en què medida controlan a los gobernantes de la propiedad o tienen acceso a ella, los recursos naturales, el sistema economico nacional, los medios de comunicacon y el transporte.

¡GUINEA ECUATORIAL NO ACEPTA MAS TIEMPO PROLONGADO, URGE LA DEMOCRACIA!

La Republica ecuatoguineana donde la dictadura se encuentra dentro de los límites de su control efectivo. Haremos todo lo posible para lograr estas películas también para la cooperación a la democracia y cómo se presenta un desafío político. Esta experiencia es de gran ayuda cuando se trata de la falta de cooperación y el desafío masivo dentro del país. La mayor y más autoridad de un gobierno, estable y más confiable es la obediencia y la cooperación que recibe. Mientras que debe hacer la acción de la desaprobación moral debe expresarse a través de acciones que la dictadura percibe como una grave amenaza para su existencia. Es necesario retirar la cooperación y la obediencia al régimen dictatorial de Guinea Ecuatorial para acceder a otras fuentes de poder. La segunda fuente de poder de gran importancia para los recursos humanos, la cantidad e importancia de los individuos y los grupos que obedecen o ayudan a los gobernantes y cooperan con ellos. Si grandes sectores de la población practican la falta de cooperación, el régimen está en peligro grave y en una posible extinción. Creemos que la obediencia ciega, la cooperación involuntaria, el miedo y la intimidación, el perder el trabajo y la famosa expresión nacional no se puede perder el pan, los factores que de otra manera hacen la vida del dictador más duradera y que te hace más poderoso. Los líderes opositores Sin acceso a las fuentes del poder político, el poder del dictador se debilita y finalmente desaparece. La retirada del apoyo es, por lo tanto, la principal acción requerida para desintegrar a la dictadura. Sería útil como política del poder político.

EL JOVEN LIDER MI OBJETIVO PRINCIPAL ES DESPERTAR LOS CIUDADANOS ECUATOGUINEANOS ECUATOGUINEANAS

El Joven Líder la esperanza de la juventud de Guinea Ecuatorial crea en otra ideología, supere el miedo y tenga un solo eje para vencer y derrocar al régimen dictatorial de Guinea Ecuatorial. En resumen, la gente y la población son fundamentales para la acción y el desafío. Guinea Ecuatorial es un país pequeño, pero con una gran historia y defiende nuestra libertad y justicia en Guinea Ecuatorial. Una de las mayores preocupaciones durante muchos años ha sido cómo las personas pueden evitar que se establezca una dictadura y cómo destruirla. Esto ha sido impulsado en parte por la condena de los seres humanos no dominados o destruidos por las historias de los regímenes. Esta creencia se ha fortalecido con lecturas sobre la importancia de la naturaleza humana y la naturaleza de las dictaduras en Guinea Ecuatorial. Creo que en Guinea Ecuatorial ha sufrido varios abusos de los derechos humanos en el régimen totalitario del terrorismo que actúan contra el pueblo de Guinea Ecuatorial, creo que más sobre libros que sobre planes de interés comunes. Guinea Ecuatorial vive el terror parece más aguda, ya que este régimen de Teodoro Obiang prevaleció en nombre de las versiones de explotación en Guinea Ecuatorial. Nuestra lucha existe en las herencias inmateriales que son los valores intangibles que representan la historia de nuestro pueblo entre estos fundamentos y nuestro lenguaje. Esto es lo que sucede en la ciudad de Guinea Ecuatorial, tiene un patrimonio ancestral invaluable en el pasado, sus tradiciones se encuentran en todas las poblaciones de la Guinea Ecuatorial moderna. Hoy se ha hecho más evidente para mí por la visita de personas que vienen de países gobernados por dictaduras, historias como países de Panamá y Chile, etc. El regreso del régimen militar, adquirió las opiniones y opiniones sobre la naturaleza de las dictaduras. Ahora mi sentimiento de tribulación e indignación por la bestialidad impuesta, así como mi admiración por el heroísmo sereno de hombres y mujeres increíblemente valientes, que a veces se fortalece cuando los lugares de visita donde el peligro era muy grande, el coraje de la gente decidido, está determinado desafiarlo en Guinea Ecuatorial. En Guinea Ecuatorial, los ciudadanos deben luchar y lograr la victoria que provoca por la aparición de un nuevo sistema democrático. Es un método para mejorar los efectos más efectivos para el desintegrar y derrocar al dictador de Guinea Ecuatorial conexión y menor costo posible en vidas humanas. Este es el caso de estudios mucho más recientes del sistema dictatorial que el heno en Guinea Ecuatorial. El nuevo movimiento de resistencia, revolucionario, es un pensamiento político, existen sistemas de gobierno y, sobre todo, la lucha contra violencia, etc. El resultado de todo eso es lo que está en este análisis. Estoy seguro de que esta lucha está lejos de ser perfecto. Pero tal vez, hay una idea de que la planificación del movimiento de liberación de Guinea Ecuatorial se a apocalipsis que es más poderoso y efectivo que el otro caso. Este ensayo es central en el problema del genérico de cómo destruir una dictadura existente y cómo prevenir la aparición de una nueva. No puedo hacer un análisis detallado y darme una aplicación precisa en un país en particular. Lo que admiramos es la venta de lo común, es diferente y positivo, las causas de admiración dependen de nuestra sensibilidad de cada uno. Miramos también en la dirección de lo que consideramos más digno y superior. Podemos dar dos ejemplos: el discurso simple de un veterano de guerra admiración en el presente y el niño es tan precoz que causa admiración en sus maestros. Sin embargo, este análisis genérico es útil para el pueblo de Guinea Ecuatorial, lamentablemente todavía tiene un significado dictatorial. Desde el punto de vista de la situación y la determinación, en qué medidas las grandes recomendaciones están disponibles en ese momento, para nuestra lucha por la liberación de Guinea Ecuatorial. Él recurrió en diferentes lugares pidiendo el apoyo mutuo en varias ubicaciones locales de gratitud durante la redacción de este ensayo. Contribuyó a la mano de obra del mundo y fue aceptable para la identificación de problemas en el contenido y la presentación, tuvo mucho que decir sobre los desafíos, para una presentación más clara y rigurosa de las ideas más difíciles, especialmente con respecto a una sobriedad sobre nuestra lucha por África y América Latina y el Caribe, respectivamente. Aunque este trabajo se ha beneficiado de un apoyo noble y generativo, siendo responsable de ese análisis y de las conclusiones que contiene. En ninguna parte de esta estrategia supongo que el desafío contra el dictador de Guinea Ecuatorial es como una empresa fácil y económica. Todas las formas de lucha tienen sus complicaciones inevitables y costos. Esta nueva lucha contra el dictador como la de Guinea Ecuatorial, por supuesto, causará bajas. Sin embargo, espero que este análisis aliente a los líderes mundiales de la resistencia a las estrategias que, en su opinión, el poder efectivo y al mismo tiempo reduzcan el nivel relativo de las víctimas. El análisis tampoco se interpreta como cuando el dictado de Guinea pone fin a todos los demás problemas que han desaparecido. La caída del régimen de Guinea Ecuatorial no se traduce por una utopía; por el contrario, abre un nuevo camino para trabajar juntos y trabajar juntos para construir relaciones políticas, económicas y sociales más equitativas y erradicar otras formas de injusticia y opresión en Guinea Ecuatorial. Espero que este breve análisis del facto donde se puede desintegrar el régimen dictatorial de Guinea Ecuatorial, donde vivió durante 50 años, domine ahora y ahora más que nunca, a la dosis de libertad y a ser libre de una manera más gran expresión.

ESTRATEGIA GENERAL PARA LA DESINTEGRACIÓN DEL RÉGIMEN DICTATORIAL

Los democratas creen que, con el fin de que con el movimiento no violentas puede cambiar el régimen en Guinea Ecuatorial. El dictador de Guinea Ecuatorial, empobrecen robando lo que es para todos y para el país, marverzan fuera del país cuando se trata de cargar, los ciudadanos pagan los platos rotos, bloquea las redes de internet y bloquea los canales de televisión, aquí paga más por tratar de ser libre en Guinea Ecuatorial de matar como sulen hacer ellos. PDGE es Teodoro Obiang Nguema y sus familiares de amigos por lo que, los ciudadanos Ecuatoguineanos y Ecuatoguineanas viven con miedo a otros 50 años de inviernos duraderos, otros 70 años sin una vida mejor en Guinea Ecuatorial. Guinea Ecuatorial no tiene apoyo de la comunidad internacional al mejor de la representación diplomática que se encuentra en Malabo capital de la Republica de Guinea Ecuatorial es la comunidad internacional que son testigos de todo los acontecimientos historicos que pasan diarios en la republica de Guinea Ecuatorial, y si aquellos en relación, estan los paises de origen, además que reciben la información de actualidad, esos paises de orígenes se olvidan de que el envidioso en un poema dictatorial cruel inhumanos por la excelencia violaciones de los derechos humanos al relanzamiento de los cuerpos diplomatica en Guinea Ecuatorial es increible. Esta comunidad internacional no puede evitar el dictador de Guinea Ecuatorial que abandone el poder y una nueva comunidad a la democracia en Guinea

Ecuatorial y sabemos es difícil que estos suceda, pero tenemos que pedir y a luchar. Todo el mundo sabe que puede vender un embajador de la tierra en un país que pueda mantener el dictador de Guinea Ecuatorial un tiempo prolongado en el poder y violar los derechos humanos en su país. Los países de origen en buenas palabras, la transmisión de las relaciones diplomáticas en la realidad, los embajadores deben ser exigidos, el régimen dictatorial de Guinea Ecuatorial, que almenos, cumples, los derechos humanos, saben en Guinea Ecuatorial, con todas las riquezas que tienes, materias primas, no, es, poder hacerlo, algo que no puede ser hecho en realidad en Guinea Ecuatorial. Además de las palabras buenas, es de presionar al dictador que haga por el proceso democrático en realidad en Guinea Ecuatorial.Todo el mundo sabe también que los mismos Guineanos, y Guineanas que viven, dentro y fuera del país, a cusan a estos países de origen, que estan usando los recursos del país para defenderse el dictador. También se sabe que Guinea Ecuatorial con paises Occidental no carece de protección al dictador. Con un enfoque en los países occidentales, el entrenador de la milicia de Isreal, los recursos económicos que explotan UU.EE. España, Francia, Rusia, inglés, chino ect. ¿Qué está pasando en el mundo? Los recursos de Guinea Ecuatorial, los más baratos que el gobierno democrático, ahora comience, hacer los cálculos necesarios para obtener el máximo provecho de sus materias primas, Guinea Ecuatorial con sus recursos la comunidad internacional que llega a un en Guinea Ecuatorial, queremos comprender la prestacion de la relación diplomática que están experimentando todos los abusos sufridos por el pueblo de Guinea Ecuatorial.Para eso con tanta gente como el país, la dictadura, la pobreza y la corrupción, que deja las personas sin trabajo, mueren las personas por las asesinatos injustos, las injusticias que dejan a la gente hablando mentiras, engaños a los demás, en el país, permite que el dictador, genere torturas y malos tratos que apoyan el mismo presidente y su gobierno en Guinea Ecuatorial, los ciudadanos y ciudadanas ecuatoguineanos y ecuatoguineanas viven con miedo y la intimidación dentro del país. Nuestro partido lanzará una campaña de no cooperación y desafío político. Para desintegrar la dictadura en Guinea Ecuatorial. Y establecer una resolución democrática duradera y funcional. Sabemos que son objetivos más difíciles de lograr, siempre tenemos la aspiración de recuperar nuestra soberanía perdida, para eso creó un movimiento de liberación nacional de la soberanía de Guinea Ecuatorial, el efecto acumulativo de estas campañas es bien dirigido como las campañas de desarrollo político en el fortalecimiento de la resistencia y la creación y expansión de las áreas de la sociedad.

Debilidades del Regimen:

1. Restringir o negar la coperacion de muchas personas, grupos e instituciones que quieren ejecutar el sistema.

2. Los requisitos y efectos de las politicas anteriores del regimen limitaban su capacidad de adoptar y aplicar politicas contrarias.

3. Si hay una fuerte ideologia que influye en la vision de la realidad, una firme adhesion a ella puede supone una causa de desprecio de las condiciones y necesidades reales.

4. El deteriolo de la competividad y la eficiencia de la burocracia, controles excesivos y regulaciones, puede hacer ineficaceslas politicas y operaciones del sistema. La gerarquia del poder de una dictadura siempre es, en una cierta medida, inestable y aveces extremadamente grave, puesto que los individuos no permanecen inmutables en sus posiciones y grados, si no que tambien pueden alcanzar otros niveles o ser completamamente separadosy reemplazados por un nuevo personal.

5. Los sectores de las fuerzas policiales o militares pueden actuar para lograr sus propios objetivos, incluso sus propios objetivos, incluso si si èstos van en contra de la voluntad del regimen dictatorial de Guinea Ecuatorial.

6. Si la dictadura es nueva, necesita tiempo para asegurarse bien- Como en dictadura muy pocas muy pocos toman las

decisiones, es probable que se produzcan errores de juicio, polica o accion.

Como atacar a la dictadura. Conociendo esas debilidades intrisecas, la resistencia democratica puede tratar de agravar estos talones deliberadamente, una terminación del sistema drasticamente bien la desistegra sabiendo que segùn nuestra conclusion es obvio. A pesar de la apariencia de la fuerza, todas las dictaduras tienen sus debilidades, sus ineficiencias internas y sus rivales personales. Estas debilidades, con el tiempo, tienen que hacer un plan menos eficaz y màs vulnerable a las condiciones cambiantes y la resistencia deliberada. Mi intención es hacer un plan general donde el dictador no pueda ser destruido ni que hayan victimas, aun que es de reconocer que cualquier posible curso de accion para lograr la liberación de Guinea Ecuatorial supune sufrimiento y riesgos potenciales.

FORTALECIMIENTO DE LA DINAMICA DE LA LUCHA NO VIOLENTA

Al igual que con la capacidad militar, el desafio con una gran variedad de propòsitos para hacer cosas diferentes, crear las condiciones para la solucion pacifica de u conflicto, desintegrar el regimen que son nuestra parte opuesta. Pero la dinamica del desafio político es muy diferente de la violencio. Sin embargo, las herramientas son para los usuarios de la lucha, lo hacen con medios muy diferentes y con diferentes consecuencias, Los modos y resultados de los conflictos violentos son bien conocidos, Las armas fiscales se utilizan para intimidar, herir, matar y destruir. La lucha no es una tecnica mucho mas variada y completa que la violencia: sin embargo, es una lucha que ultilizan las armas, las politicas economicas, sociales y psicologicas aplicadas por la poblacion y las instituciones de la sociedad. Una diferencia de violencia, es el instrumento ideal para negar el acceso al regimen a estas fuentes de poder.

LA DISTINCIÓN ENTRE UN OBJETIVO TÁCTICO Y EL OBJETIVO ESTRATÉGICO

En la acción no violenta, puede deberse, en parte, al hecho de que el objetivo de la acción es más o menos importante. Partido Liberal Demócrata de Guinea Ecuatorial Diseñara las políticas para promover la igualdad real y efectiva en todas las áreas e instituciones. Igualdad básica pero real, independientemente del sexo, las creencias y el lugar de residencia. Garantizaremos la unión y la igualdad de todos los guineanos. Nos opondremos a cualquier intento de pedir la separación en nuestro país. Partido Liberal demócrata de Guinea Ecuatorial Trabaja Arduo Trabajo Para Que Se Incluye una nueva sección sobre Derechos Sociales en la Constitución. Daremos un grado máximo de protección y garantías al derecho a la salud; el derecho a los servicios sociales; el derecho a la vivienda; el derecho y el deber de la protección del medio ambiente; los derechos de consumidores y usuarios; el derecho de acceso, en condiciones de igualdad, al disfrute de servicios públicos y servicios económicos de interés general; y el derecho a una buena administración.El Partido Liberal Demócrata de Guinea Ecuatorial Aprobara de una Ley de Garantía Presupuestaria de Derechos Sociales. Proporcionar recursos para las instituciones responsables de garantizar los nuevos derechos incorporados en la Constitución en Guinea Ecuatorial. Los demócratas de Guinea Ecuatorial garantizarán un nuevo sistema de salud universal, para que nadie se quede sin ayuda sanitaria en Guinea Ecuatorial. Restauraremos la universalidad de la cobertura del Sistema Nacional de Salud.

Estableceremos, paralelamente, las medidas necesarias para garantizar la recolección de los servicios de salud prestados a los ciudadanos de otros países, para luchar contra el turismo de salud en Guinea Ecuatorial.

DESARROLO DEL PROYECTO: PROPUESTAS DE REFORMAS SOCIOPOLITICAS, CUTURALES Y ECONOMICAS

El Partido Liberal Demócrata progresista de Guinea Ecuatorial tiene esas apuestas que primero tienen que pasar y trazar ese diseño camino hacia la democratización por el pueblo de Guinea Ecuatorial y perdirles perdon la obra de la reparación de los daños causados por el régimen anterior. Este Proyecto Político propone una reforma para la mejora de la economía nacional, la creacion de nuevo el sistema de energia limpia renovado, donde se revelan los protocolos para seguir la situación de los países en la que la economía de Guinea Ecuatorial. Creemos que es importante que los partidos políticos expliquen que los niños piensan las políticas que prometen y que gastarán el dinero de todos los guineanos. Dado el vacío económico que está dejando el partido gobernante en Guinea Ecuatorial, cruzan arbitrariamente y la economía del país. pretendemos que nuestros ingresos y gastos públicos no participen en el pueblo guineano y no hacemos propuestas que se ajusten a la realidad. Nuestros valores de ingresos y gastos corresponden a nuestros ejes principales en nuestro programa político: reconstruir los medios de la clase media y trabajadora, para poner el capital humano y la innovación en el centro de la economía nacional. Se reducen los impuestos nacionales, situación que permite a los ciudadanos de Guinea Ecuatorial acumular dinero en sus cuentas para la adquisición de otros bienes o para el consumo futuro y en el momento en que esos valores se regresan nuevamente. Para lograr esto, impulsaremos las reformas que aumentan el crecimiento económico, reducen los gastos absurdos, toman medidas contra la corrupción institucionalizada y mejoran las reformas financieras con un bajo costo de la tasa de interés, lo que obliga a los inversores nacionales e internacionales a invertir en Guinea Ecuatorial. El sector educativo, muy fundamental para la sociedad actual que durante décadas se ha olvidado en Guinea Ecuatorial, la categoría de evaluación de los formadores, la falta de escuelas, los centros de formación profesional, así como la falta de universidades y las posibilidades de la universidad, los estudiantes de todo el hámbito nacional, es la principal preocupación de este proyecto político. Creo que con Dn Angel Elò, político ecuatoguineano, con una conciencia plena en la importancia de la educación para el desarrollo de toda la sociedad humana, la provisión de este proyecto político, un plan de acción para el buen funcionamiento del sector educativo de la República de Guinea Ecuatorial. Este plan de acción, prevee en primer lugar, la formación de un cuadro de profesores guineoecuatorianos que, más tarde, se sumarán a los ya existentes; y, por obligación profesional, todos estos, cada final de año académico, tendrían que participar en un curso de reciclaje que los permitiera actualizarse de forma periódica y mejorar el sigiente curso escolar. En segundo lugar, este plan de acción anticipó el reconocimiento de la ardua tarrea que los formadores llamaron a realizar a través de los pagos que le permiten ofrecer el máximo rendimiento posible en los centros donde las funciones desempeñan sus funciones y respetan sus horarios de clase. En tercer lugar, este plan prevé un código disciplinario que regula el comportamiento de la figura del profesor.El formador como figura ejemplar de su alumno debe comportarse de manera responsable ante sus alumnos. Por lo tanto, la venta de notas y las relaciones sentimentales entre los formadores y estudiantes está prohibida. que sean en este plan de acción que presumen el proyecto político que puede activar el sector educativo de la República de Guinea Ecuatorial. En cuarto lugar, este plan reconoce el futuro de un país que atraviesa, lo que impide que las actividades académicas sean mejores que las posibles, todas las herramientas necesarias para el mejor desarrollo de sus estudios y la que se resuelve con el edificio de las universidades, con características modernas, a través de

Internet o a través de libros, es importante para los estudiantes. razón por la cual, este plan permite poner a disposición de las bibliotecas todos los estándares nacionales, libros y conexión wifi para el uso exclusivo de los profesores y estudiantes; ya que estas dos herramientas facilitan la educación del estudiante. Separador para facilitar el estudio a todos los niños de la familia que tiene medios económicos, que también tiene acceso a una educación de calidad como este proyecto político promete a los niños de Guinea Ecuatorial. El Estado, cada final del curso, recompensará económicamente a los estudiantes, con calificaciones académicas aceptables, como los mejores centros educativos. Esta práctica seria una motivación para los estudiantes. No hay duda de que el S.E.N. El Sistema Educativo Nacional puede ser modificado con la inserción de nuevos temas que son importantes para la formación de los seres humanos y la eliminación de las cosas que no son importantes. El proyecto político aspira a ser un experto en competiciones internacionales, luego del bachillerato superior y su respectiva prueba selectiva, el estudiante guineo-ecuatoriano ingresa directamente a una universidad de EE. UU. Sin necesidad de que mar un curso de acceso. Esto se puede lograr mediante acuerdos bilaterales entre mi Estado y la Comunidad de América del Norte. La República de Guinea Ecuatorial, que ansiosamente aspira a un gobierno de manera democrática, lleva a cabo cuatro cursos con el alto deseo de contar con una educación de calidad, atención médica de calidad, etc.

EL MUNDO SE HA DADO IMPOSIBILIDAD PARA EL REGIMEN TOTALITARIO PRESIDIDO POR EL PRESIDENTE TEODORO OBIANG

imposible para el régimen totalitario presidido por el presidente Teodoro Obiang.no descarta la posibilidad de cooperar con la comunidad internacional en general y en particular con la comunidad estadounidense. Mi Projecto político, como viene, se compromete a trabajar en cooperación con la comunidad norteamericana en todos los sectores de importancia vital para el desarrollo de las sociedades humanas. Para esto, este es el Proyecto Político que abre la puerta a todos los que quieran contribuir directamente o indirectamente al desarrollo de mi Nación Nuestro querido país República de Guinea Ecuatorial está atravesando un momento muy difícil, por la crisis económica que a quedado a millas de Guineanos sin trabajo sin recursos, para poder mantener sus familias y millas de jóvenes metidos en la delincuencia y la prostitución. también esta la política que no permite que los ciudadanos guineanos sean libres y puedan votar libremente a elegir a sus dirigidos lo que hay que anadir el control militar de las calles en nuestras ciudadades con atrape de todo tipo. El causante de toda esta situación de pobreza y falta de derechos es el gobierno del partido democrático de Guinea Ecuatorial PDGE. Que con su mala gestión se divide el país en las partes por una mayoría de los Guineanos que viven en la pobreza en el país. Por otro lado, los principales ministros del

PDGE y los miembros del presidente Obiang, que han terminado los recursos que provienen del petróleo y han convertido en multimillonarios en el país. Mientras faltaban escuelas, hospitales, agua potable y viviendas, el presidente dijo que tenía que dar trabajo a todos, luz para todos, hospitales para todos, vivienda y todo para todos. ¿Qué tienes de esas promesas engañosas para la gente? Enfrentado a esta situación de injusticias miserias y promesas generalizadas sin cumplir con PDGE tienes todos los medios de comunicación, a tu alcance. tomamos esta decisión de que, con las elecciones en Guinea Ecuatorial no se puede vencer al dictador y su régimen con el poder que tienes. Por eso creó un Partido para movilizar a toda la población de Guinea Ecuatorial, para que dejara el poder a los demás.La presencia de muchos inversores en un sistema económico aumenta la probabilidad de alcanzar el pleno empleo, que es uno de nuestros deseos de mayor prioridad. Las tarifas para el consumo de energía eléctrica y otros servicios públicos se redujeron a las familias y las reciben a través de ellas. El estado debe incluir políticas para aumentar el gasto social cada año: una ayuda complementaria para las familias que ayudan a muchos hogares con menos recursos para poder desencadenar económicamente. Invertir para mejorar nuestras instituciones, mejorar el personal de la administración de justicia y implementar un plan que garantice la compatibilidad de los sistemas de información legal para toda la zona nacional. El cambio en el modelo de producción está llegando, poniendo fin a la falta de fondos en educación y al estancamiento de un plan contra el fracaso escolar. Paralaje más recursos para estudiantes universitarios, especialmente en entornos desfavorecidos, para contrarrestar a más maestros de apoyo en el aula, lo que beneficia a los estudiantes. Invertiremos para mejorar nuestras instituciones, mejorar el personal de la administración de justicia y implementar un plan que garantice la compatibilidad de los sistemas de información judicial en todo el sector nacional.

MEJOR LA INFORMACIÓN Y LA GESTIÓN PARA TENER MAS RECURSOS Y MAYOR CALIDAD

El Joven Líder la esperanza de la juventud de Guinea Ecuatorial trabaja duro para el crecimiento del empleo, se puede atribuir más a un significado, desde una perspectiva, podemos entender la acción y cómo generar trabajo, y ofrecer puestos laborales. Durante algunas décadas de años, la forma en que se vinculó a las personas a través del trabajo fue la esclavitud, sequía de una situación injusta, una saciada a la propiedad donde el trabajador era un esclavo que se había convertido en propiedad de alguien. Nuestra democracia y en la actualidad la forma de empleo más extendida a nivel de Guinea Ecuatorial, para el trabajo asalariado, en la relación de la dependencia. Es decir el empleado o el trabajador que tiene un contrato con su empleador en el que se fija el valor por el cual se vende la fuerza de trabajo, y las condiciones en que se prestó, el empleo. El Joven líder y su partido Liberal demócrata de Guinea Ecuatorial fijara el precio del trabajo y remuneración, cada Guineano, y Guineana será pagado en forma diaria jornal, quincena mensual, y sueldo, esa es la nueva vida de todos los Guineanos de Guinea Ecuatorial. El Partido Liberal Demócrata de Guinea Ecuatorial mejora la independencia de nuestros profesionales. La Parte garantizará la igualdad de servicios y servicios básicos en todos los distritos y provincias y municipios en el campo de la salud. Acordaremos una cartera de servicios comunes para evitar diferencias injustificadas en la cobertura entre distritos y provincias. Crearemos el Portal Nacional de Transparencia en Salud que recopila datos e indicadores de la calidad de atención, terapia y eficiencia de los servicios de hospitales y centros de salud para obtener datos objetivos y confiables que ayuden a detectar malas y buenas prácticas. Un Plan Nacional de Infraestructura de Salud y un Plan Nacional de Salud que permite la detección de disfunciones e ineficiencias a través de datos estadísticos comparativos. También implementa una estrategia de reinversión a largo plazo que involucra, no solo la incorporación de nuevas tecnologías de salud, sino también la desinversión en la que no es efectiva, revisando todas las estrategias de salud que ningún niño Eficiente de acuerdo con criterios científicos. Partido Liberal Demócrata de Guinea Ecuatorial Mejora de la atención domiciliaria para pacientes crónicos y dependientes, y haremos de la prevención el eje central del sistema que, Desarrollaremos la Ley General de Salud Pública promoviendo la prevención a través de la educación primaria y la educación para la salud como medianas y largas herramientas de ahorro a plazo, y los Demócratas Liberales ampliarán el catálogo de pruebas de diagnóstico accesibles para profesionales y sus propios medios de diagnóstico. Estableceremos un Plan de Coordinación para Servicios de Salud, Farmacias y Trabajadores Sociales. Proporcionaremos a estos profesionales nuevas habilidades y mecanismos. Demócratas liberales Mejorar la eficiencia del sistema de salud mediante el desarrollo de un nuevo decreto de referencia y uso de medicamentos por parte de las enfermeras basado en el consenso del sector. Coordinar los servicios sociales y de salud para ofrecer servicios integrales de salud. La responsabilidad y el modelo de la farmacia. Partido Liberal Demócrata de Guinea Nos centraremos en la toma de decisiones en el caso de los medicamentos huérfanos y el uso compasivo para garantizar la igualdad de acceso a estos tratamientos. Promoveremos sistemas centralizados de compras de medicamentos y productos de salud de alto costo para todas las provincias y distritos de todo el país. Partido Liberal Demócrata de Guinea Ecuatorial Mejorar los tiempos de acceso a nuevos medicamentos que implican evidencia de eficacia y seguridad. También reduciremos el costo de las oficinas públicas promoviendo sistemas centralizados de compras de medicamentos y productos de salud en todo el país. Verifique la tabla de sueldos de los agentes evaluadores, prohibiendo las puertas giratorias. Partido Liberal Demócrata de Guinea Ecuatorial. El Joven Líder la esperanza de la juventud de Guinea Ecuatorial trabaja para mejorar los conceptos que están íntimamente relacionados, con el desarrollo económico. El joven líder aumenta, el ingreso per cápita real aumenta la productividad real para todas las áreas económicas que son áreas rurales. El Joven Líder hará para hacer un Estado mejor en Guinea Ecuatoria que avanza hacia los ciudadanos hacia un Estado mejor, más avanzado y más desarrollado. En Guinea Ecuatorial continuara el desarrollo gradual, y generalizado de una sociedad en los aspectos económico social, moral, científico y cultural. En Guinea Ecuatorial, y el progreso logrado es digno, de admitir en este país, Creo que el esfuerzo no siempre se traduce en el progreso. El Joven Líder tiene una tarea de trabajo para lograr el progreso al desarrollo humano, se entiende en este sentido que el progreso implica, una mejora en las condiciones de vida de las personas. El Joven Líder trabaja duro para hacer que cada uno de nosotros tenga su mejor y mejor progreso que los demás, que tenga un crecimiento, profesional, y que tenga, los recursos, necesarios, para satisfacer sus necesidades básicas y nuestras condiciones de vida.

LOS JOVENES CIUDADANOS GUINEANOS Y GUINEANAS GANARÁN EL FUTURO

Los Jóvenes Ciudadanos Guineanos ganan el futuro, el Joven Líder hace un pacto nacional por la educación que cuente con el consenso de las fuerzas políticas, la comunidad educativa y de los colectivos sociales en Guinea Ecuatorial. El Joven Líder hace que haya un acuerdo para pensar más en nuestros hijos y en las próximas generaciones, que en los intereses de los partidos políticos. Que la educación sea una herramienta eficaz para la igualdad de oportunidades, y no para dividir en bandos. El Joven Líder trabaja para la obtención de una educación gratuita para las familias: tarifas y tarifas encubiertas en colegios públicos o concertados. Los costos escolares deben ser transparentes. Establecerá que, libros de texto gratis para las familias a través de un sistema público de libros compartidos en Guinea Ecuatorial. El Joven Líder hace un Pacto Nacional por la Educación que reduce drásticamente los cambios de los planos de estudio que supone una enorme fuente de confusión y el gasto para las familias. El Joven Líder trabaja para evitar que los libros cambien cada año de forma injustificada para que puedan volver a usar otros alumnos, como sucede en los mejores países de Europa. El sistema de educación de Guinea Ecuatorial implementa una educación bilingüe y trilingüe de calidad en la escuela pública, que garantice a nuestros jóvenes el dominio de idiomas. En todas las escuelas públicas se educarán los jóvenes en dos idiomas, y en tres o más lenguas en esas comunidades autónomas donde existan dos o más lenguas cooficiales.Todos nuestros jóvenes aprenderán inglés en la escuela pública, independientemente de los recursos económicos de sus familias.El Joven Líder garantiza el acceso universal a la educación de 0 a 3 años, para cubrir la demanda aumentada las plazas públicas y concertadas y ayuda a las familias con menos recursos para asegurar su acceso. La educación infantil es fundamental en el desarrollo vital y profesional posterior de la persona y debe garantizar la igualdad de oportunidades entre todos los ciudadanos. Promoverá un modelo de tutoriales personalizados para el seguimiento y la detección de capacidades y dificultades. Muchos de los problemas académicos más frecuentes, asociados a falta de hábitos básicos, puede ser con el tiempo y recursos para hacer un seguimiento de los alumnos en colaboración con los profesores. El Joven Líder trabaja arduamente para minimizar la repetición del curso que es costoso, ineficiente y más rápido y el apoyo escolar. Las repeticiones es uno de los principales causantes del abandono prematuro del sistema educativo. ¿Por qué? Somos líderes en África con más repeticiones, y tratamos de dar el apoyo necesario a los alumnos y profesores para que la parte de las repeticiones no se produzcan. Introducirá currículos más flexibles para las necesidades de los alumnos. Se debe promover las escuelas, desde una oferta básica común, educar a niños diferentes en situaciones de la mañana, para que todos aprendan de la mejor manera posible en un contexto de integración e inclusión. El Joven Líder establecerá itinerarios educativos de calidad y pasarelas en Guinea Ecuatorial.Siempre debe existir, con independencia del nivel real del estudiante, las vías para permanecer escolarizado, al menos hasta que se pueda obtener un título de enseñanza secundaria post-obligatoria. Se debe garantizar la existencia de pasarelas más allá de ese nivel que den continuidad a los niveles de formación profesional básicos. En ese sentido, nos permitimos mejorar la formación profesional y los recursos destinados a los Ciclos de Grado Medio e Impulsaremos una Verdadera que combinen formación y trabajo en la empresa. La inversión formación profesional en Guinea está por debajo del nivel de los países modernos. El Joven Líder Creara más plazas para profesores de apoyo dentro del aula. Implantaremos un modelo normalizado y generalizado de profesores de refuerzo que apoyen la vida cotidianamente en la clase para atender a la diversidad de los alumnos, previniendo las dificultades en el aprendizaje. Estos profesores de refuerzo complementarán al titular con las tareas y el contenido específico y tutorías personalizadas.Nuestro partido establecira un sistema de evaluación periódica y transparente de los docentes, para premiar y promover la carrera de los mejores profesionales educativos. Se levanta el cuerpo de inspectores de educación del Estado para poder ejercer una verdadera labor de evaluación y control de calidad de la enseñanza. Creara un nuevo estudio que vincule la formación, la implicación y la labor en el centro con la promoción profesional y el reconocimiento económico y público de los docentes. Hay que basar las carreras profesionales de los educadores en los resultados para acabar con la desmotivación laboral. Las evaluaciones de resultados tienen en cuenta las capacidades anteriores de los alumnos y el valor añadido del profesor, para no premiar simplemente a los profesionales que cuenten con buenos estudiantes.

NUEVOS GESTORES EN LA REFORMA DEL SISTEMA EDUCATIVO EN GUINEA ECUATORIAL

Nuevos gestores en la reforma del sistema educativo. El Joven Líder Dotara de más a los centros públicos y sus directores en contratación y competencias pedagógicas para implicar. La administración fijará objetivos y evaluará su cumplimiento, dejando mayor flexibilidad en las escuelas, tanto en la gestión de sus recursos materiales y humanos como en la oferta de itinerarios específicos y la elección del método docente. El Joven Líder Implantará más rendición de cuentas de los centros educativos: la autonomía debe aparecer a la transparencia para que las familias, educadores y administración cuenten con la máxima información a la hora de elegir centro. Dicha información debe proceder no solo a las pruebas estandarizadas sobre un conjunto de competencias cognitivas, sino también a competencias no cognitivas y al funcionamiento de los itinerarios. El Joven Líder desarrolla proyectos de innovación para el colegio y el instituto en centros de actividad social y cultural, que implican las familias en los proyectos educativos. La acción coordinada de las familias y los profesores es imprescindible en la tarea educativa. Para ello se fijará la apertura regular del centro en franjas horarias adecuadas que faciliten esa participación. El Joven Líder la esperanza de la juventud de Guinea Ecuatorial. Sustituir el aprendizaje por el conocimiento memorístico por el aprendizaje por competencias, que aplica el conocimiento a la vida real combinándolo con destrezas, habilidades y valores. Incorporar el aprendizaje de habilidades no cognitivas en los currículos. Se fomenta el espíritu crítico, el trabajo en la cooperación y el espíritu emprendedor. El Partido Elaborara un plan de lucha contra el acoso escolar, la conciencia del cuerpo y el líder, y la potencia de la figura de la mediación escolar para la prevención y la resolución de conflictos. Se prestará atención al aprendizaje social y emocional, centrado en los niños y jóvenes de las habilidades sociales y emocionales básicas.El Joven Líder la esperanza de la juventud de Guinea Ecuatorial Disminuirá el precio de las tasas universales y establecerá un sistema de objetivos con el objetivo de garantizar que ninguna persona quede fuera del sistema universitario por motivos socioeconómicos. El Joven Líder la esperanza de la juventud de Guinea Ecuatorial Incentivara el desarrollo y evaluación de programas experimentales para la incorporación de prácticas innovadoras que nos preparan para el futuro. Extender las experiencias exitosas en materia de innovación educativa a todo el sistema educativo, para facilitar la adaptación al cambio tecnológico y adoptar nuevos conocimientos y capacidades adaptadas a los desafíos que presenta el mercado laboral y la sociedad en una economía globalizada. El Joven Líder Promoverá un sistema ambicioso de becas de igualdad y becas de excelencia. Las becas son un instrumento crucial de movilidad, de fomento de la igualdad y de incentivos para las universidades. Paralelamente a las características de excelencia, ofrece un sistema de criterios estrictamente económicos para fomentar la igualdad de oportunidades. Partido Liberal Demócrata progresista de Guinea Ecuatorial Revisara, racionalización de la política de becas. La política de distrito único e internacional, se centrará en el salario y las ayudas complementarias para la dedicación exclusiva. El programa de "becarios de excelencia" cubre las necesidades del estudiante, como una parte importante del costo para la universidad en la que se matricula. El Joven Líder la esperanza de la juventud de Guinea Ecuatorial trabaja duro para fomentar el sistema universitario más internacional con más investigadores internacionales, más profesores de fuera y más intercambios de estudiantes. Mejoraremos la fluidez en los intercambios de información personal y del Sistema Universitario y con otros centros de investigación. El Joven Líder la esperanza de la juventud de Guinea Ecuatorial Creara una nueva evaluación externa de la calidad de la investigación de las universidaded. El Joven Líder la esperanza de la juventud de Guinea Ecuatorial Estableceremos un plan de choque para mejorar los mejores estudiantes y el captar Se contemplarán las etapas formativas y las opciones específicas de la carrera con criterios de calidad. Se favorecerá la movilidad. Nuestro partido promueve la cooperación social, la creación de empresas de base científica a través de iniciativas directas e indirectas. Se estimulará la cooperación entre empresas y empresas a través, por ejemplo, del uso compartido de instalaciones. Se incentivará la atracción de empresas a proyectos científicos y se creará una página web con datos sobre recursos institucionales.Nuestro partido trabaja para unificar las convocatorias de financiación en fechas y plazos fijos, con una duración mínima de 4 años, y armonizar los programas de investigación de las distintas comunidades autónomas. El Joven Líder la esperanza de la juventud de Guinea Ecuatorial trabaja con la inversión pública y privada hasta el 2% del PIB anual y desarrollaremos la Ley de Mecenazgo para dirigir la filantropía hacia el Desarrollo de la ciencia en el ámbito educativo a través del método científico obligatorio en la secundaria y divulgativo. El Joven Líder la esperanza de la juventud de Guinea Ecuatorial Impulsara los Centros de Investigación de Excelencia y una buena reputacion.

LA CREACIÓN DE UNA AUDITORIA INDEPENDIENTE A LA GESTIÓN DE RTV EN GUINEA ECUATORIAL

La creación una auditoría independiente a la gestión de RTV Guineana, el pueblo de la republica de Guinea Ecuatorial se lograra. Impulsaremos iniciativas para el reconocimiento de la riqueza cultural que representa la pluralidad lingüística de Guinea Ecuatorial. El Joven Líder rla esperanza de la juventud de Guinea Ecuatorial informara en Guinea Ecuatorial la Ley de Propiedad Intelectual y de Derechos de Autor. Debe ser un instrumento que garantice el acceso mayor posible al patrimonio cultural, y establezca las medidas para defender los derechos de los creadores de contenidos digitales. Nuestro partido aprobara un Plan para la Protección de la Propiedad Intelectual y las Industrias Culturales. Este plan debe definir los trámites para el desarrollo de las escuelas y las ciencias, concienciar a los niños y jóvenes de la necesidad de respetar la propiedad intelectual y el valor de las industrias culturales. Crearemos una nueva Fiscalía Especializada en Delitos contra la Propiedad Intelectual. Una instancia que pone en marcha el texto siguiente es el de las violaciones de los derechos de propiedad intelectual. El Joven líder Nombrara una nueva Secretaría General de Propiedad Intelectual en Guinea Ecuatorial. Un organismo integrado por profesionales reconocidos, para apoyar el trabajo de la Propiedad Intelectual y promover la digitalización de fondos y el acceso a contenidos legales. Nuestro partido Impulsara el sector del libro y la lectura en Guinea Ecuatorial. Reactivaremos las bibliotecas públicas aumentando las partes de fondos para su generación, y pondremos en marcha un plan de fomento de la lectura en colaboración con centros escolares. Nuestro partido Aprobara un nuevo modelo de servicio público para la RTV Guineana. El Joven líder la esperanza de la juventud de Guinea Ecuatorial Garantizara, sobre la base de su independencia y calidad del servicio de los contenidos, su función de vertebración social, ventana al mundo de la cultura y la sociedad guineana. Daremos un nuevo impulso al canal internacional. El Joven líder la esperanza de la juventud de Guinea Ecuatorial quiero un modelo de RTV Guineana despolitizado, en el que todos los cargos son escogidos a partir de criterios de profesionalidad y excelencia en Guinea Ecuatorial. Nuestro partido realiza una auditoría independiente a la gestión de RTV Guineana. Un análisis independiente para esclarecer todas las actuaciones de los gestores de RTV Guineana en etapas anteriores, que permita edificar un nuevo proyecto. Nuestro partido aposta por una RTV Guineana que promueve el talento de los trabajadores y que impulse la producción propia. El Joven Líder la esperanza de la juventud de Guinea ecuatorial Someterá una nueva reglas estrictas de todas las retribuciones de todos los altos cargos de RTV Guineana. Nuestro partido aprobara un Plan Estratégico de Transición Energética para el bombeo de las energías renovables y el autoconsumo energético. Se diseñó estrategias para la reducción del consumo de combustibles fósiles y la Reducción de emisiones de gases de efecto Invernadero. El Joven líder la esperanza de la juventud de Guinea Ecuatorial lucha para Promover una Ley de Cambio Climático, que regule de forma coherente y estable las políticas que afectan al clima. De ese sentido Crearemos una Comisión Científica-Técnica de Asesoramiento sobre el Cambio Climático. Una instancia especializada que respaldará la toma de decisiones políticas para prevenir los posibles efectos del cambio climático en todos los ámbitos de la administración pública. El Joven Líder la esperanza de la juventud de Guinea Ecuatorial trabaja duro para impulsar el país hacia adelante por eso Impulsaremos un Plan de Aplicación de la Estrategia de Economía Circular. Incentivar un mejor diseño de los productos, para facilitar su reciclado; herramienta de gestión y análisis de ciclo de vida, huellas ambientales y responsabilidad social asociada a la reputación corporativa; fomentar la separación de los productos y combatir la obsolescencia programada.

LA REJUVENECIMIENTO Y LA MODERNIZACIÓN DE LA FLOTA PESQUERA: FIESTA LIBERAL DEMOCRATA PROGRESISTA DE GUINEA ECUATORIAL

El Líder Joven aprobará un Plan Nacional para la Gestión de los Desechos Orgánicos del Sector Agroalimentario Forestal. Trabajara duro para Promover su uso como fuente de material orgánico útil para nuestros suelos mediante su compostaje o tratamientos alternativos, y para la cogeneración de energía mediante plantas adecuadas para cada zona. Partido liberal Progresista demócrata de Guinea Ecuatorial Promoverá un nuevo Plan Nacional de Calidad del Aire, en el marco de los Techos de Emisión. Fortaleceremos las redes de vigilancia, mejoraremos la información para el público y promoveremos la lucha contra el ozono troposférico y los compuestos orgánicos volátiles. El Partido Liberal Democrático Progresista de Guinea Ecuatorial promoverá el desarrollo integral del Plan Nacional de Ciudades Inteligentes, a través de la creación de un Consejo Asesor de Ciudades Inteligentes. Mejoraremos la eficiencia de las entidades locales en la provisión de servicios públicos. Estableceremos un modelo energético estable y garantizado en el que prevalezca la seguridad jurídica como elemento clave de la innovación y el desarrollo energético. El joven líder es arduamente fuerte para estudiar los sistemas de subastas más exitosos para implementar en Guinea Ecuatorial un modelo factible, realista y creíble que brinde garantías basadas en las singularidades del sistema eléctrico de

Guinea, con regulaciones claras que proporcionarán estabilidad. El Joven Líder hará posible reducir el monto de la factura de energía. El Partido Liberal Democrático Progresista trabaja duro para impulsar reformas para que los consumidores paguen de acuerdo con los costos reales de producción. Partido Liberal Democrático Progresista de Guinea Ecuatorial Implementar medidas de eficiencia energética. Entendemos que el ahorro y la eficiencia energética son clave en todo el ciclo de producción, transformación, construcción, transporte, distribución y consumo de energía. Partido Liberal Demócrata progresista de Guinea Ecuatorial con su Joven Líder al frente trabaran para Promover la eficiencia energética especialmente en sectores como la construcción, la agricultura, la industria y el transporte; Además, el partido progresista liberal demócrata de Guinea Ecuatorial promoverá la educación y el ahorro de energía por parte de consumidores y productores dentro de Guinea Ecuatorial. Partido Liberal Demócrata progresista de Guinea Ecuatorial Promoveremos en el campo de la energía. El joven líder apoyará la investigación de elementos fundamentales en cuestiones energéticas tales como el desarrollo de vehículos eléctricos, sistemas inteligentes de control de procesos, sistemas térmicos renovables, almacenamiento de energía en Guinea Ecuatorial, parques experimentales de energía renovable o medidas de eficiencia energética en el campo de la construcción. El joven líder luchará con toda la energía y la fuerza para promover la lucha contra la pobreza energética en Guinea Ecuatorial y reformar el vínculo social para garantizar que se ofrece a todas las familias con dificultades. No creo que la garantía de un servicio eléctrico básico deba vincularse exclusivamente a través de subsidios, es por eso que entendemos que las familias en situación de emergencia social deben ser un objetivo prioritario de las inversiones públicas para erradicar este problema a través de medidas de eficiencia energética en Guinea Ecuatorial.

CREA FONDO PARA LA CONSERVACIÓN DE LA BIODIVERSIDAD

Partido Liberal Demócrata Progresista de Guinea Ecuatorial impulsará el trabajo para establecer los planes de recuperación de especies en peligro y los planes de conservación de las especies vulnerables. El Partido Liberal Demócrata Progresista de Guinea Ecuatorial, aprobara una Ley de Protección del Suelo. Se ordenará adecuadamente el uso y la conservación del suelo, según aptitudes y prioridades socioeconómicas y ambientales, atendiendo su sostenibilidad como recurso finito en Guinea Ecuatorial. Trabajaremos mucho para Restaurar el Programa de Forestación y Restauración Hidrológica en Guinea Ecuatorial. Este programa va a generar empleo en zonas con menores recursos y el Joven líder reactivará empresas auxiliares. Partido Liberal Demócrata Progresista de Guinea Ecuatorial Impulsara un nuevo Plan Hidrológico Nacional en Guinea Ecuatorial. Partido Liberal Demócrata Progresista de Guinea Ecuatorial Elaborara un Libro Blanco del Agua con criterios técnicos y científicos, que sirva para la redacción del Plan Hidrológico Nacional. Partido Liberal Demócrata Progresista de Guinea Ecuatorial Promoverá un nuevo Plan de Incorporación de Energías Renovables en las desalinizadoras que permiten, a medio plazo, un abaratamiento del costo del agua en Guinea Ecuatorial. Por eso nuestro partido Crea la Agencia para la Promoción del Sector Agroalimentario y el Turismo que gestiona los fondos que se destinan a la promoción agroalimentaria en Guinea Ecuatorial. Fomentaremos y facilitaremos la internacionalización de las empresas guineanas mediante la simplificación administrativa y apoyo técnico para facilitar la exportación. Nuestro Partido creó la Agencia de Transferencia de Tecnología Agraria que impulsa proyectos entre la Universidad y el Sector Agrario. Fomentaremos el empleo agrario ligado a la tierra y potenciaremos la agricultura ecológica. El Joven Líder Fomentara el seguro agrario y otras estrategias de cobertura del riesgo, para el Partido Liberal Demócrata de Guinea Ecuatorial Impulso para promover la creación de empresas relacionadas con el uso de nuevas tecnologías en torno a la industria alimentaria en Guinea Ecuatorial. El mundo rural en Guinea Ecuatorial es un ámbito en el que las aplicaciones de nuevos métodos de trabajo, pueden abrir un campo de nuevas soluciones para mejorar la gestión, la rentabilidad y la profesionalización del sector. De ello el Partido Liberal Demócrata Progresista de Guinea Ecuatorial desarrolla un plan estratégico de la política forestal de Guinea que fomenta la producción forestal movilizando recursos forestales que generen empleo y rentas para la población rural en Guinea Ecuatorial. Partido Liberal Demócrata de Guinea Ecuatorial Promoverá para impulsar el rejuvenecimiento y la modernización de la flota pesquera en Guinea Ecuatorial, de eso ayudara para Impulsar el crecimiento de la formación y sostenimiento del empleo en el sector extractivo y acuícola. En este sentido, permitirán establecer medidas para reducir la siniestralidad laboral y los accidentes de la flota. Partido Liberal demócrata progresista de Guinea Ecuatorial apoyada la presencia de la mujer en las actividades pesqueras y en la diversificación de la economía en zonas costeras. Desarrollaremos la acuicultura. El Joven Líder trabaja para la coordinación del potencial investigador de las universidades, los centros de investigación pública y privada para avanzar decididamente en el desarrollo de la acuicultura. El Joven Líder Propondrá un Gran Pacto por las Infraestructuras y la Industria para intensificar los procesos de información pública para los ciudadanos que conozcan los proyectos y el Joven Líder exigir más transparencia en las concesiones. El Joven Líder Potenciara las redes de telecomunicaciones y Tecnologías de la Información y Comunicación (TIC). El Joven Líder se apoya en el crecimiento y el crecimiento de la conectividad así como en una mayor transparencia en el acceso a la información. El Joven Líder y el Partido Liberal Demócrata Progresista de Guinea Ecuatorial

Garantizaran la independencia real de las grandes empresas públicas de las infraestructuras de la comunicación, despolitizando su gestión para dar el mejor servicio posible a los ciudadanos de Guinea Ecuatorial. Partido Liberal Demócrata Progresista de Guinea Ecuatorial Incentivara el uso del transporte público y el uso de la bicicleta. El Joven Líder trabaja para promover más estaciones de cercanías a los pueblos, intercambiadores y aparcamientos disuasorios. El Joven Líder también trabaja arduamente para aumentar la disponibilidad de espacios para el peatón, con especial atención a la mejora de la accesibilidad de las personas con movilidad reducida. Partido Liberal Demócrata Progresista de Guinea Ecuatorial Favorecerá los vehículos que utilizan energía alternativa y/o con bajo nivel de contaminantes. Por eso el partido Liberal Demócrata.

MEJORAR LA EFECTIVIDAD DE LA POLÍTICA FARMACÉUTICA LA TRANSPARENCIA

Establece nuevas competencias para los farmacéuticos en la detección y tratamiento de enfermedades crónicas, promoviendo el sistema de información con el resto de los médicos. Desarrollo de una estrategia nacional de Salud mental que estimule la incorporación de la atención psicológica en la atención. El Partido Liberal Demócrata para Mejorar la Capacitación de Maestros en la Detección de Discriminación y Apoyo a Estudiantes con Problemas de Salud o Situaciones de Emergencia para dar una respuesta efectiva. Terminaremos con la politización de la Salud. La gestión de la salud debe estar en manos de profesionales y no de personal auto designado. Los Demócratas Liberales de Guinea Ecuatorial establecieron mecanismos de rendición de cuentas.Incluye medidas de protección del personal que informan las situaciones irregulares en los centros de salud y modificadores del régimen sancionador para profesionales que cometen malas prácticas que no quedan impunes. Partido Liberal Demócrata de Guinea Ecuatorial Regular la relación de las empresas farmacéuticas con los beneficios aumenta las incompatibilidades y los controles. Garantizar la financiación pública de la formación continua de los profesionales y su financiación a través del sistema público para que no quede solo en manos de las empresas farmacéuticas. Habilitaremos la capacitación especializada en salud, de acuerdo con la legislación regional, para promover la certificación profesional con el resto de los países de la región.

Implementaremos progresivamente los procesos de certificación y recertificación profesional y desarrollaremos. Cuidados paliativos en los derechos de las personas al final de la vida. Los demócratas liberales desarrollarán una ley para la muerte digna. Entrenamiento específico en Guinea Ecuatorial, Partido Liberal Demócrata. Modificar la regulación de las facultades y los lugares de Medicina y Enfermería, paralizando las necesidades de los profesionales. Terminaremos la alta temporalidad en el sector y aprovecharemos la experiencia en la gestión y el tratamiento de los pacientes. Los Demócratas promovieron los aviones centrales. Legislaremos para que las personas con cuidados paliativos puedan ayudar a evitar el sufrimiento en el caso de una enfermedad incurable con muerte irreversible o enfermedad terminal, ampliando la capacitación del personal de salud y los derechos de los ciudadanos a la información, la elección entre opciones clínicas, el tratamiento del rechazo, la voluntad de vivir y el alivio del sufrimiento al final de la vida. El Partido Liberal Demócrata de Guinea Ecuatorial reformará el sistema de pensiones para garantizar su sostenibilidad y la adecuación de las pensiones. Es esencial garantizar esta base básica del Estado de Bienestar a las siguientes generaciones.Los problemas del hambre y la miseria que Guinea Ecuatorial tiene la falta de desarrollo, aunque tiene muchos recursos económicos, pero la discriminación intermitente, la ausencia del Estado de los derechos existentes, y el mantenimiento de la violación sistemática de los derechos humanos. Durante toda esta mala gestión del cruel dictador inhumano que existe en Guinea Ecuatorial, la aniquilación de la democracia, así como la permanencia durante 38 años de la dictadura existente en Guinea Ecuatorial. Los ciudadanos ecuatoguineanos son el resultado de haber sufrido por la falta de libertad, justicia y democracia en la nación. Creo que debo ser sincero y hacer una pregunta para todos los ciudadanos ecuatoguineanos como ciudadanos en general, y en particular para los ciudadanos de América del Norte que no ven esta situación con malos ojos. El Joven Líder puede llegar a Guinea Ecuatorial hacia el futuro brillante de África, porque es más que nunca, de la comunidad internacional, los Estados Unidos de América y el Líder pueden hacer mucho más para hacer un cambio real y varios países con democráticas fuertes, en particular. Las economías de Guinea Ecuatorial se encuentran más adelante en los países de África y del mundo, con el cambio tecnológico que abre todo el continente africano y ofrece grandes oportunidades en la economía, la medicina y los negocios. Al mismo tiempo, la creciente población de jóvenes en Guinea Ecuatorial y en África está cambiando las condiciones y el sistema ecológico en este momento. El joven Líder trabaja para la acción para desarrollar nuestra economía, es un tratado para aumentar la extensión y expandir o aumentar el desarrollo del país. El joven líder tiene las ideas, pero creo que me gusta un poco más de desarrollo que el país sufrió la pobreza y la miseria. El Joven Líder realiza una tarea de cálculo en una expresión analítica, una búsqueda de los términos que funcionan en una serie de funciones. Creo que simplemente sucede y tiene lugar, Guinea Ecuatorial a partir de ahora, una pinta en un concepto de desarrollo se aplica a la comunidad ecuatoguineana, y los ecuatoguineanos, de los seres humanos, se refiere al progreso hacia el progreso en el sentido social., político, económico y cultural en Guinea Ecuatorial. El Joven Líder trabaja arduamente en todo tipo de desarrollo entendido como un proceso de búsqueda de las condiciones de bienes y servicios que se encuentran en un país en crecimiento y en todos los tipos sociales, de los grupos sociales que forman las comunidades ecuatoguineanas y ecuatoguineanas. El joven líder fomentara un mecanismo donde una sociedad existe un buen desarrollo económico, que presenta la característica de la integración económica y social y que las personas viven en la marginalidad.Cuando en Guinea Ecuatorial este desarrollo es un favor de una mejor producción que mejora las sociedades guineanas y guineanas en Guinea Ecuatorial. El Joven Líder quiere que se preste especial atención a las medidas para el desarrollo humano en Guinea Ecuatorial, que no solo abarca las necesidades económicas sino también las intelectuales y culturales. Es por eso que el Líder Joven quiere que Guinea Ecuatorial tenga un país de desarrollo y una mejor respuesta a sus ciudadanos, y una guía para las habilidades adquiridas de capacitación, puede ser dirigido a la experiencia laboral, ejerciendo una eficiencia económica económica, social y política, y cultural.

ASEGURAR LA TRANSPARENCIA DEL SISTEMA DE PENSIONES EN GUINEA ECUATORIAL

Partido Liberal Demócrata de Guinea Ecuatorial Garantizara pensiones actualizadas adecuadas y regulares. La adaptación del sistema de pensiones al nuevo escenario demográfico y socioeconómico debe estar disponible económicamente y en caso de situaciones de pobreza entre nuestros pensionistas. Partido Liberal Demócrata de Guinea Ecuatorial Tendrás un sistema transparente en el que los individuos sepan en todo momento el dinero de la pensión que tendrán en el momento de la jubilación a fin de tomar decisiones de ahorro y anticipar sus vidas profesionales con anticipación. El Partido Liberal Demócrata garantizará la libertad de los trabajadores para decidir a qué edad retirarse y acceder a una pensión de jubilación basada en lo que se cotiza a lo largo de su vida laboral. Cualquier retraso en la edad de jubilación implica establecer una forma flexible de discriminación contra los trabajadores que ingresaron al mercado laboral a edades más tempranas o para realizar actividades que requieren un esfuerzo físico considerable. El Partido Liberal Demócrata implementado para promover servicios sociales integrales, de mayor calidad, más cercanos y similares en Guinea Ecuatorial. Elaboraremos una Ley de servicios sociales que garantice en toda Guinea Ecuatorial el derecho a la atención social con una cartera básica para todo el territorio nacional y con financiamiento estable. Proponemos un plan concertado de beneficios básicos para el desarrollo de los servicios sociales de atención primaria, así como sus funciones y beneficios básicos. El Partido Liberal Demócrata de Guinea Ecuatorial trabajará arduamente para salir adelante y proporcionar a los municipios más capacidad para ofrecer servicios coordinados con los que ofrecen las provincias y los distritos. Integrará diferentes colectividades y mantener una relación especial con las entidades del tercer sector de acción social. El Partido Liberal Demócrata de Guinea Ecuatorial El Pacto del Estatuto del Estado para los Niños en Guinea Ecuatorial. Partido Liberal Demócrata de Guinea Ecuatorial y democracia en las políticas de los niños para lograr un compromiso social firme, amplio y sostenible con la defensa del respeto de los derechos de los niños que viven en Guinea Ecuatorial. El Partido Liberal Demócrata de Guinea Ecuatorial aprobó un nuevo Plan Nacional para niños y adolescentes con los recursos económicos necesarios para abordar la situación real de la pobreza y el riesgo de exclusión infantil. El Partido Liberal Demócrata de Guinea Ecuatorial mejorará para aumentar la inversión pública en la protección de los niños para superar el nivel regional, aumentar el beneficio económico por niño y garantizar el desarrollo adecuado de los niños en riesgo de pobreza. Partido Liberal Demócrata de Guinea Ecuatorial, Promoverá una estrategia integral contra la violencia de los niños para proteger la integridad física y moral de los niños y actuar contra los delitos de pedofilia. A través de un acuerdo del gobierno de la nación con las provincias, los distritos y los municipios. El Partido Liberal Demócrata de Guinea Ecuatorial aprobara un nuevo Plan Nacional para el Envejecimiento Activo y Saludable como respuesta al envejecimiento de la población. El partido utilizara los pilares de la salud, la participación, la seguridad y el aprendizaje a lo largo de la vida como marco de referencia. Relanzaremos el Consejo Estatal de Organizaciones No Gubernamentales de Acción Social como una herramienta para controlar el gobierno y la participación de los diferentes actores sociales en la política social. Otorgaremos la capacidad de interlocución como actor social al tercer sector. Relanzar y marcar con prestigio la figura del mecenazgo social.

PROMOVER LA IGUALDAD DE GENERO DENTRO DE LAS EMPRESAS

El Partido Liberal Demócrata de Guinea Ecuatorial se esfuerza por promover un cambio cultural mediante el cual se eduque a los niños, desde una edad temprana, en los mismos valores. El objetivo es evitar cosas en el tipo de educación o carrera, por ejemplo, por razones de sexo. Partido Liberal Demócrata de Guinea Ecuatorial Se fomenta la visibilidad de los modelos femeninos a seguir, en un ambiente considerado masculino. Partido Liberal Demócrata de Guinea Ecuatorial. El Partido Liberal Demócrata fomenta una cultura de transparencia en el proceso de selección en todos los niveles de contratación, que debe publicarse en el informe anual. Partido Liberal Demócrata de Guinea Estimuladores ecuatoriales a las empresas para establecer objetivos claros de representación de mujeres en cargos de alto nivel y juntas directivas. El Partido Liberal Demócrata de Guinea Ecuatorial promoverá un Estado de Derecho contra la Violencia de Género. La lucha contra este flagelo social ha sido una cuestión de Estado en un gran país social, político e institucional. Partido Liberal Demócrata de Guinea Ecuatorial Trabaja arduamente para ampliar las medidas preventivas, informativas, procesales, punitivas y de protección para todas las formas de violencia contra la mujer. El Partido Liberal Demócrata de Guinea Ecuatorial trabaja para incluir la violencia doméstica, la violencia de pareja, la trata de personas que afecta principalmente a mujeres y niñas, los delitos de mutilación genital femenina y otras formas de violencia contra estas medidas. Mujeres matrimonios forzados y crímenes de honor, por ejemplo. Partido Liberal Demócrata de Guinea Ecuatorial

Trabaja duro para financiar los elementos presupuestarios para la prevención y asistencia de las víctimas de todas las formas de violencia contra la mujer. Trabajamos arduamente para promover medidas que garanticen la prioridad y el acceso continuo a los servicios públicos y seremos una prioridad rápida e individualizada, con planes específicos para cada caso. Partido Liberal de Guinea Ecuatorial Activara Permanente, Plan Nacional de Sensibilización y Prevención de la Violencia de Género. Cuando tenga cosas que mejorar, como aumentar los recursos para las disputas de violencia de género, active el acompañamiento judicial personalizado. Facilitar el acceso a la información a las mujeres víctimas de violencia de género sobre el procedimiento más seguro desde el momento en que ponen la queja en riesgo hasta el final del proceso. Partido Liberal Demócrata de Guinea Ecuatorial. Restricciones específicas para la atención integral para mujeres que han retirado la queja debido a violencia de género, o en riesgo. El Partido Liberal Demócrata de Guinea Ecuatorial aseguró la garantía de la vivienda sujeta a la denuncia en casos de riesgo. El Partido Liberal Demócrata de Guinea Ecuatorial lanzará la aprobación de un Plan Integral para Proteger a los Menores Víctimas de Violencia de Género. Desarrolle una Ley de Violencia Intrafamiliar con un presupuesto suficiente para prevenir y detectar situaciones de violencia en el hogar. Contemplará las medidas de apoyo para las personas que sufren abusos y establecerá un protocolo abreviado de acción que agiliza los procedimientos para responder a las víctimas y garantiza que no vuelvan a caer en situaciones de vulnerabilidad. Partido Liberal Demócrata de Guinea Ecuatorial Promoverá medidas para perseguir, instalar y cerrar el sitio web que promueve la anorexia, la bulimia u otros trastornos de la alimentación.

DEFENDER UNA NUEVA LEY INTEGRAL PARA LA PROTECCIÓN DE LAS FAMILIAS

El Partido Liberal Demócrata de Guinea Ecuatorial promoverá el enjuiciamiento de una norma que penaliza la incitación a cualquiera de estos trastornos. Promoveremos una nueva Ley sobre el embarazo sustituto. Garantizar los derechos de todas las personas involucradas en el proceso, y especialmente en menores, a través de esta técnica de reproducción asistida. El Partido Liberal Demócrata de Guinea Ecuatorial ayudará a apoyar una nueva Ley de responsabilidad de los Padres y Custodia Compartida. Por lo tanto, recogeremos la modalidad que sigue las pautas de la Convención de las Naciones Unidas sobre los Derechos del Niño. Norma que ordena, sistematiza, ofrece y extiende el apoyo de todo tipo que las familias reciben de las instituciones del Estado. El Partido Liberal Demócrata de Guinea Ecuatorial defiende el Estado de derecho para ayudar a los Dependientes y la Autonomía Personal. Elimine duplicidades administrativas y servicios de unificación en todo el territorio nacional para que no pueda ver vivir en otro municipio u otro. El Partido Liberal Demócrata de Guinea Ecuatorial estableció un plan de apoyo integral para el cuidador. El Partido Liberal Demócrata de Guinea Ecuatorial implementará planes de capacitación, asesoramiento y ayuda psicológica. Estudiaremos para recuperar el reconocimiento efectivo del derecho de cita y el desempleo de los cuidadores. Partido Liberal Demócrata de Guinea Ecuatorial Concederá el máximo grado de protección y garantías a los derechos sociales, económicos y culturales de las personas con diversidad funcional y discapacidad. Partido Liberal Demócrata de Guinea

Ecuatorial Aprobación de una Ley Orgánica sobre los derechos de las personas con diversidad funcional o discapacidad. La educación inclusiva termina con la educación segregada debido a la diversidad funcional en Guinea Ecuatorial, la libertad personal suprime la posibilidad de internamientos no voluntarios debido a trastornos mentales y suficiente apoyo público para la autonomía personal, la vida independiente y la inclusión social en la comunidad. Partido Liberal Demócrata de Guinea Ecuatorial Garantizar el derecho de sufragio activo y pasivo de las personas con diversidad funcional y discapacidad, Recibir las personas de la vida comunitaria con suficiente apoyo público para garantizar su plena participación política.

RECIBIR LAS PERSONAS DE LA VIDA COMUNITARIA CON SUFICIENTES APOYO PUBLICO

El Partido Liberal Demócrata de Guinea Ecuatorial aprueba la Estrategia Estatal para la Inclusión Social que permite la admisión en instituciones de personas con diversidad funcional y discapacidades. El Partido Liberal Demócrata de Guinea Ecuatorial se asegurará de que todos los entornos, productos, bienes, servicios, procesos y procedimientos sean accesibles universalmente. El Partido Liberal Demócrata de Guinea Ecuatorial regulará las condiciones básicas de accesibilidad y no discriminación de las personas con diversidad funcional cognitiva. Significa que será reformado, el Partido Liberal Demócrata de Guinea Ecuatorial actualizará para ampliar el marco normativo de accesibilidad audiovisual, a fin de garantizar los derechos de las personas con diversidad funcional sensorial y cognitiva. El Partido Liberal Demócrata de Guinea Ecuatorial establecerá la obligación de que toda producción cinematográfica incluya medidas de accesibilidad audiovisual. El Partido Liberal Demócrata de Guinea Ecuatorial regulará la exención total del pago en las carreteras de peaje para los conductores con diversidad funcional, que hayan reducido la movilidad o el vehículo para su transporte exclusivo en Guinea Ecuatorial. Partido Liberal Demócrata de Guinea Ecuatorial Controlador, y el cumplimiento de las empresas que prestan servicios de la accesibilidad del contenido de sus páginas de Internet y soluciones móviles. Partido Demócrata Liberal de aprobación nuevo modelo legal de inclusión laboral para personas con diversidad funcional y discapacidad. El Partido Liberal Demócrata de Guinea Ecuatorial defenderá una nueva Ley de Emprendedores Sociales. El Partido Liberal Demócrata de Guinea Ecuatorial refuerza el valor de las iniciativas y proyectos de emprendimiento para personas con diversidad funcional y discapacidades. Partido Liberal Demócrata de Guinea Reforma Ecuatorial de la Ley General de Salud y Ley para la Promoción de la Autonomía Personal y Atención a las Personas Dependientes. El objetivo es crear un espacio socio-sanitario basado en la persona que necesita apoyo social y de salud a través de itinerarios individuales. Prepararemos el Libro Blanco sobre Atención temprana y otro sobre Atención social y educativa. El Partido Liberal Demócrata de Guinea Ecuatorial desarrolla buenas prácticas para la educación inclusiva y programas de atención social para estudiantes con diversidad funcional y discapacidades en todas las etapas, niños, primaria, secundaria, universidad, capacitación profesional y capacitación laboral. Partido Liberal Demócrata de Guinea Ecuatorial Promover una agenda de investigación sobre diversidad funcional. Se diseñará una guía de investigación para el bienestar de las personas con diversidad funcional y discapacidad, en colaboración con universidades e institutos de investigación aplicada. Partido Liberal Demócrata de Guinea Ecuatorial Promover el compromiso de los medios de difusión y difusión de contenidos que promuevan el mayor grado de visibilidad de las personas con diversidad funcional y discapacidad en Guinea Ecuatorial.

GARANTIZA POR LEY LA TRANSPARENCIA ECONÓMICA DE LAS PARTES

Partido Liberal Demócrata Progresista de Guinea Ecuatorial regulara la celebración de debates electorales. Los ciudadanos tienen derecho a saber lo que es cada partido político y a confrontarlo con lo que otros dicen que es esencial en la democracia moderna en nuestro país. Por eso el Joven Líder aprobara una ley de partidos que garantiza la democracia internacional y los derechos y libertades de los miembros, favoreciendo su participación en la toma de decisiones. El Joven Líder Trabaja duro para salir adelante y Asegurara la celebración de elecciones primarias para la elección de los candidatos, regula la celebración de congresos y asegura la independencia de los órganos de control interno. Exigiremos el desglose y el detalle apropiado de ingresos y gastos, y prohibiremos las donaciones a fundaciones vinculadas a partes de empresas y entidades de empresas que tengan relaciones económicas o de supervisión con las Administraciones en Guinea Ecuatorial. El Partido Liberal demócrata progresista de Guinea Ecuatorial Suprimirá los aforamientos y suplicatorios de diputados y senadores, salvo para delitos relacionados con la actividad política del parlamentario. Suprimiremos los aforamientos y suplicatorios para todos los cargos electos en Guinea Ecuatorial, y establecerá un régimen de incompatibilidades con verdaderas garantías de control y sanción a los corruptos electorales. El Joven Líder Exigirá las políticas, leyes y patrimoniales a los corruptos. Todos los cargos y representantes públicos cesar desde el momento en que se han llevado a cabo investigación judicial en los casos de delitos de corrupción y tráfico de influencias. El Joven Líder Garantizara un órgano de gobierno del poder judicial independiente y sin partidismos. Asegurara el mérito y la capacidad, así como la ausencia de discrecionalidad, en los nombramientos de jueces y magistrados. Todas las plazas del Poder judicial y, en particular, la de los altos cargos, el rendimiento por concurso y las bajas en el mérito, la capacidad, la especialización y la idoneidad.Partido Liberal Demócrata Progresista de Guinea Ecuatorial restringirá las puertas entre la justicia y la política, imponiendo a los jueces y magistrados una excedencia mínima de dos años antes de ocupar cargos políticos. Una vez producida, la excedencia se extendió por el mismo periodo. Garantizaremos la independencia y la eficacia de la Justicia asegurando su dotación de medios materiales y personales, así como fomentando la especialización. Suprimiremos las tasas judiciales para implementar un único sistema informático de gestión procesal. El Joven Líder Desarrollara un plan de modernización para mejorar la tecnología de la justicia y la interconexión entre administraciones. No se podrá indultar por delitos de corrupción, contra la Administración Pública o por violencia de género en Guinea Ecuatorial. El Partido Liberal Demócrata Progresista de Guinea ecuatorial Despolitizara los indultos limitando sus razones y los tipos de delito en los que se puede aplicar. No se permite indultar en contra de los informes técnicos del expediente ni el criterio del tribunal. El Partido Liberal Demócrata Progresista de Guinea Ecuatoriana tratara de Reformar la Fiscalía General del Estado y el Estatuto Orgánico del Ministerio Fiscal para asegurar su independencia. El Fiscal General del Estado debe contar con al menos 10 años de ejercicio y no ha tenido vinculación con ninguna parte ni ningún cargo político o administrativo. Una Comisión del Congreso selecciona una tercera parte de los candidatos elegibles para el Fiscal General del Estado. Se reforzó los principios de mérito y capacidad en todas las plazas de la carrera fiscal. Partido Liberal Demócrata de Guinea Ecuatorial Reforma y Tribunal Constitucional para asegurar su independencia. Se exigirán 20 años de ejercicio con sus miembros, con un sistema estricto de incompatibilidades que incluyen el desempeño de cargos orgánicos de representación o representación, así como altos cargos de la administración, en los cinco años previos al nombramiento. El mandato será de 12 años con jubilación a los 65. Se fijará un plazo máximo para el que el Tribunal se pronuncie, que no podrá superar los 90 días, cuando lo dejen afectados por los derechos fundamentales de Guinea Ecuatorial. Partido Liberal Demócrata Progresista de Guinea Ecuatorial Impulsara una iniciativa de iniciativa legislativa popular que exige el número de firmas exigidas a 200.000 y fijando un plazo máximo de tres meses para su toma en consideración por el Congreso. Se favorecerá la participación ciudadana en el ámbito local desarrollando la Ley de bases del régimen local. Comisiones de investigación verdaderas que no pueden ser bloqueadas por los partidos políticos afectados en Guinea Ecuatorial, más transparente.

RESTAURARA LA DEMOCRÁCIA Y LUCHA CONTRA LA CORRUPCIÓN EN GUINEA ECUATORIAL

La dictadura de Guinea Ecuatorial forma un gobierno que prescribe el ordenamiento jurídico y de la legislación, vigente para ejercer la autoridad de un país como Guinea Ecuatorial. Los ciudadanos de Guinea Ecuatorial a resultado una esclavitud moderna en Guinea Ecuatorial se obligó a trabajar a través de las armas a través de las capacidades psicológicas físicas se convirtió en propiedad de un empresario. Por lo general, en Guinea Ecuatorial hay maltrato físicos en los ciudadanos guineanos se le deshumaniza en Guinea Ecuatorial. Por último, la fecha de espera de la República de Guinea debe estar al día para recuperar al país. Dama y caballeros piensan en sus hijos y en que, sí, vamos a seguir con los brazos cruzados, que no se recuperado. Defendemos nuestros derechos y recuperamos nuestros derechos y recuperamos nuestro país. Partido Liberal Demócrata Progresista de Guinea Ecuatorial ha planeado para Fortalecer la regeneración de los municipios y la democracia local, promoviendo la fusión voluntaria de los municipios para ahorrarles a los vecinos y mejores servicios en beneficio de los ecuatoguineanos en Guinea Ecuatorial. El Líder Joven trabaja para lograr la existencia de más municipios en Guinea Ecuatorial está muy por encima de los medios de muchos países más poblados de la Unión Africana. Esto supone un aumento de los costes de los servicios para los ciudadanos por las duplicidades administrativas. El Joven Líder también se utiliza para mejorar un sistema más eficiente, menos pesado, más ahorro para los ciudadanos y mejores servicios públicos. El Joven Líder Eliminara el gasto excesivo, las ineficiencias y las duplicidades con una revisión integral del gasto, partida a partida, en todos los Ministerios y demás entidades públicas. Analizaremos el coste, los beneficios y la sostenibilidad de todos los nuevos programas de gasto público con una evaluación previa transparente. El Joven Líder modificó el procedimiento de aprobación de los gastos, a través de la aprobación previa, cálculo de costos y mayor publicidad y transparencia en las decisiones y en la contratación que hay en Guinea Ecuatorial. Partido Liberal Demócrata Progresista de Guinea Ecuatorial trabaja para asegurar la independencia total de la Autoridad Independiente de Responsabilidad Fiscal, encargada de vigilar las leyes fiscales en Guinea Ecuatorial. El Joven Líder dejará de depender del Ministerio de Hacienda y tendrá un presupuesto propio y estable. Realiza informes de todas las inversiones públicas y sobre cualquier cambio que afecte los impuestos en Guinea Ecuatorial. Para los grandes proyectos y obras, la evaluación se encarga de una comisión de expertos independientes. El Joven Líder asegura la prevención y el conflicto de intereses de los intereses de la sociedad, la Oficina de Conflicto de Intereses, que rinda cuentas al Parlamento. Resolver también las incompatibilidades, incluidas las cargas más altas de las instituciones, previendo sanciones económicas. Los informes de la Oficina son públicos, Se implementan similares en relación con las Administraciones regionales y locales en Guinea Ecuatorial. El Joven Líder trabaja para la reforma de las puertas para evitar los conflictos de intereses en Guinea Ecuatorial. Garantizara la transparencia y la buena gestión en la contratación pública. Partido Liberal Demócrata Progresista de Guinea Reforma Ecuatorial Trabaja para que se Expenda que se contrate por procedimientos abiertos a la competencia que los beneficiarios. Debería tener en cuenta que todos los organismos públicos cumplen con los principios de publicidad, neutralidad, transparencia y buena gestión en Guinea Ecuatorial. En ese sentido asegura que los concursos públicos se resuelven de manera objetiva, sin discriminación, y con eficiencia. El Joven Líder establecerá la separación entre las leyes políticas y tecnológicas y restringirá la adjudicación directa en nuestro país. Creemos que hay posibilidades de Rotación al personal responsable de los informes técnicos de adjudicación y de exigir responsabilidades patrimoniales por malas prácticas o mala gestión que hay en Guinea Ecuatorial. Partido Liberal Demócrata Progresista de Guinea Ecuatorial abolirá los acuerdos con entidades privadas que contengan beneficios económicos sometiéndolos a licitación pública. Partido Liberal Demócrata Progresista de Guinea Aplicación Ecuatorial de los principios de una buena regulación, garantizando la proporcionalidad, la seguridad jurídica, la transparencia, la simplicidad y la limitación de las cargas para los ciudadanos de Guinea Ecuatorial. Los análisis previos de los impactos normativos y la posterior evaluación de los temas especiales. Paradito Liberal Demócrata Progresista de Guinea Ecuatorial Protegerá a los denunciantes de la corrupción.

PARTIDO LIBERAL DEMÓCRATA DE GUINEA ECUATORIAL: PROGRAMA POLÍTICO

RECONSTRUCCIÓN DEL TRABAJO

El dilema tiene una situación comprometida en la que hay varias posibilidades de acción. No se sabe cuál de ellos elegir porque ambos son buenos o malos. El razonamiento en el cual una premisa contiene una alternativa de los términos y las otras premisas que presentan los casos de las alternativas conducen a la misma conclusión. Tenemos un compromiso interno, la idea es tener un trabajo conjunto y común, crear un equipo muy competitivo, siempre tenemos una situación muy difícil. Tenemos que estar emocionados de que la lucha es muy duradera y de los dramas, esa pelea tiene ecuaciones de todas las raíces de los establos. Este proyecto político es de base para jóvenes Ecuatoguineanos marca la diferencia de ese proyecto, es el valiente de hoy, luchan por otras batallas. Construiremos una nueva Guinea Ecuatorial para mejor. Crearemos un nuevo contrato permanente e indefinido en Guinea Ecuatorial, que protegerá a los trabajadores y ayudará a poner fin a la inseguridad en nuestro país. Muchos ecuatoguineanos de Guinea Ecuatorial viven en contratos de basura sin protección legal. Significa que haremos todo lo posible para garantizar que los ecuatoguineanos, y Ecuatoguineanas de Guinea Ecuatorial no vuelvan a este viejo contrato. Trabaja duro para sobrevivir, lo que pondrá fin a la inseguridad laboral y permitirá a las personas tener un trabajo estable sin tener que encadenar contratos temporales. Este contrato no afectará a aquellos que ya tienen un contrato indefinido. Partido Liberal Democrata Progresista de

Guinea Ecuatorial tiene uno de los principales objetivos en el mercado laboral son las condiciones bajo las cuales contratamos los contratos indefinidos o los indicadores de acuerdo a cada caso y sector. Partido Liberal Democrata de Guinea Ecuatorial, los cueles protegerá tanto al trabajador como al empresario garantizando los servicios a la seguridad cómoda, estable y garantizada. Trabajar para promover eventuales contratos de acuerdo a las necesidades del mercado y en cada momento del año si es requerido por la temporada. Hagamos todo lo posible para evitar los contratos basura en Guinea Ecuatorial, para eso crearemos sistemas de contrato para los estudiantes que tengan una duración máxima de no más de 4 horas por día ni excedan las 20 horas por semana, todo eso siempre que el empleado se encuentre en estado de estudiante.Partido Liberal Democrata de Guinea Ecuatorial también propondrá empleos para discapacitados y determinará las condiciones de trabajo para ese sector de nuestra sociedad de acuerdo con el grado de cada discapacidad.Creamos un nuevo seguro contra el despido de ciudadanos ecuatoguineanos y Ecuatoguineanas de Guinea Ecuatorial, con el cual el trabajador acumulará dinero en una cuenta a lo largo de su carrera profesional. Lo que significa es que, en caso de despido o jubilación, el trabajador puede cobrar esa cantidad acumulada o llevársela si cambia de trabajo.Partido Liberal Democrata de Guinea Ecuatorial hara que haya un montón de trabajo en Guinea Ecuatorial, lo fortalecera para premiar a las empresas que en sus sectores rechazan menos y penalizan a las empresas que abusan del despido en Guinea Ecuatorial. Creemos que las empresas que favorecen el empleo son mejores y más importantes. Para eso, el Partido Liberal Democráta de Guinea Ecuatorial ha creado un nuevo marco de relaciones laborales consensuadas y flexibles que reequilibran la negociación colectiva, lo que significa garantías para la seguridad social estable y contribuciones confiables durante los meses o años trabajados. Aquellos que ayudan al trabajador a recibir un subsidio que cubre el desempleo.Los criterios impujado por el partido Liberal Democrata de Guinea Ecuatorial necesita un tiempo mínimo para la seguridad social, eso significa para cualquier trabajo. que cada uno de los otros está desempleado. ese modelo que puede funcionar con las políticas y otras extracciones de nuestro partido. El objetivo principal es garantizar y cuidar al trabajador y garantizar el bien de sus fondos. Partido Liberal Democrata de Guinea Ecuatorial Protegera a los trabajadores ecuatoguineanos y Ecuatoguineanas que viven en Guinea Ecuatorial y garantizar un empleo estable para ellos. Las empresas deben adaptarse a los nuevos escenarios económicos y tecnológicos, pero no pueden serlo y lo son. Partido Liberal Democráta de Guinea Ecuatorial creó más medios y prioridades para el empleo y la formación en Guinea Ecuatorial. Las últimas políticas de empleo son insuficientes en este pequeño pais, en comparación con otros países del mundo moderno. En Guinea Ecuatorial y sus ciudadanos ecuatoguineanos, y Ecuatoguineanas que viven en Guinea Ecuatorial habrá menos recortes y más inversiones, para estar al nivel de las mejores naciones del mundo. Dirigir incentivos laborales para los grupos más vulnerables y los desempleados de larga duración. Partido Liberal Democráta alentará el empleo en Guinea Ecuatorial directamente a ellos y no a los proveedores, sindicatos. Lanzaremos la nueva campaña en el campo de Guinea Ecuatorial y nuestro Partido aumentará la inspección, la evaluación rigurosa y permanente de los resultados y los intermediarios para que no haya casos de corrupción y fraude con Guinea Ecuatorial. Nuestro Partido creó los nuevos empleos directos para los desempleados y aquellos que recibieron los temas de su elección. Los demócratas de nuestro partido trabajan arduamente para ayudar a todos los ciudadanos ecuatoguineanos que están desempleados en Guinea Ecuatorial y cuentan con asesores que los ayudan e informan sobre la calidad de los cursos ofrecidos por cada centro. El Partido Liberal Demócrata de Guinea Ecuatorial crearemos un sistema que favorece a los ciudadanos ecuatorianos de Guinea Ecuatorial que recibe cheques, solo puede estar en centros que han sido evaluados previamente.Ayuda a los centros a obtener más asesoramiento laboral y capacitación con asistencia individualizada para ayudar a todos los ciudadanos ecuatoguineanos desempleados en Guinea Ecuatorial a encontrar un buen empleo. Nuestro Partido Liberal Demócrata alentará el fortalecimiento de los recursos actualmente destinados a la orientación laboral. Nuestro Partido Liberal Demócrata capacitará asesores, información sobre portales de empleo para proponer itinerarios personales y un perfil de cada desempleado con sus habilidades profesionales para el empleo en el país y que mejor se adapte a sus características laborales. Nuestro Partido es una organización o institución democrática y transparente en el país que ha venido a salvar las vidas de los ciudadanos de Guinea Ecuatorial, comenzando con la creación de una nueva agencia de empleo estatal autónoma y específica. El Partido Liberal Demócrata de Guinea Ecuatorial tiene el poder de hacer que todos los ciudadanos cambien sus vidas sin detenerse nunca en el terreno. En ese sentido, crea la Agencia de Política de Empleo Independiente con Complejidad y Capacidad Complementaria para ayudar a todos los ciudadanos Ecuatoguineanos de Guinea Ecuatorial. Los miembros del Partido Liberal Demócrata de Guinea Ecuatorial alentarán ideas para evaluar las políticas de empleo, asignar recursos y coordinarse con la nueva administración del país. Nuestro partido crea una nueva herramienta que es fundamental para la contratación, garantías y seguridad y prevención de riesgos laborales de nuestros trabajadores. Se debe hacer mucho para eliminar el empleo mediante la familiaridad y nuestros pronósticos para guiarnos de modo que cada individuo que forma una parte importante de nuestra sociedad debe ocupar un puesto que corresponda al grado de familiaridad. El objetivo es equilibrar las cosas y crear una sociedad justa y libre. Nos esforzaremos por mejorar las condiciones de las mujeres durante la estancia y durante los meses de embarazo. las alternativas para no entrar en la fase de peligro. A estas madres se les concedió permiso por cada X vez para obtener una condición más completa para sus hijos. También nos comprometemos a que cada empleado disfrute de varios pagos adicionales durante cada año, al menos 2 por año de acuerdo con las estimaciones de cada compañía.En Guinea Ecuatorial hay una realidad que no se puede hablar de administración de justica durante los casi 50 años de independencia, alcanzada el 12 de octubre de 1968, por la durísima dictadura que sufre y soporta el país hasta este momento. Todos sabemos que es un país que accede a la independencia como un Estado de derecho y democrático. El poder judicial era independiente del poder legislativo y del poder ejecutivo. El poder judicial ejerce la función jurisdiccional del estado. La ley del poder judicial determina la organización y los poderes de los tribunales necesarios para el funcionamiento eficaz de la justicia en Guinea Ecuatorial. Esta misma ley es el Estatuto de la Judicatura. El ejercicio del puesto legal corresponde a los siguientes juzgados y tribunales.

A. Tribunal de justicia

B. Audiencias territoriales.

C. Corte de primera instancia.

D. Magistrados de trabajo.

El Partido Liberal Demócrata creara nuevo organismos judiciales, como el tribunal de distrito, dentro de la organización judicial ecuatoguineana. El Partido Liberal reconocerá el ejercicio del poder jurisdiccional de las cortes y tribunales en Guinea Ecuatorial.

- Corte suprema de justicia.

- Audiencias territoriales.

- Juzgado de primera instancia.

- Magistratura de trabajo.

- Juzgado de Distrito e Instrucción.

- Tribunales de Distrito.

- Juzgados Comarcales.

- Tribunales Tradicionales.

Haremos que nuestros tribunales se asocien como tribunal o lo juzgue. Trabajar duro para tratar con los organismos públicos que resuelven su litigio, efectivamente de cosa judiciaria bajo su jurisdicción.En Guinea Ecuatorial hay divorcios, habrá tipos de tribunales que se dediquen a este tipo de casos. Haremos los juicios de una sola persona solo las sentencias dictadas por un juez, mientras que las cortes colegiadas confiaran en sus faltas en una pluralidad de jueces.Trabajaremos en Guinea Ecuatorial para tener tribunales como lo indica su propio nombre, que está a cargo de controlar lo que sería la contabilidad de una nación. Eso es lo que lleva a cabo la investigación y el examen de las cuentas de todos y cada uno de los informes y las instituciones del Estado, concreto. El poder judicial, será la parte superior, constará con un y sus asesores judiciales del tribunal supremo. Son costumbres tribales honradas en el sistema judicial formal cuando no está en conflicto con la ley nacional, todo esto es lo que disolvió al dictador de Guinea Ecuatorial.En Guinea Ecuatorial tiene pocas esperanzas sobre la administración de justicia en los primeros años de la República. La administración de justicia corresponde al tribunal supremo y a los órganos judiciales que una ley institucional determina. La función judicial de Guinea Ecuatorial se ordenará de conformidad con los principios de legalidad, innovación y responsabilidad. Los jueces de la corte suprema serán nombrados por el presidente de la República. Los miembros de las carreras profesionales de justicia o juristas de las secciones acreditadas que aparecen en el trabajo, conjuntamente para la tercera parte del consejo de la República, el sistema de designación de los jueces del Tribunal Supremo puede ser cuestionado por la Constitución de 1968. La función judicial se emanará del pueblo y la ejecución en su nombre. Será la corte suprema popular de Guinea Ecuatorial y los tribunales superiores y los militares superiores. Por lo tanto, Guinea Ecuatorial revivir que la ley determina los poderes que corresponden a cada uno de los tribunales que instituyen y regulan los requisitos que los jueces conformaran. El Partido Liberal Demócrata Progresista de Guinea Ecuatorial refuerza que el tribunal constitucional puede establecer la más importante de la existencia de la comisión que vela por el cumplimiento de la principal norma legal. La Constitución de Guinea Ecuatorial consistirá nuevamente en un total de diez unidades elegidas para el poder político y dos por el consejo general de la judicatura y lo que se puede encontrar, los valores de libertad, igualdad y pluralismo político.El Partido Liberal Demócrata Progresista de Guinea Ecuatorial trabaja arduamente para fortalecer el camino efectivo de la corte de honor en Guinea Ecuatorial, varios sectores que tendrán que ser un sector similar a este siendo un claro ejemplo del campo militar. La función que tiene que hacer es juzgar las actitudes y el comportamiento de los miembros del grupo que constituyen el delito, pero que lo consideran una clara señal de deshonor. El Partido Liberal Demócrata Progresista de Guinea Ecuatorial trabaja con los tribunales de los Estados Unidos y Francia, que serán los responsables de velar por las garantías de las libertades fundamentales y el respeto a los derechos humanos de todos los ciudadanos y de las ciudadanas que viven en Guinea Ecuatorial.

CREAR NUEVO CENTRO DE PODER DEMOCRATICO

Vamos a crear centros democràaticos en Guinea Ecuatorial y recuperar una mayor de las caracteristicas de la sociedad de democràtica guineana, recuperando una multitud de grupos e instituciones no gubernamentales que incluyen por ejemplo, las familias, las organizaciones religiosas, las asociaciones culturales, los clubes deportivos, las instituciones economicas, los sindicatos, asociaciones estudiantiles, los partidos politicos, las aldeas, los clubes de jardineria. Èstos cuerpos son importantes por que establecen sus propios objetivos y pueden ayudar a satisfacer los intereses de la sociedad ecuatoguineana. Son organizaciones que el dictador Obiang tiene destruidas en el pais hace 38 años; ya que por lo general, èl es un experto haciendo el mal al pueblo guineano.

GUINEA ECUATORIAL LUCHA CONTRA EL TERRORISMO

Partido Liberal Demócrata siempre apoyando las políticas exteriores y de cooperación internacional con una visión estratégica y transparente teniendo en cuenta los intereses y valores de Guinea Ecuatorial, pero también los africanos y los globales a través de un Plan de Estrategia Exterior. En ese sentido histórico Sería de especial prioridad las acciones con los países vinculados históricamente con Guinea Ecuatorial y los otros de especial interés geoestratégico. Partido Liberal Demócrata Progresista de Guinea Ecuatorial está trabajando para reformar la Ley de Acción Exterior para aclarar las competencias de la Presidencia del gobierno y de los Ministerios, bajo la coordinación del Ministerio de Asuntos Exteriores y de Cooperación. El Joven Líder se creó El Consejo de Política Exterior que se transformará en un órgano de apoyo estratégico permanente de la Presidencia del gobierno de la República de Guinea Ecuatorial. El Joven Líder esperanza de la juventud de República Guinea Ecuatorial Revisara transparentemente la carrera diplomática para que los diplomáticos se nombren y promocionen por mérito. El Joven Líder Esperanza de la Juventud de la República de Guinea Impulsora Ecuatoriana un Pacto de Estado de la política exterior, asumiendo los nuevos Objetivos del Milenio definidos. El Partido Liberal Progresista de Guinea Ecuatorial Creara la Agencia Guineo Ecuatoriana de Cooperación Internacional para el Desarrollo, hacerla profesional, eficiente e independiente. El Joven Líder Esperanza de la Juventud de la Guinea Ecuatorial Se crea un sistema de respuesta rápida ante la crisis humanitaria abierta a todos los actores. Se tendrá en cuenta la transversalita de la igualdad de género, la lucha contra la corrupción y la protección ambiental en todos los proyectos diseñados para Guinea Ecuatorial. Partido Liberal Progresista de Guinea Ecuatorial Fomentara la educación en la solidaridad y en la cooperación al desarrollo a todos los niveles para generar una cultura del voluntariado y la participación de los ciudadanos Ecuatoguineanos y Ecuatoguineanas de Guinea Ecuatorial en la cooperación. El Partido Liberal Progresista de la República de Guinea Ecuatorial Reformar el acceso a la financiación estatal para proyectos de desarrollo haciéndolos más ágiles y más transparentes en Guinea Ecuatorial. El Joven Líder Esperanza de la Juventud de la República de Guinea Ecuatorial Creara el Consejo Consultivo de la Cooperación para Convertirlo en un simple organismo de análisis, consulta y concertación, abierto al conjunto de la sociedad civil ecuatoguineana en Guinea Ecuatorial. Partido Liberal Progresista de la República de Guinea Ecuatorial Promoverá en todos los ámbitos de conflicto internacional una acción dirigida por los organismos de la Comunidad internacional en el marco del Derecho internacional. Guinea Ecuatorial está conforme a los principios de resolución pacífica de los conflictos, los derechos humanos y la protección de los seres humanos más vulnerables dentro del país. Partido Liberal Progresista de Guinea Ecuatoriano Impulsara las relaciones con Iberoamérica, África y la U.E en temas de interés mutuo y haremos de la Comunidad de África Central. Un sistema de iniciativas comprometidas con la defensa de los derechos humanos y la democracia en Guinea Ecuatorial. El Joven Líder esperanza de la Juventud de la República de Guinea Ecuatorial crea las agencias exteriores del Estado para convertirlas en órganos más eficaces para proteger los intereses de los ciudadanos ecuatoguineanos, y Ecuatoguineanas de Guinea Ecuatorial promueve nuestra cultura y nuestras lenguas, y apoya a nuestras empresas y creadores en el territorio nacional de la República de Guinea Ecuatorial.

EL JOVEN JIDER ESPERANZA DE LA JOVENTUD FACILITARA LA ACTIVIDAD EXTERIOR EN GUINEA ECUATORIAL

Partido Liberal Demócrata Progresista de la Republica de Guinea Ecuatorial Facilitara la actividad exterior en nuestro país. El Joven Líder esperanza de la Juventud de la Republica de Guinea Ecuatorial permitirá para las empresas y trabajadores que permitan un intercambio constante de talento y emprendimiento entre Guinea Ecuatorial y el exterior, abierto a ecuatoguineanos y extranjeros. Partido Liberal Sera miembros activos del Instituto Cervantes para mejorar su capacidad de gestión cultural internacional. Apoyara una mayor profundización en la integración en la Unión Africana a todos los niveles. Hablando la político, militar, fiscal, monetario y social, por eso Defenderemos instituciones democráticas africanas más fuertes para asumir una verdadera Política Exterior y de Seguridad Común en beneficio de todos. En ese sentido la Unión Africana necesita una política exterior y de seguridad conjunta, no guiada por los intereses particulares de cada país de África. Partido Liberal Progresista de Guinea Ecuatorial Fomentara la cooperación policial y de inteligencia, con normas claras para el intercambio y la protección de datos que refuerce las agencias africanas que luchan contra el terrorismo y el crimen organizado en los países africanas. Partido Liberal Progresista de la Republica de Guinea Ecuatorial aumentara también su rendición de cuentas ante los Parlamentos Regionales y los Parlamentos nacionales. Analizara también en profundidad el tema de un espacio de libre circulación de personas más ambicioso, que respete la singularidad de cada país. Trabajaremos por un auténtico mercado laboral único y transparente que favorezca el empleo de calidad, y la movilidad de emprendedores y trabajadores. Promoveremos iniciativas en el ámbito africano conducentes a la lucha contra la desigualdad y la pobreza. Defenderemos en el ámbito de la Unión Africana una solución justa y solidaria a la tragedia de los refugiados. Es necesario un control común de los flujos migratorios exteriores a través de una política común de asilo y de migración, con medios financieros y humanos suficientes, coherente políticamente, visible para los ciudadanos, y apoyada por la solidaridad y responsabilidad compartidas. Promoveremos que la política africana en materia de refugiados incluya un sistema común de control de fronteras y una agencia africana reforzada que afronte con garantías el problema de la migración económica irregular de manera ordenada. También fomentaremos la creación de mecanismos de retorno y readmisión adecuados, y acordes con el derecho internacional y la protección de los derechos humanos. Crearemos un reglamento del Congreso para establecer la obligatoriedad de la comparecencia del Gobierno antes y después de cada Consejo de la Unión Africana. El Partido Liberal Demócrata Progresista de Guinea Ecuatorial trabajara para Contribuir a un pacto africano integrando la acción africana a los pactos anti-terroristas en el mundo en general y particular en Guinea Ecuatorial. El terrorismo es una amenaza sin fronteras que los demócratas sólo podemos vencer si trabajamos juntos. Partido Liberal Demócrata Progresista de Guinea Ecuatorial Afrontara con determinación y implementara el Plan estratégico nacional de lucha contra la radicalización violenta, cooperación policial y judicial. Partido Liberal Demócrata Progresista de Guinea Ecuatorial Trabajara por respuesta común a este tema en la Unión Africana. Nuestro partido Reforzara fuertemente la colaboración en la lucha contra el terrorismo con otras fuerzas africanas. Favoreceremos el desarrollo de iniciativas para avanzar hacia una política africana eficaz, además de renovar compromisos bilaterales con Guinea Ecuatorial. Partido Liberal Demócrata Progresista de Guinea Ecuatorial Impulsara la racionalización de los recursos de la Administración destinados a las Fuerzas y

Cuerpos de Seguridad del Estado en Guinea Ecuatorial. Ésta implicará la previa adecuación y redefinición de competencias de los diferentes cuerpos para evitar duplicidades funcionales con Cuerpos de Policía Nacional, Gendarmería y Policía Municipal de Guinea Ecuatorial. En este sentido formal aplicaremos los principios de mérito y capacidad en todos los procesos de ingreso y ascenso en las Fuerzas y Cuerpos de Seguridad del Estado, con criterios de transparencia y participación eficazmente en Guinea Ecuatorial. Partido Liberal Demócrata Progresista de Guinea Ecuatorial Reformara el estatuto de víctima de modo que se concreten las especificidades propias de las víctimas del terrorismo y su especial consideración institucionalizada. Desarrollaremos una estrategia de comunicación de la Defensa Nacional que proporcione información sobre las decisiones de seguridad a los ciudadanos de una forma más transparente en Guinea Ecuatorial. Partido Liberal Demócrata progresista de Guinea Ecuatorial Potenciara la colaboración de las Fuerzas Armadas, Organismos Internacionales, y sociedad civil en Guinea Ecuatorial. Partido Liberal Demócrata Progresista de Guinea Ecuatorial trabajara para homologar la jurisdicción militar a los demás órdenes jurisdiccionales, garantizando la plena independencia de los integrantes de los órganos judiciales militares. Partido Liberal Demócrata Progresista de Guinea ecuatorial reformara la Ley de la Carrera Militar que garantice que la promoción profesional en las Fuerzas Armadas se basa en el mérito y la capacidad en beneficio de Guinea Ecuatorial. Partido Liberal Demócrata Progresista de la República de Guinea Ecuatorial Facilitar la actividad exterior en nuestro país. El Joven Líder Esperanza de la Juventud de la República de Guinea Ecuatoriana ayudara los ciudadanos Guineanos en el Extranjeros, Guinea Ecuatorial y el Exterior Abierto, Ecuatoguineanos y Extranjero. Partido Liberal Sera miembros activos del Instituto Cervantes para mejorar su capacidad de gestión cultural internacional. Apoyara una mayor profundización en la integración en la Unión Africana a todos los niveles. Hablando la política, militar, fiscal, monetario y social, por eso Defender las instituciones democráticas África más fuertes para asumir una verdadera política exterior y de seguridad Común en beneficio de todos. En ese sentido, la Unión Africana necesita una política exterior y de seguridad conjunta, sin intereses especiales de cada país de África. Partido Liberal Progresista de Guinea Ecuatorial Fomentara la cooperación policial y de inteligencia, con normas claras para el intercambio y la protección de datos que refuerce las agencias africanas que luchan contra el terrorismo y el crimen organizado en los países africanos. Partido Liberal Progresista de la República de Guinea Ecuatorial aumenta también su rendición de cuentas ante los Parlamentos Regionales y los Parlamentos nacionales. Analizara también en profundidad el tema de un espacio de libre circulación de personas más ambicioso, que respete la singularidad de cada país. Trabajar por un mercado laboral único y transparente que favorezca el empleo de calidad, y la movilidad de emprendedores y trabajadores. Promoveremos iniciativas en el ámbito africano conducentes a la lucha contra la desigualdad y la pobreza. Defender en el ámbito de la Unión Africana una solución justa y solidaria a la tragedia de los refugiados. Es necesario un control común de los flujos migratorios exteriores a través de una política común de asilo y migración, con medios financieros y humanos suficientes, coherente políticamente, visible para los ciudadanos, y apoyada por la solidaridad y responsabilidad compartidas. Promoveremos que la política africana en materia de refugiados sea un sistema común de control de fronteras y una agencia africana reforzada que afronte con garantías el problema de la migración económica irregular de manera ordenada. También promueve la creación de mecanismos de retorno y readmisión adecuados, y acordes con el derecho internacional y la protección de los derechos humanos. Crearemos un reglamento del Congreso para establecer la obligatoriedad de la comparecencia del Gobierno antes y después de cada Consejo de la Unión Africana. El Partido Liberal Demócrata Progresista de Guinea Trabajadores Ecuatoriales para Contribuir a un pacto africano integrando la acción africana a los pactos antiterroristas en el mundo en general y particular en Guinea Ecuatorial. El terrorismo es una amenaza sin fronteras que los demócratas solo podemos vencer si trabajamos juntos. Partido Liberal Demócrata Progresista de Guinea Ecuatorial Afrontara con determinación y puesta en práctica El plan estratégico nacional de lucha contra la radicalización violenta, cooperación policial y judicial. Partido Liberal Demócrata

Progresista de Guinea Ecuatorial Trabajar por respuesta común a este tema en la Unión Africana. Nuestro partido Reforzara fuertemente la colaboración en la lucha contra el terrorismo con otras fuerzas africanas. Favoreceremos el desarrollo de iniciativas para avanzar hacia una política africana efectiva, además de renovar compromisos bilaterales con Guinea Ecuatorial. Partido Liberal Demócrata Progresista de Guinea Ecuatorial Impulsara la racionalización de los recursos de la Administración para las Fuerzas y Cuerpos de Seguridad del Estado en Guinea Ecuatorial. Ésta implicará la previa adecuación y redefinición de las competencias de los diferentes cuerpos para evitar duplicidades funcionales con Cuerpos de Policía Nacional, Gendarmería y Policía Municipal de Guinea Ecuatorial. En este sentido, se aplica formalmente a los principios de mérito y capacidad en todos los procesos de ingreso y ascenso en las Fuerzas y Cuerpos de Seguridad del Estado, con criterios de transparencia y participación efectiva en Guinea Ecuatorial. Partido Liberal Demócrata Progresista de Guinea Ecuatorial Reformar el estatuto de la víctima del modo que se concreta las especificidades propias de las víctimas del terrorismo y su especial consideración institucionalizada. Desarrollar una estrategia de comunicación de la Defensa Nacional que proporcione información sobre las medidas de seguridad a los ciudadanos de una forma más transparente en Guinea Ecuatorial. Partido Liberal Demócrata progresista de Guinea Ecuatorial Potenciara la colaboración con materia de la seguridad nacional.

EL JOVEN LIDER ACTIVA LA MEMORIA ECONÓMICA DE GUINEA ECUATORIAL

El Partido Liberal Demócrata Progresista Tiene ahora para hacer un número de reformas para Guinea Ecuatorial mejor y una memoria económica donde se explica cómo vamos a hacerlo, con rigor y cuadrando las cuentas. Creo que es un ejercicio básico de transparencia, rigor y responsabilidad que los partidos políticos expliquen cómo los ciudadanos Ecuatoguineanos y Ecuatoguineanas financian las políticas que prometen y en qué van a gastar el dinero de todos los guineanos en Guinea Ecuatorial. Debido al agujero de millonario que está dejando el partido gobernante actual en Guinea Ecuatorial, tenemos la intención de ajustar nuestros ingresos y gastos para no atraer a los ciudadanos de Guinea Ecuatorial y hacer ajustes ajustados a la realidad. Nuestras prioridades de gastos e ingresos se corresponden a los tres ejes principales de nuestro programa político. Uno reconstruir la clase media y trabajadora de comunicación en Guinea Ecuatorial, poner el capital humano y la innovación en el centro de la economía del futuro y recuperar las instituciones sanas y transparentes, que actualmente están gravemente dañadas en nuestro país. El Partido Liberal Demócrata Progresista de Guinea Ecuatorial bajara los impuestos a todos los ciudadanos de Guinea Ecuatorial y, en ningún caso, vamos a subirlos. Para lograrlo, el Partido Liberal Demócrata Progresista de Guinea Impulso Ecuatorial reformara que aumentan el crecimiento y recobro en gastos absurdos y en la burbuja política. Nuestro partido quieres crecer más y ayudar a que haya pleno empleo en nuestro país que hacer en Guinea Ecuatorial mejor y moderna. El joven Líder esperanza de la Juventud Guineana, en

Guinea Ecuatorial trabaja duro para sacar el país en el abismo y Ahorrar en las familias guineas un porcentaje de la pobreza en el hogar en la factura energética, eliminando las trabas a la competencia y luchando contra el capitalismo reinante actualmente en nuestro país. El Partido Liberal Demócrata Progresista de Guinea Ecuatorial Aumentara nuestro gasto social cada año. Creo que es necesario para un complemento de ayuda a las familias, que ayuda a muchos hogares para que lleguen a fin de mes; un plan de pobreza infantil para ayudar a los hogares con menos recursos y triplicar la inversión en políticas activas y de formación en Guinea Ecuatorial. Esto es posible porque el Joven Líder la esperanza de la juventud Ecuatoguineanos y Ecuatoguineanas de Guinea Ecuatorial trabaja arduamente para aumentar los ingresos del estado, eliminando trampas legales en el impuesto, intensificando la lucha contra el fraude y recuperando el dinero de los defraudadores que tiene Guinea Ecuatorial actualmente. Invertiremos para mejorar nuestras instituciones democráticas y otros más. El Partido Liberal Demócrata Progresista aumentado el personal de la administración de justicia y la implementación de un plan de choque para garantizar la compatibilidad de los sistemas informáticos judiciales en todo el ámbito nacional de Guinea Ecuatorial. Impulsaremos el cambio del modelo productivo: acabaremos con la falta de financiación en la educación y pondremos en marcha un plan contra el fracaso escolar que siempre se hereda en Guinea Ecuatorial. Invertiremos también más recursos por alumno al año en entornos desfavorecidos para contratar más profesores de apoyo en las clases, beneficiando alumnos.

AYUDA EXTERIOR PARA REPARAR LA SITUACIÓN QUE TIENE GUINEA ECUATORIAL

Antes de formar un líder político ecuatoguineano de Guinea Ecuatorial, es necesario levantarse contra el odio, la tolerancia y el racismo en el país. Tengo mucho valor y soy muy firme, creo que la gente puede pensar, me encanta enfrentar ese desafío político en Guinea Ecuatorial. Se ha hecho todo lo posible para demostrar que es compatible con Guinea Ecuatorial en su desarrollo político, económico, social y cultural debido al nivel económico real que recibe hoy, porque todo le llega al dictador. Lo haremos por Guinea Ecuatorial de la mejor manera posible, es por eso que trabajaremos duro para sobrevivir. Promover la industrialización Desarrollo y progreso en Guinea Ecuatorial. El destino de la ayuda con muy poco puede hacer mucho. Guinea Ecuatorial para el desarrollo de la cooperación internacional y la asistencia voluntaria en Guinea Ecuatorial también compatible con Guinea Ecuatorial. Creemos que en el trabajo del Partido Liberal Democrático de Guinea Ecuatorial decimos que las cosas reales que no tienen secretos o fórmulas mágicas en nuestro éxito son que la única forma de avanzar en un proyecto es trabajar estableciendo una línea a seguir y ser firma. También haremos Honestidad, humildad, respeto, esfuerzo, compromiso, perseverancia, pasión. Esta es nuestra receta para este proyecto. Ese es el camino que hemos decidido tomar y los buenos resultados de un apoyo dado a este proyecto, mis compañeros de viaje, que siempre están agradecidos por su perseverancia, su participación y lealtad. Explicaremos, como parte de la preparación de la gran estrategia, cuál es el papel de la resistencia interna y en este análisis, insistió en que la fuerza principal de la lucha debe provenir del interior del país. Resistiremos y creemos que nuestro apoyo nos ejerce mucha presión contra el dictador de Guinea Ecuatorial. Creemos que finalmente podemos lograr fines fuertes, hemos demostrado y enseñado contra el odio, la tolerancia y el racismo. El nivel de ayuda internacional depende de cuánto se puede estimar por la lucha interna. Como complemento muy limitado, puede hacer esfuerzos para movilizar a la opinión pública mundial contra la dictadura en Guinea Ecuatorial desde un punto de vista humanitario, moral o religioso. La inteligencia y el proyecto político crean un programa de tolerancia, para educar sobre cómo actuar contra el odio, la discriminación y la tolerancia, que da vida a todas las personas que viven en el país. Crearemos la enseñanza de la tolerancia al racismo en nuestro pensamiento sobre los niños, se ha mantenido como un virus en nuestra comunidad. Trabajaremos para garantizar que los derechos sean correctos. La reducción de los niveles de reconocimiento diplomático, la denegación de ayuda económica y la prohibición de inversiones en el país bajo una dictadura. Haremos un gran esfuerzo y no será fácil expulsar al gobierno dictatorial de Guinea Ecuatorial con el apoyo de las diversas organizaciones internacionales y organizaciones de las Naciones Unidas. La gente no ha nacido con odio y discriminación, que hoy Reyna en nuestro país, podemos decir que la gente no sabe cómo odiar, Guinea Ecuatorial necesita un movimiento de tablas para romper este círculo de odio, y la discriminación que existe en Guinea Ecuatorial. Además, asistencia internacional como asistencia financiera o de comunicaciones. Dependerá de cuánto puede estimarse por la lucha interna. Como un complemento muy limitado, puede hacer esfuerzos para mover la opinión pública global contra la dictadura en Guinea Ecuatorial desde un punto de vista humanitario, moral o religioso. Creencias que pueden usarse para garantizar que los derechos se apliquen a las leyes internacionales contra el dictador y sus funcionarios. La reducción de los niveles de reconocimiento diplomático, la denegación de ayuda económica y la prohibición de inversiones en el país bajo la dictadura, la expulsión del gobierno dictatorial con ayuda de varias organizaciones internacionales y organizaciones de las Naciones Unidas. Además de la ayuda internacional como ayuda financiera para las comunicaciones, se puede entregar directamente a las fuerzas democráticas. Luchan contra los obstáculos impuestos por el régimen dictatorial de Guinea Ecuatorial. Espero que el apoyo de los Estados Unidos de América esté en el mundo demostrando que mantiene unido a este país, Guinea Ecuatorial, mejorando las características de las personas, la tolerancia, la educación para todos, todo en alta calidad, en Guinea Ecuatorial. Por lo tanto, cada año, enviará los materiales educativos y el costo a los educadores ecuatoguineanos en todo el territorio nacional, más de 8.000 escuelas que recibirán ayuda para ayudar cuando el pais está el Estado de derecho, social, político, religioso, cultural, democrático, en Guinea Ecuatorial. El niño en el mundo, cuando hay un niño de Odio, es un niño en la edad temprana es frio en nuestra comunidad, y ahora hay un niño en la edad temprana manda un mensaje de amor, antes de eso otra persona pone en su corazón. El Joven líder tiene cuatro términos importantes para la planificación estratégica de la lucha contra la dictadura en Guinea Ecuatorial. Para ayudarnos a pensar estratégicamente, es importante percibir claramente lo que significan cuatro términos básicos. Haremos de la gran estrategia la concepción que sirve para coordinar y dirigir el uso de todos los recursos, económicos, humanos, morales, políticos, organizativos, etc. Somos un grupo que busca alcanzar sus objetivos en un conflicto. Creo que incluso podemos ver a los animales luchando por defender su comida o su territorio increíblemente. Es por eso que nuestra lucha nos ha permitido las ideas para imponer al régimen dictatorial que ha dejado este pueblo sufrido en Guinea Ecuatorial y tiene una duración de una década en su ideología que lleva al país a la nada. Aumentaremos nuestro país para elevar la competencia contra el régimen dictatorial a un dictador cruel e inhumano, ahora lo veremos, donde nuestros competidores vencerán a sus rivales y de vez en cuando ocuparán las mejores posiciones. Joven Líder ha creado una nueva resistencia nacional contra el dictador de Guinea Ecuatorial, explica el mundo que vive en una lucha diaria, donde hombres y mujeres lucharán para defenderse y recuperar su identidad como país de origen. y democrático en el territorio nacional y recuperar sus dignidades como personas humanas que han sido oprimidas durante una década que ha reinado la dictadura en el país. El Joven Líder hace un llamamiento a todos los norteamericanos y latinoamericanos para que se unan al Movimiento para Acumular la Recuperación del Territorio Nacional, y las Instituciones Democráticas que han muerto en Guinea Ecuatorial y para restaurar una nueva democracia verdadera y establecer nuevamente el Estado de Derecho. También puede continuar con sus objetivos y otros pueden causar angustia y depresión. Es por eso que debemos gastar mucho aire para evitar una sacudida en el aire. Las comunidades guineana, guineana e internacional deben unirse para luchar contra la dictadura imperante en Guinea Ecuatorial. Serán como los actos que intentan arriesgar a nuestros miembros evitando la coexistencia sana y pacífica que vive el dictador. Haremos todo lo posible para trabajar con nuestra gran estrategia, enfocaremos la atención del grupo en los objetivos principales que tenemos y en los recursos en el conflicto, elegiremos entre las técnicas de acción más prácticas, como la acción militar convencional o la lucha no violenta, que tiene un significado común para la estrategia, clasificación e influencia de los adversarios.

PARTE CONCLUSIVA DEL PROYECTO POLÍTICO

Quisiera señalar en primer lugar, la necesidad y la importancia de este proyecto político al pueblo de guineoecuatoriano. La necesidad de hacer ese proyecto político, surge como consecuencia de la crisis política, económica y sociocultural que azota a nuestro país hace desde medio siglo; Precisamente, este proyecto político tiene como fin la vida, del guineocuatoriano. Guinea Ecuatorial es una nación bastante rica y en relación con su número de habitantes, quiero convertirlo en uno de los países donde la calidad de vida de los ciudadanos es muy alta.. El proyecto político del Partido Liberal Demócráta progresista de la Republica de Guinea Ecuatorial quiere revelar al pueblo de Guinea Ecuatorial la importancia del reparto equitativo de los recursos naturales de nuestro país, en el régimen del P.D.G.E. està siendo propiedad de la familia del Presidente y de sus màs allegados. Los recursos naturales de nuestro país son los que resuelven los problemas económicos de los países en general y, en cambio, no hay motivo, es el motivo por el cual el pueblo se encuentra y puede optar por un cambio. El cambio urgente que ya necesita el pueblo ecuatoguineano y Ecuatoguineana es el que le garantiza el Partido Liberal Demócrata Progresista de Guinea Ecuatorial y su Lider Dn. Ángel Eló. La Republica de Guinea Ecuatorial lleva casi 50 años de dictadura, de miseria, de violación de nuestros derechos fundamentales y de la administración de nuestros recursos de parte de Presidente Obiang y sus amigos cercanos, son suficientes como para que el pueblo indefenso de Guinea Ecuatorial no siga esta situación. El ser humano no puede ser tan despreciado como lo hace

Obiang y su régimen Invitar a todos mis compatriotas sin distincion de sexo, etnia, procedencia ni creencia religiosa a que se unan a mis esfuerzos a fin de que, todos juntos, la solución a este problema que hace que nuestro país tenga 49 años. Cuento con el esfuerzo de mi pueblo, con la ayuda de la Comunidad Internacional en general y particular de la Comunidad Norteamerica para el logro de mi gran objetivo, que es la Liberación de mi País. Quiero concluir los trabajos de mi proyecto político que agradeciendo a Dios Todopoderoso por esta gran iniciativa personal. Pido que me colme de las curvas para que afronte con el coraje esta nueva aventura política; y que, creyendo en sí y en sus milagros, puede ayudarme a vencer los obstáculos que presentan este dificil camino hacia la liberación de mi pueblo, Guinea Ecuatorial. Agradecimientos especiales a mis colaboradores que, unidos a sus esfuerzos, han concluido con los trabajos del Proyecto político del Partido Liberal Demócrata para la República de Guinea Ecuatorial. Para una democracia sana y una justicia equilibrada entre los guineoecuatorianos

El joven lider y político del Partido Liberal Demócrata Progresista de Guinea Ecuatorial

THE LIBERATION OF EQUATORIAL GUINEA

POLITICAL PROJECT

Ángel Eló

INTRODUCTION

THE YOUNG LEADER THE HOPE OF YOUTH EQUATOGUINEANS, PEOPLE OF EQUATORIAL GUINEA

Brief history of Ángel Elo.

Young Leader the hope of the youth of Equatorial Guinea Ángel Elo is an Equatorial Guinean citizen, with real residence in Arizona, United States. He was born on May 4, 1968. In the town of Fula, district of Kogo, Equatorial Guinea, in the bosom of a humble family. His full name is Ángel Eló. The young Angel lives his childhood in his hometown of Fula, with his parents. He began his primary studies at the National College "Roque Enguang Ondo" in the city of Kogo, where he obtained his studies of "Degree in Primary Studies, also known as Basic General Education, in 1982. In 1983 he moved to Bata, the economic capital of Equatorial Guinea, the province of Litoral Bata for your secondary studies, enter the Polytechnic Institute "Modesto Gené Goig" of Bata, where you carry out your Industrial Master's studies, in the Metal branch, studies that conclude in the course school 1983-1988. After finishing his studies in Bata, and after the death of his beloved mother, he returns to his native village where the Master begins to practice, in the newly opened school by the Ministry of Education of Equatorial Guinea. With the arrival of political movements in Equatorial Guinea in the 1990s, he joined the opposition's political movements, and began to act as opposition political activist in hiding, denouncing the injustices and the mistreatment that his people endured. the inhabitants of the entire region. Discovered his political affinity and his links with the underground opposition, he is arrested, tortured and detained several times for long periods in the prison of Kogo Model. After this long persecution, continuous arrests and mistreatment, he took refuge in Libreville, capital of the neighboring Gabonese Republic, in 1998, where he continues with his political activity, until finally he is accepted by the authorities of the United States of America, that he is granted the requested political asylum and is transferred to the United States, where he currently resides. From the United States, he has continued with his training process, returning to the classrooms, where he obtained the title of "Graduate in International Trade", in the year 2014. He has also carried out studies on the "Patent Law" of the States. United. He has taken courses on the fight against hate and discrimination in the United States. And other various social activities, specifically in the institution of paralyzed veterans of the American army, where he has received several awards. Professionally, he has carried out work activities in the areas of his training. Specifically in the following companies: Currently has its own service company, whose name is "Bread and Water". He is also a founding member of the association "Africa Organization for Action, which is dedicated to promoting democracies in African countries." As a politician, he continues to think about power realizes the dream of his people living in freedom and prosperity, in where all citizens are equal and enjoy the same opportunities Angel speaks three languages: Spanish, French and English.

Brief Historical context report Between Spain and Equatorial Guinea

Equatorial Guinea since 1968 has not changed in the last decade the situation in Equatorial Guinea remains the same has not changed or anything, to talk about Equatorial Guinea, we are in a scant year to escape and reach 50 years of independence, I can say it, we cannot ignore it. An independence that everyone knows that an independence has to be against the people who are not well prepared to carry out the helmsman of an independence, of an independent country. It also has to accept that after the years of colonization, the states of the province of Equatorial

Guinea are available on the one hand through the fairly serious values of their origin as a country. Accompanied naturally by the old colony, there has been the exemplary colony in Africa Spanish colonization that could perfectly afford the transition from autonomy to independence without having the problem as to the mismatch of this deep void that occurs at nothing, by a people that was not found because the country is in the spotlight that is on the horizon of a country like Equatorial Guinea that is, in the hands of Spanish settlers for a people like Equatorial Guinea more Christian than anything else. From a people formed of the depth of peace, and of tranquility independence means fighting and fighting, those who dominate and dominated then some colonization model in Africa, they took the hands of the Spaniards to a cruel dictatorship. It is evident that many wondered why we did not return from colonization, we were happier, we ate, we worked, with tranquility. Now with independence, because we are not going to buy our coffee, and cocoa, in our agricultural products, that we are the ones that feed us, make us strong, support us in our environment and what do we do? Then, it is naturally a people that has fallen into the hands of a cruel dictatorship. That is dedicated simple, plainly steal, and steal, seize the wealth of the country, and kill any resident. That is why the country is divided and it has been almost 50 years, part of that part, more important, more important. Part of very important exile of the other vegetative part within the country apprehension and that part is very important too, but it has fallen into the hand of a closed dictatorship. After those 49 years he is in Equatorial Guinea he is in a situation of anguish, from where we know that the only thing that has prostrated is the power in the oil energy, there is nothing for nothing in the country, this oil is vaporizing in the hands of the governing powers and in the hands of large international powers that carry the shares of money in the economic forces of the country. Equatorial Guinea is in a dangerous situation, of crime, robbery, drug poverty, misery, etc. The dictator is a politically evicted man to be able to lead a country like Equatorial Guinea. I do not know how to get out of this exile situation, ready prepared; take the direction of this country, which is currently empty of values. In Equatorial Guinea has the condition that the international community is not kneeling, Equatorial Guinea has the responsibility to participate in the international community of the Americans. The two concerns we have, all the exiles, are the greatest of human capital, both cultural, professional, with more experience, of many years. We call it return in freedom in Equatorial Guinea, Equatorial Guinea has a brutal economic potential of its wealth, oil, fishing, wood, minerals, gas that means, with this The United States, France and Spain are operating there. It is time to take the power the population forces raise the heads of revolutionaries in Equatorial Guinea.

History of failure process of democratization in Equatorial Guinea.

I begin to relive my story through a compilation of relations between Spain and Equatorial Guinea, starting with Adolfo Suarez. You all know that Suarez was a Nalca of Obiang to rise in power, Obiang in 1979 promises to the Ecuadorian Guine that at three years would leave the power, at the hands of civilians are met the three years You get your drum What Is "Varied in the world", Suárez passes in Spain. Up above Felipe Gonzales is observing the Obiang a dictatorial lettuce, beginning measures to curb what could be understood as a compensation to positions worse than those found in Equatorial Guinea. Felipe Gonzales in the solanas places Joaquín Pérez Gomes as ambassador in the special mission on the Equatorial Guinea issue.Moratinos was director of sub-Saharan Africa had not been in the middle means to start talking to bring an opposition and Morata to see if between that opposition and Obiang if you can reach an agreement and both sides to organize for Equatorial Guinea begins to democratize all those attempts failed In the end the last Felipe Gonzales received in his office Joaquín Pérez Gomes, those phases of these attempts opened the external radio of Spain then closed the popular party that radio. But Obiang is a Devil who knows how to play and play, all the verbs that are needed to stay in the chair, passes Felipe Gonzales passes and climbs Aznar rises and the power, Aznar has Bracho's right all those that Aznar was supporting to many Guineans in Spain.Ramón Gil jasares, was the head of the Cabinet of Aznar, Ramón Gil Jasares was in

Equatorial Guinea, he also fulfilled what happened the last phase of which he spoke, around the socialists and Ramón Gil Jasares raised the issue in other words changes the and he raises what he calls a constructive compromise for Equatorial Guinea a word that sounds good, but does not lead at all. Nor is there any specificity on the issue of Equatorial Guinea. It rises in the power of Zapatero with Moratinos as spearhead, stops in the early stages, the continuity of the popular party is maintained but there are no solutions to the issue. Equatorial Guinea to negotiate with Obiang. They came with their hands in front of them, telling films they were democratizing when they had a tremendous regression towards totally usable positions against the Guinean population imprisonment, and torture etc. This phase ends in the power of Mariano Rajo, passes Olympicly on the Equatorial Guinea issue, Pepe's second term does not speak of Equatorial Guinea. Equatorial Guinea is a country with hunger, the Spanish is the only button that shows the Hispanicness in the entire African continent between 55 0 56 countries that exist in Africa Equatorial Guinea is the only one and before that section. Equatorial Guinea has been left soulless without knowing where or who to turn to. Of course, the international assistance has its role, the united nations issue their reports, but the United Nations all the instances, the internal friendships are associated with human rights and others, that they have goods of bad acquisition, they do not have the clarification, capacity of machines or things for Obiang may feel shaken. Because Obiang has also assembled, ninety thousand layers so that they give the comments of many stories against, in what measures the regime is solid? This is where you face incurring to see what I can get. I start by saying that I can live by the initiatives of what can, the demonstration of initiation plus the palms for what often come close to what can be a change. That is why in Equatorial Guinea there is no civil society, it can be the fruit of a civil society, a phenomenon that puts the plague of which the germ of seed, of the creation of a political group that now changes its physiognomy, or the political geography of this country. Total Equatorial Guinea unleashed, Obiang is responsible for more dictator, is an expert in that, to cancel all spaces debates, criticism of any issue around him, if there is no space for political debate if there is no space for criticism, if there is no space for reflection, if there is no space against power or confrontation against the power of it, there can be no change that we have very difficult. Here is the strength of Obiang, here is also the challenge that has to revive all that history, the Guinean groups, the Guinean civil society, the peoples of different peoples of Equatorial Guinea, all our obligation is to be in rows no one is going to have, it also has the drive, support, and shelter of stay, for many others, the instance for which the change can be achieved if I can not arrive at an approximation of what can make a change and until now impossible to change Equatorial Guinea not there is society even eternal he has multiple pathology. Those who hang safely in the attempt, try to look into the hands of one of their children, the witness to be able to pilot the dictatorship that he created in turn and that is here today. Now to administer wisely, to the consumption of centuries because the damage made these people why I ask the United States is not expected, and because France is facing the Obiang government, and I insist that the Americans support the Guinean opposition, the political and economic support, the important diplomatic support, the voice, the way in which the game we live through the century ends. The question of Spanish recessive governments is clear: in Equatorial Guinea there has been no policy or type for men who have created a snack bar an interest that cannot be seen in solidarity so that we can see a real change in the leadership for democratization, people of Equatorial Guinea. We hope that with this interest you will find a solution on the subject that talks about the situation in Equatorial Guinea. Now, to the wise, to the consumer of the years, because it is not expected, because it faces the government of Obiang, and why the Americans support the opposition for Guinea, the political and economic support, the important diplomatic support, the voice, the way in which the game we live through the century ends. The question of the Spanish leaders is clear: in Equatorial Guinea there has not been a policy or a type for men who have created a snack bar an interest that cannot be solved so that we can see a real change, in the leadership for democratization, people of Equatorial Guinea. We hope that with this interest you will find a solution for the topic that talks about the situation in Equatorial

Guinea. The modern world that the Guinean and Guinean young people live in said that we think when we talk about young leadership, the young leader is the person who has a different vision from the others, my criterion is to be a leader who is seeing the welfare of the population, and I have a vision of change that thinks about my brothers before my own well-being. My leadership sacrifices to see and find a change. It's someone who says let's do and not say, I think I have a better ability. I am the young Leader, the hope of the youth of Equatorial Guinea. I found that the problem facing young people in this Equatorial Guinea country today is that they do not have the opportunity to teach it and they can welcome the Guinean society in Equatorial Guinea that we are capable of and we use and we can lead a group from a country, in a right direction. The Young Leader the hope of the Youth of Equatorial Guinea now says to break with this paradigm we must begin by giving us our place and looking for a space in the Guinean society. From this we find that our Guinean society is surrounded by leaders, but leaders who think about their benefit and their personal interests, we no longer want this type of leaders. We want leaders who think about the common good, so I wonder why I will not give young leaders the opportunity. That the coordinator who makes the clear decisions to reach the objective that has the motivation to make the decisions together with others. What will it mean for the promotion of Guinean youth in Equatorial Guinea, why we are not young people that is not up to the level of an individual person, but we are young people who walk together on the road and in the mountains and we give an example to others? an active person who is capable of doing what the group thinks or thinks. In the world that we live many say that we young people are the future, I do not think so, but in reality, we are the present, thinking about the future and the future of our children, grandchildren, and great-grandchildren and our parents, grandparents, great grandparents Is your retirement worthily etc. The Young Leader the hope of the youth Equatorial Guineans, and Equatorial Guineans of Equatorial Guinea let us have the vigor and the strength, the energy and the spirit of the selection of activities that do present us. Please, I do not like it, I do not like it, I do not like it, and I do not like to see the situation in Equatorial

Guinea today. The Young Leader the hope of the youth of Equatorial Guinea is always the person who is interested in the well-being of children, and their difficult moments, who is in the present and in the circumstances where help is needed and seeks solutions for the problem of the young Guinean and Guinean children who live in Equatorial Guinea. On the other hand, the young leader, the hope of the Youth of Equatorial Guinea, I want all young people to have a set of eyes that look in all directions, a unanimous energy, with very high heads and a force that cannot be contain, to solve the problems. The young leader of the hope of the Youth of Equatorial Guinea I want to give them the joy his best life in Equatorial Guinea. The Guinean and Guinean young people of Equatorial Guinea my recommendation is to live with the hope that sooner or later we are ready for the recovery of the people of Equatorial Guinea in general and particular of the life of all Equatorial Guinean and Equatorial Guinean citizens living in Guinea Equatorial. In that sense, now, balance the circumstances, and difficult moments, patience, I have given whereabouts, today, outside Equatorial Guinea and I, I have also, spirit of maintaining order, calm, and among others. As a young leader, the hope of Guinean and Guinean youth in Equatorial Guinea, I am a humble person, my humility gives me the strength for simplicity and the ability to maintain a positive pride outside of Equatorial Guinea. As Young Leader the hope of the youth of Equatorial Guinea, I am a person with integrity and sincerity, I am an authentic honest young leader who knows how to tell the truth, and sincere, to recognize my mistakes, or to say what is to my liking and what is not to my liking. The young leader the hope of the youth of Equatorial Guinea is a man of disciplined character, I have mastery of myself, and it applies to the self-discipline that I have acquired, the spiritual maturity, as young leader of the hope of the youth of Equatorial Guinea. Have I learned to obey and listen? Equatorial Guinea for the life expectancy of men and women in Equatorial Guinea, we have been looking since 1968 at life expectancy to 39.13 years. That year, the life expectancy of women was 40.72 years older than men, which was 37.65 years. The Young Leader the hope of the youth of Equatorial Guinea that, I have known, with Guinean youth is a heterogeneous social group, where each group wishes to differentiate the rest of the adults. The Young Leader the hope of the youth of Equatorial Guinea knows that young people always look for a sense of belonging in Equatorial Guinea.

Brief history of President Obiang Nguema, dictator of Guinea Equatorial

Obiang in the dictatorial government of his uncle Francisco Macias was the head of the National Guard and his work at the head of this responsibility supposes a sadness for the Guinea-Ecuadorian people, until in 1979, he perpetuated a coup against his own uncle Francisco Macias Nguema the then dictatorial president of the Republic of Equatorial Guinea, to accede to the presidency of the country. Macias had ruled the country for 11 years, murdered his opponents and looted the public treasury, as is usual in dictators. Equatorial Guinea at this time wants to get out of this dictatorship that has been threatening the population for more than four decades, where it is estimated that more than a third of the population is and has been killed, tortured in jails and expelled from national territory. Both Francisco Macias and his nephew Obiang, current dictator who governs Equatorial Guinea 38 years ago, through his regimes, have killed a good part of the Equatorial Guinean population.

Active Memory of Legal Insecurity in Equatorial Guinea

Liberal Democratic Progressive Party of the Republic of Equatorial Guinea, and in my capacity as Young Leader the Hope of the Equatorial Guinean Youth, for the first time, I present that unique history to direct the direction of a country where there is no democratic President and First Magistrate of the State of Ordinary Arbitrator and Moderator of the process of democratization of the Republic of Equatorial Guinea. In a country where there is no justice in the Republic of Equatorial Guinea, to give the accounts of the administration of the country. The Republic of Equatorial Guinea does not respect the law of all resident nationals and foreigners, all organs of the state and all organs of the public administration of our country, all under the control of the President of the Republic First Magistrate of the Nation of the state, arbitrator and moderator of the process of democratization for Equatorial Guinea not to render the meeting to fulfill the administration of justice of the country. We impose a sin in the future to the legalities of what happens in the nation for that reason it does not render exact accounts in the public powers, we have to say that, with the heart in the hands and the tears in our eyes. We impose on the laws in the country. All natural and legal persons, public and private, as President of the Republic Arbitrator of the Moderator and First Magistrate of the State of Equatorial Guinea, in this case we officially denounce before the government of the United States, the president and cruel dictator of sub-Saharan Africa the Republic of Equatorial Guinea there is no Justice. Our dear country Republic of Equatorial Guinea is going through a very difficult time, because of the economic crisis that has been left for miles of Guineans without work without resources, to be able to support their families and thousands of young people stuck in delinquency and prostitution that has been left to young people mental poverty in Equatorial Guinea. also with this bad policy that uses the most powerful dictator of Africa, its bad policy does not allow the Guinean citizens to be free and to vote freely to choose their directives what has to be added to the military control of the streets, there are barriers in all the corners of the country, in our cities with trappings of all kinds. The cause of all this situation of poverty and lack of rights is the government of the democratic party of Equatorial Guinea PDGE. The young leader hope for the youth of Equatorial Guinea, will promote the industry for industrial production in the agricultural sector in Equatorial Guinea. Our wealth can be an important economic source in benefits of all Guinean citizens of Equatorial Guinea makes the national economy will not depend on oil. The Young Leader, the hope of the youth of Equatorial Guinea, will also focus on other sectors such as education and the health sector and other sectors with which I am committed to work hard to achieve the best in Equatorial Guinea International. All efforts are focused on changing the situation of Equatorial Guinea and for that, it is selected in the support of the American community of the United States is one of the states that promote respect for human rights. That world power like the United States is, it has it and it offers me support for the materialization and financing of my political project in the Republic of Equatorial Guinea, the confidence for the economic sectors. For example, for the support of the United States to Iran, today has its total economic benefit. All resources of wealth that our country has will be enough to distribute it among us. They are Sectors that covered the North American community in the case of carrying out my political project in Equatorial Guinea. All the World They knows that Equatorial Guinea that country is already a scam and dictatorial country. Title Makes the Dictator bad administrative management to divide the Country, by the contradictory A majority Guineans and Guineans who Live in Poverty in the country and pay citizens workers at one Dollar per hour. On the other hand, the main ministers of their party PDGE the Members of President Obiang and his clan, today the Resources have Finished from Oil and They come Converted into billionaires in Equatorial Guinea. While there are schools, hospitals, drinking water, housing, and for the common good, a blessing counted with all the citizens of Equatorial Guinea. The President is the No. 1 Dictator of Equatorial Guinea He said that he had to give everyone Labor, Light for All, Hospitals for All, drinkable water for everyone, and everything for everyone. Are your promises? Is it safe to live in Equatorial Guinea? The country is living from this situation of facing injustices miseries, Poverty that supports the country. The Dictator Makes promises' generates from the sad memory it was assisted to empower the media, within reach. In this case, we have decided that this new action for the liberation of Equatorial Guinea will be applied to other countries to accompany us for democratization Equatorial Guinea its democracy and freedom. You cannot win the Dictator through the elections and Regimen with the power you have. That is why I have created a new movement to move the population of Equatorial Guinea, which will be presented with the other Ecuadorean compatriots. The Republic of Equatorial Guinea is a Central African country that is defined in its constitution as an independent, unitary, social and democratic state whose form of government is the presidential republic. It is a small country with 28051 km2 of surface and 1.222 442 inhabitants approximately. The Republic of Equatorial Guinea obtained its independence on October 12, 1968 and from that date until today, Equatorial Guinea lives once again the dictatorships of the world characterized by a clear violation of human rights, the extreme poverty of its inhabitants and the high institutionalized corruption. Faced with this chaotic situation, my country lives, Equatorial Guinea, and before the need to place the Guinean man at the center of everything, respecting all the values that characterize him as a human person, I emerge, as a leader and politician of this country, the idea of presenting this political project to the international community in general, and to the American community in particular, so that it is analyzed and subsequently, and if possible, the necessary support so that said project is executed in the Republic of Equatorial Guinea. We are the human team that always defends and establishes the political system that defends the national sovereignty of people and the right of people to choose and control their rulers. We will bring a new regime to this doctrine, we are political teams, which means that we want to achieve peace in our country and modern and participatory democracy in Equatorial Guinea. We will launch the new campaign that is what our democracy bases is a form of state government where power is exercised by the people and for the people of the Republic of Equatorial Guinea. We will maintain the true benefits of participation in political decision-making. The knowledge, training and training acquired in the struggle against the dictator in Equatorial Guinea makes the population less prone to domination in the future. It is much more likely that this change in power relations will create a lasting democratic society in Equatorial Guinea. Our fundamental mechanism is the participation of citizens in the universal suffrage that means free, equal, direct and secret through which our leaders or representatives are elected for a specific period. The elections in Equatorial Guinea are carried out by the system of majority proportional representation or the combination of both. Equatorial Guinea one year more than 50 years of enslavement of the law to the democrat, a common case of the use of this expression in the government of the current Equatorial Guinea. I want to say that in Equatorial Guinea there is a de facto government for having seized power after a coup d'état as in the case of the dictatorship that we have in our country, simply the one that occupies a power vacuum at a given moment. Our team of mobile human power to the maximum representative of the citizens, Equatorial Guineans and Equatorial Guineans in an Equatorial Guinea democracy.

BRIEF PRESENTATION OF THE DEMOCRACY LIBERAL PARTY OF G. ECUATORIAL. (P.L.D.G.E)

Who is the president of the government? Despite other executive positions of regional or local rank, the same legislative positions are also democratically attributed by the vote in modern Equatorial Guinea. We are the democratic human team that will defend our democracy. The government of the majorities for the people and for the people of the Republic of Equatorial Guinea but without neglecting the rights of individuals or descending to minorities. We will ensure that the campaign that defends our democracy is understood as a political doctrine and a way of life in our society and that the main focus is the respect of human rights and the organizations of the United Nations for the protection of civil liberties and civil liberties. individual rights and equal opportunities in participation in the political, economic and cultural life of the Equatoguinean society. We will have our democracy also associated with other countries that have this form of government. Therefore, everything will depend on the democracy of the world, therefore, our democracy has a supreme charter or law as a guide for legislators and as a guarantee for the citizens of Equatorial Guinea, with the aim of making their rights more valuable and the new action of the future government. Democracy and the rule of law in Equatorial Guinea will be a system in which the elites have the economic, political, social and human control of a nation that remembers the objective of the great strategy against the dictatorship in Equatorial Guinea but that establishes a system democratic and makes the emergence of a new dictatorship impossible. To achieve these objectives, it is necessary that the chosen means of struggle contribute to the distribution of the effective power of society. Under the dictatorship, the population and civil institutions of society have been too weak and the government too strong. However, if there is no correction of this imbalance, the new clique, as I wanted it, could be as dictatorial as the previous one. That's why a palace revolution or suddenly state by, is not welcome. The political challenge contributes to a more equitable distribution of effective power, mobilizing society against the dictatorship in Guinea. Ecuadorian process of occurrence in several ways. The development of a capacity for non-violent violence means that the capacity for violent repression of the dictatorship and the non-intimidation or submission of the population so easily. We will work hard on the aspect that a set of powerful means of action will have to counteract and, sometimes, even block the exercise of the power of the dictator. In addition, the mobilization of popular power through policies will consolidate the independent institutions of Guinean society. The experience of having once the powers of effective exercise is not easy to forget. Fines and political commitment of the Progressive Liberal Democrat Party of Equatorial Guinea. The purpose of the Progressive Liberal Democratic Party of Equatorial Guinea is to contribute democratically to the formation of the political will of the citizens of Equatorial Guinea, as well as to promote their participation in the representative institutions of the political nature through the presentation and support of the candidates in the elections in Equatorial Guinea. In its political action, the Progressive Liberal Democrat Party of Equatorial Guinea starts from the double premise that Equatorial Guinea is a nation of free and similar citizens, organized in a social and legal State and that only citizens, and not the territories in which who live, can be subjects of rights and duties. Consequently, the Party defends the common interests of the citizenship with territorial particularism and the secularism of the public powers in matters that they identify. All this, within the strictest respect for the international plurality of both the Guinean nation and the regions, provinces and districts that compose it. The progressive Liberal Democrat Party of Equatorial Guinea also has as its basic objectives the defense of social and territorial cohesion and citizen freedoms and the approach of politics for all citizens of Equatorial Guinea. The concept of adopting measures for the adoption of public policies, as well as the consequence of the best possible quality of life for all the citizens of Equatorial Guinea. The Liberal Party Progressive Democrat of Equatorial Guinea aims to correct the deficit suffered by the minority populations of Equatorial Guinea and defender of the loyal and solitary integration of the countries of all regions of the State, as well as the protection of the environment. The progressive Liberal Democrat Party of Equatorial Guinea will encourage the participation of citizens in general in the political life of democratic institutions. In this sense, it will establish means of communication permanently open for the needs of citizenship, either personally or telepathically. The Progressive Liberal Democrat Party of Equatorial Guinea projected its activity through the African, Iberian American and international political organizations of which it is a member and in particular the progressive Liberal Democratic Parties and the Central Democratic International. The political commitment of the progressive Liberal Party It expresses with the open and global vocation demanded by the great challenges of our society in the 21st century. The progressive Liberal Democrat Party of Equatorial Guinea is defined as a policy serving the general interests of Equatorial Guinea, which has as one of its objectives the axis of its political action and social progress. With a clear African vocation and Inspired by the values of freedom, democracy, tolerance, defend the dignity of the human being and the rights and freedoms that are inherent to it; advocates democracy and the rule of law as a basis for pluralistic coexistence in freedom; promote, within a market economy, territorial solidarity, modernization and social cohesion, as well as equal opportunities and the leading role of society by the participation of citizens in political life; Advocates an international community based on peace and universal respect for human rights.

GENERAL AND SPECIFIC OBJECTIVES OF THE PROJECT

- 1. Put an end to the dictatorship in Equatorial Guinea.

- 2. Grant freedom to all political prisoners in the country.

- 3. Publish the Law of general amnesty that allows all exiled Guineo-Ecuadorians to return to Equatorial Guinea.

- 4. Convene a popular referendum in which the people of Equatorial Guinea vote without coercion to their own constitution.

- 5. Guarantee absolute respect for the Fundamental Law of Equatorial Guinea.

- 6. Implement a true democracy in Equatorial Guinea that allows the Ecuadorian Guinean to enjoy its natural rights.

- 7. Improve the quality of life of the Guinea Ecuadorians.

- 8. Maintain permanent agreements of mutual interest with the North American community, which I believe make this political project a reality.

The Republic of Equatorial Guinea is a country rich in natural resources; situation that I dream of taking advantage of to improve the economic situation of my country. These natural resources are in their totality the forest, the sea and the mining resources.

The non-dependence of the national economy on the oil sector is another of my other objectives; bearing in mind that, the source of economic income of a country should not depend solely on a limited natural resource such as Equatorial Guinea. The promotion of industrial production in the agricultural sector in Equatorial Guinea can be a very important economic source that the national economy does not depend solely on oil exploitation. The education sector and the health sector and other sectors with which I commit myself to work hard so that they reach their highest level of quality. All my efforts are focused on reversing the situation of political and economic crisis that threatens my nation and to do so, I count on the support of the North American community that leads the United States as one of the states that promote respect for human rights. We admire the political and economic system of EE.UU. Your patriotism, its innovations, the political process, human development, its educational system, etc., its unconditional support for the people of Israel and the fight against terrorism. We believe that the victorious countries with the other examples of North Korea and Iran, etcetera. It is in the interest of the United States to invest in a free and democratic flag and not in corrupt Guinea without legal guarantees. A free and democratic Guinea with the permanence of the United States in the area also helps not only for the freedoms but also for its influence in the CEMAC zone and sends a message to the extremists in Africa. It is time for the United States to do something for the people of Equatorial Guinea; because China supports the dictators and is gaining a lot of influence in Central Africa. We are like a son in search of a family that can adopt, we have looked at Asia, Europe only believes that the United States has everything necessary to help Equatorial Guinea. We have been abandoned for 50 years from October 12, 1968 until today, by the government of Spain and its political class, a difference of the beneficiaries of the law that affects our country. The dictator of Equatorial Guinea buys the wills of the sovereignty of Spanish politicians and corrupts the political class.

THE YOUNG LEADER CREATION RESTRICTED OBJECTIVE

They transform into an action that is used to achieve a restricted objective. We will launch the campaigns of our general objectives of the popular democratic resistance of the peoples of Equatorial Guinea. As the young Leader the hope of the youth of Equatorial Guinea made its definition and its analysis allows to identify the precise conditions to achieve each selected objective. The need for clarity and also applies to tactical planning. Tactics and action methods are used to carry out the strategy. The tactics to obtain better results, to obtain the maximum advantage, in a limited situation. The selection of tactics is based on the principle of the best way to use, in a limited phase of conflict, the means of combat available to implement the strategy. To be more effective, tactics and methods must be chosen for the strategic objectives. Bearing in mind that the Liberal Democratic Party of Equatorial Guinea does not strengthen the achievement of strategic objectives, it can, in the end, become a wasteful energy. A tactic, therefore, chooses an agreement with a limited course of action, which fits within a broader strategy; In addition to a strategy within the grand strategy. The tactics always have to do with the fight, while the strategy includes broader considerations. While a particular person can only be understood as part of the overall strategy of a campaign battle. The tactics are used during the period of time beyond the strategies, in smaller institutional areas, etc. with a more limited attachment.

THE YOUNG LEADER HAS CREATED A NEW MOVEMENT OF THE NATIONAL LIBERATION OF EQUATORIAL GUINEA

The progressive Liberal Democrat Party of Equatorial Guinea in nonviolent action, the distinction between a tactical objective and the strategic objective may go in part, in fact, that the objective of the action is more or less important. The state of the situation indicates, for example, that the main one is a strategy established in Equatorial Guinea, it requires a calculation of the use of our own intellect to plan the strategy. The inability to plan intelligently can contribute to disaster, while the effective use of our intellectual capacities can cross the strategic course that judiciously uses our available resources to push society towards the goals of freedom and democracy in Equatorial Guinea. The complexity of the struggle against the dictatorial regime in Equatorial Guinea. The progressive Liberal Democrat Party of Equatorial Guinea is working hard. As we have seen in this exhibition, the fight against violence is a complete technique of social action, which includes a multitude of methods, a series of time changes and specific slopes. To be effective, especially against the dictatorship, the political challenge requires preparation and planning. The likely participants will need to know what is expected of them. The resources must be available. The strategists may have analyzed how the fight may be more severe. Now we will focus our attention on this crucial element. The need for a strategic strategy. We need to think about a strategy against the dictatorship in Equatorial Guinea. We will implement the increase of the political defiance campaign against

136

the famous longer-term dictator in Sub-Saharan Africa, it can be initiated in several ways. In the past, these struggles were almost never planned and in accidental events. Now some of the specific factors that triggered the previous actions have varied, but often include new brutalities, the arrest of the death of a person in high esteem, a new repressive policy or regulation, the lack of respect for religious beliefs or the anniversary of an important party related to events. Our reflection and our thinking that we believe there are, some individuals or groups, of course, there is no need for extensive planning for a change, they naively think that, if they simply embrace their ideals with strength and tenacity for a long time, in such a way who end up realizing them. Other people who live and testify to their principles and values in the face of difficulties. The progressive Liberal Democrat Party of Equatorial Guinea has a great commitment and goals, but very different from what is happening in Equatorial Guinea today. Personally, I believe that humanitarian aid and loyalty to ideals are not admirable, but it is an instrument to put an end to a dictatorship as powerful as the Obiang regime and to conquer the freedom we want it to do in Equatorial Guinea. Other results of the dictatorship naively believe that it only has enough.

YOUNG LEADER INCREASE IN NON-VIOLENT FIGHT, IMPORTANT CHANGES TO FOUR SENSE

The progressive Liberal Democrat party of Equatorial Guinea implements four mechanisms of change:

- The first mechanism is considered less likely, even if this has happened. When the group members advance in the fight for the dictator, Obiang is not one of them.

- The second mechanism is that nonviolent struggle can be much more powerful than what the mechanisms of conversion or accommodation indicate.

- Third mechanism on all the important mechanisms, the lack of cooperation with the mass regime and the problem that can change the political or social situation, especially the power relations, the way in which the dictator of Equatorial Guinea loses the economic capacity, social and political control of the Equatoguinean government and Equatorial Guinea's society.

- The fourth mechanism of change, the disintegration of the system of our adversary in the current regime, that is, the weakening of all the resources of the powers that the dictatorial regime has in Equatorial Guinea. We believe that it is so complete that it does not even have the power to disintegrate the regime. The Progressive Liberal Democrat Party of Equatorial Guinea has planned four key terms for strategic planning.

- Allergy these new strategies for the liberation of Equatorial Guinea, these four mechanisms must be taken into account. However, sometimes, for a systematic opportunity, the selection of one or more of them as the mechanism of change that chooses to work in the conflict allows formulating strategies of mutual reinforcement, economic, human, moral, political, organizational, etc. of a group that seeks to achieve its objectives in a conflict

- The great strategy, to focus the group's attention on the main objectives and resources in the conflict, to choose among the most appropriate action techniques. The great strategy establishes that the great strategy is due to the adversaries. Basic organization chart for the selection of the strategies of minors with which the struggle must be developed.

THE YOUNG LEADER IS TO GIVE VIRTUE AND COMPLIANCE TO HIS PROMISES

The popular democratic resistance campaigns of Equatorial Guinea. As a young Leader, the hope of the youth of Equatorial Guinea is firm and steadfast in the effects, ideas and obligations in the fulfillment of the established commitments, we are a united team regardless of the circumstances that this may bring. We have four important terms for the strategic planning of the popular resistance of Equatorial Guinea. The democratic and popular resistance of the friends of the opposition of Equatorial Guinea increases and strengthens the economic, human, moral, political, organizational, etc. resources. It means that the grand strategy, focusing the attention of the groups on the objectives, primary and resources in the conflict, choose among the most appropriate action techniques to overthrow the dictatorial regime of Equatorial Guinea as the conventional military action, the fight against violence to be used in the struggle within the country. The progressive Liberal Democrat Party of Equatorial Guinea Ecuadorian representative of the grand strategy, for whom the leaders of the resistance to adversity have a negative impact and the influences they have on the adversaries they face. We believe that later, the grand strategy that explores decisions about the conditions and the appropriate time. To do an initiation and subsequent work, you must take a path little by little. The great strategy establishes the basic organization chart for the selection of the strategies of minors with which the development of the struggle against the dictatorship in Equatorial Guinea counts. That is an agreement that implies a series of responsibilities that cannot be violated any of its parts. The commitments of the young leader the hope of the youth of Equatorial Guinea has a commitment that decides what it does now, and how to do it in an uncertain future. The Young Leader the hope of the youth of Equatorial Guinea I am faithful in my promises and will maintain my loyalty even with the passage of time, and the different circumstances. My fidelity I suppose to follow a political project of my life that is already made of acts of promises as a person of a cake. The progressive Liberal Democrat Party of Equatorial Guinea has understood very well the skilful displacement of the popular democratic resistance groups of the peoples of Equatorial Guinea and of the individuals in the smaller operations. Planning a good strategy, I must consider that it requires a fighting technique, chosen for the success of the operation. The Progressive Liberal Democrat Party of Equatorial Guinea which is, at present, a difficult task. Of course, meeting the requirements is not enough to guarantee success. Other factors may be necessary. When developing strategies, Democrats must clearly define their objectives and determine the extent of the effectiveness of efforts to achieve them.

THE YOUNG LEADER CREATING UNION AND EQUALITY AMONG THE GUINEAN CITIZENS OF EQUATORIAL GUINEA

Work to conquer our inner freedom, which is what we achieve with our own effort, which we conquer every day trying to overcome what obliges us to enslave the people of Equatorial Guinea. That is why today it is what allows man, to obtain his maximum example of dignity, to end the totalitarian and cruel inhuman regime, which has generated in Equatorial Guinea, the bad character, hatred, mediocrity, laziness, selfishness, the lie, the irresponsibility. I think it's time to destabilize this government and its president. It requires a combat technique, chosen for the success of the operation. The general objectives of the nonviolent struggle include skilful displacement of particular action groups, in minor operations. Seen from the planning of a good strategy, I must consider the different private schools. Of course, meeting the requirements is not enough to guarantee success. Other factors may be necessary. In mapping strategies, Democrats must clearly define their objectives and determine how to measure the effectiveness of efforts to achieve them. This definition and analysis allows users to identify the precise conditions to achieve each selected objective. The need for clarity and also applies to tactical planning. Tactics and action methods are used to carry out the strategy. The tactics to obtain better results, to obtain the maximum advantage, in a limited situation. A tactical action is a limited action, which is used to achieve a restricted objective. We believe that the selection of tactics is based on the principle of the best way to use, in a limited phase of conflict, the means available to combat the strategy. To be more effective, tactics and methods must be chosen for the strategic objectives. That they do not reinforce the achievement of the strategic objectives, can, in the end, become waste energy. Consider our limited illustrations, which fit into a broader strategy, as a strategy within the grand strategy. The tactics always have to do with the fight, while the strategy includes broader considerations. A particular tactic can only be understood as part of the overall strategy of a campaign battle. Tactics are applied in a shorter period of time than strategies, in smaller institutional areas, etc., for a more limited purpose of people or for more limited objectives.

THE YOUNG LEADER LOOKS AT THE LAST VERSIONS OF THE NATION AND REVIEWS THE CORRECT ADDRESSES

The Young Leader the hope of the youth of Equatorial Guinea has spoken about the irregularities raised in high tone, in Equatorial Guinea for that reason it has a call to the United States and the Latin Americans in favor of a political project for the change of regime and not to accept later, a dictatorial regime in Equatorial Guinea. The young leader the hope of the youth of Equatorial Guinea and the Americans have a common ground, now we do not have to accept a totalitarian, oppressed, cruel and inhuman and repressed regime in Equatorial Guinea. The country has been wounded during a long sentence with many dictators since 1968 until now. As a young Leader the hope of the youth of Equatorial Guinea I have the responsibilities of not accepting more the dictatorship as it is now in Equatorial Guinea to work together for the day, the opportunities in our life when one is to raise and others must do their parts. We are going to help this country in our power, that is why we are valuing, the defense, the freedom, and the equality, for our generations, the new hope. Young Leader has things like the grand strategy that has to deal with decisions about the conditions and the right time for the tests to be tested. The democrats and the republicans are always excellent, we have faced this type of international confrontation and this inactive struggle, we are positioning new discussions on the table. The struggle of the future and is the need for passionate activism. I want to say that we are starting new titles in our lives to get married, raise our children. Equatorial Guinea is the sovereign and independent country and the permanent citizens who fight to liberate Equatorial Guinea. That is why we are finding new ways to change our world for the better. Young Leader is to think how to make the grand strategy, establish the basic system for the selection of strategies. That is why we are finding new ways to change our world for the better. Young Leader is to think about how to make the grand strategy, to establish the basic system for the selection of strategies of minors with the harsh dictatorship that suffers the country and minister of Equatorial Guinea.

APPLICATION OF THE FIGHT TO DEVELOPMENT AGAINST THE HARD DICTATORSHIP OF EQUATORIAL GUINEA

We will launch the strategic plan that indicates how the campaign should be developed and how the different components of the campaign should be combined with others, so that the owners know as much as possible about our objectives. We will do difficult tasks that involve skilful displacement of particular action groups, which are defined in smaller operations. Therefore, there must be the best work plan for a good strategy, you must consider that it requires a combat technique, it will be chosen for the success of the operation. The first meaning refers to the destruction of the dictator's arsenal. Our concept is also built to cancel all kinds of activities of the regime. Companies begin to dismantle the facilities, the economic crisis. The merchants begin to close their premises. Taking into account that this fight against the dictator of Equatorial Guinea, has different techniques that we will use to have different demands. Of course, it meets the requirements it says, it is not enough to guarantee victory. It is possible that the most important factors in the history of that struggle against the dictator Obiang of Equatorial Guinea and its totalitarian regime. We believe that, in mapping strategies, Democrats must clearly define their objectives and determine how to measure the effectiveness of efforts to achieve them. First we will launch what we are going to do to determine the etymological origin of the term cartography. We will create cartography as a science that is responsible for mapping geographic maps. I think it is possible to increase the compression on the meaning. This definition and analysis allows the strategist to identify the precise conditions to achieve each selected objective. The need for clarity and definition also applies to tactical planning. We make sure there are tactics and that the action methods are used to carry out the strategy. We will attack the cruel dictatorial regime of Equatorial Guinea and mobilize the voters to defeat them. If we do not take advantage of this change in momentum, we are ready before we realize it. That is why we have to move our action plan in full swing and carry out the fight against the dictator of Equatorial Guinea. Taking into account this tactic refers to the best use of the forces of property, to obtain maximum profitability to have an advantage, in a limited situation. It means that a tactic is a limited action, which is used to achieve a limited objective in this fight against the dictator of Equatorial Guinea.

THE WARRIORS SHOW THE FUTURE A GREAT COURAGE BEFORE THEIR ENEMIES

Strategies of popular resistance in Equatorial Guinea, our work based on the value of decision and passion with this action, especially with which a special action is undertaken against enemies. Thanks to your efforts to move forward and achieve your goals. The disintegration of the dictatorship, of course, will be cause for great celebration in Equatorial Guinea. People who have been suffering more than three decades for a cruel and inhumane regime and who have paid a high price for these people, now is a time of joy, relaxation and recognition in that triumph. We will do an action work generating physical or moral effort for this purpose, we will not lack the great efforts concentrated in the work, which will become an effort rather than getting rid of the chains. Supposed that with a great intellectual effort, and economic, that was not compensated, with the corresponding success. Equatorial Guinea must be proud of itself and of all those who have the possibility of winning political freedom. I do not know exactly if everyone is in this day of life to celebrate this great day. It will be a day between the living and the dead, it will be like a way of responding to the history of freedom in my country. At this precise moment, unfortunately, this is a small opportunity to reduce surveillance in my country. A leader needs to eat to be strong and the people of Equatorial Guinea always sound death for the powerful evil that exists in Equatorial Guinea. We will launch hope and sign for our people that a person has in which, something happens or works in a certain way in which another person acted, like the people of want. I have full confidence in my abilities, the confidence that the young leader has placed in me. Security and the right to action are mandatory, repositories of trust in our people, hope and firmness, therefore, we try to witness ourselves and the spirit of vigor to act. Think before acting and also work as we feel, not as we know. According to our attitude, as human persons who strive, physically, morally, for something, they make those efforts

LIBERAL DEMOCRAT PARTY OF EQUATORIAL GUINEA. STRATEGIC PLAN, THE CLIMB OF THE LIBERATION OF EQUATORIAL GUINEA.

There was a not so distant moment in which climbing was one of the activities that best represented the mountain and freedom, that deep emotion that runs through the veins boil the blood. The situation is foreseeable of not being able for a long time, the problem that has touched the people of Equatorial Guinea. The sword regarding the reaction in this situation that crosses Equatorial Guinea. We will do everything possible for a secure future of confidence for the stage of selective resistance, such as the growth of pensions, social, economic and political institutions. Policies are progressively expanded to create the democratic spaces of society and the control of the dictatorship so that it does not reappear in Equatorial Guinea. The civil institutions of the Guinean society are new against the dictatorship of Equatorial Guinea and that the population is currently in the construction of the dominant freedom of democracy. A society that does not live free and independent due to the dominance of the dictatorship that exists in Equatorial Guinea. We announce the action to free the people of the Republic of Equatorial Guinea. In Equatorial Guinea with freedom refers to the faculty of their beloved human beings to develop an action according to their own will. The new replace the usual freedom to join other virtues such as justice and equality. If the dictatorship of Equatorial Guinea is a tool to not increase freedom, when we have it, we have to fight against violence in defense of this new space won, and then we want the dictator of Equatorial Guinea to face another Front in The struggle over time, this combination of resistance and institutional construction can lead to freedom. The period of time extended to the country that type of government and the time that has not been used at all in the country that the president of Equatorial Guinea has this type of mandate. We will work and consolidate to achieve a great triumph of the collapse of the dictatorship in Equatorial Guinea Know that it is not easy to persecute, but the undeniable probability of joining and the formal establishment of a democratic system in Equatorial Guinea becomes undeniable, because the relations have been Altered mainly in power within society. Equatorial Guinea has a political regime in which a single person governs with total power in Equatorial Guinea, without prejudice to any type of limitations and with the power to enact and amend the law as a whim of his will. When the Equatoguineans suffer in Equatorial Guinea the three despotisms and the tyranny of the more literary and less current dictatorship, they emphasize the abusive and unlimited. Citizens and opponents of the dictatorship call the form of government exercised by a single person and families that use power arbitrarily and without being close. We observe that the dictatorial regime of Equatorial Guinea that acts in the system that we reserve is still a blow to society with the punishments, arrests, imprisonment and occupation of actions of this type. From that point of view, it is a matter of time before society has completely overthrown the regime. Although the dictatorship of Equatorial Guinea is available in Guinean society, it is possible to organize a new parallel democratic government. That is, it would function more and more as a rival government, as would the population and institutions of the lending, obedience and cooperation society. The consequence is that Equatorial Guinea and its Equatoguinean citizens are victims of that type of president and their form of government is a form of government characterized by the lack of democratic control, the process that led to the concentration. All the power in the country. Equatorial Guinea, a country that has been leading Theodor Obiang for more than 38 years, but with the political system that uses force and violence concentrates all power in one person for his group and organization and with the people of the Republic of Equatorial Guinea. We believe that these characteristics of the government must end. Finally, a democratic government that can achieve a democratic regime in Equatorial Guinea as part of the transition to a democratic system. In due time, a new constitution will be adopted and elections will be held as part of the democratic transition in Equatorial Guinea.

THE SITUATION OF THE THREE POWERS IN THE REPUBLIC OF GUINEA DICTATORIAL

The constitution of Equatorial Guinea recognizes the existence and independence of the three powers of the State and the political multiparty in the national territory, a constitutional reality that is being clearly violated by the regime of Theodor Obiang Nguema. The Equatorial Guinean regime is totalitarian, that is to say, that the absolute power falls on its dictator and his party the P.D.G.E. (Democratic Party of Equatorial Guinea). The executive power headed by the dictator Obiang is the one that controls the absolution of all the government structures of the country; the powers like the Legislative and the Judicial, simply help to collaborate. The elections are trivial because they do not allow the Pole to choose to act as representatives in making decisions that concern society in general. In my capacity as political leader, I urge the need to create an administration based on respect for the independence of these three powers to guarantee a true Rule of Law in the Republic of Equatorial Guinea. For a good management of the country, the President of the Republic must respect the autonomy of the powers (Executive, Legislative and Judicial), to guarantee its citizens a healthy, balanced and transparent administration; If this does not happen, we cannot speak of a democratic State in Equatorial Guinea. We believe that power makes an essence of political life, implying a relationship of command and obedience. Having power is the possibility of producing consequences in another or attracting certain physicists or ideals, we believe that political power is always development among human beings. Political power is a power of energy through the obedience of promises. Our power is the product of human intercourse, therefore, a permanently social phenomenon. Obiang does not respect the division of powers in Equatorial Guinea, a situation that allows him to do with Equatorial Guinea what he deems convenient and for this reason, our country is in the group of countries with more corruption in the world; since, the dictator and government manipulate the Laws as they fall better. Judicial sentences are dictated by the dictator through the judges, prosecutors or magistrates that he himself appoints and ceases when he wants. As a democrat I am, I ask the US, France and Spain, through their diplomats, to put more pressure on the Malabo regime. Securing freedom with peace in Equatorial Guinea is not an easy task, it requires a strategic dexterity, an organization and good planning. It is essential the power of the democrats to overthrow the dictatorship and implement political freedom but without the need to exercise their own power in an effective way in Equatorial Guinea. As a democratic opponent to this regime, I want to reverse this chaotic situation in which the population of my country is involved, so that, with the power of the democrats, the desired democracy in the Republic of Equatorial Guinea will be established; and, to get there, I would need work tools that facilitate this process. These instruments or resources can be:

- Human resources of the quantity and importance of the people and groups that obey, cooperate and support the rulers.

- The knowledge and skills that the team needs to carry out specific actions against the Equatorial Guinea regime.

- Intangible factors - the psychological and ideological factors that can move people to obey and support the rulers. The material resources that the dictator has to what extent control the rulers of the property or have access to it, natural resources, the national economic system, means of communication and transport.

EQUATORIAL GUINEA DOES NOT ACCEPT MORE PROLONGED TIME, DEMOCRACY IS URGENT!

The Equatorial Guinean Republic where the dictatorship is within the limits of its effective control. We will do everything possible to achieve these films also for cooperation to democracy and how a political challenge is presented. This experience is of great help when it comes to the lack of cooperation and the massive challenge within the country. The greater and more authority of a government, stable and more reliable is the obedience and cooperation it receives. While it must do the action of moral disapproval must be expressed through actions that the dictatorship perceives as a serious threat to its existence. It is necessary to withdraw cooperation and obedience to the dictatorial regime of Equatorial Guinea to access other sources of power. The second source of power of great importance for human resources, the amount and importance of individuals and groups that obey or help the rulers and cooperate with them. If large sectors of the population practice a lack of cooperation, the regime is in serious danger and in possible extinction. We believe that blind obedience, involuntary cooperation, fear and intimidation, the loss of work and the famous national expression cannot be lost, the factors that otherwise make the life of the dictator more lasting and that makes you more powerful. Opposition leaders Without access to the sources of political power, the power of the dictator weakens and finally disappears. The withdrawal of support is, therefore, the main action required to disintegrate the dictatorship. It would be useful as a politics of political power.

THE YOUNG LEADER MY MAIN OBJECTIVE IS TO AWAKEN ECUATOGUINEANS CITIZENS

The Young Leader the hope of the youth of Equatorial Guinea believes in another ideology, overcome fear and have a single axis to overcome and overthrow the dictatorial regime of Equatorial Guinea. In short, people and the population are fundamental to the action and the challenge. Equatorial Guinea is a small country, but with a great history and defends our freedom and justice in Equatorial Guinea. One of the biggest concerns for many years has been how people can prevent a dictatorship from being established and how to destroy it. This has been driven in part by the condemnation of human beings not dominated or destroyed by the histories of the regimes. This belief has been strengthened with readings on the importance of human nature and the nature of dictatorships in Equatorial Guinea. I believe that in Equatorial Guinea has suffered several abuses of human rights in the totalitarian regime of terrorism that act against the people of Equatorial Guinea, I think more about books than about plans of common interest. Equatorial Guinea lives the terror seems more acute, since this regime of Theodor Obiang prevailed in the name of exploitation versions in Equatorial Guinea. Our struggle exists in the intangible inheritances that are the intangible values that represent the history of our people between these foundations and our language. This is what happens in the city of Equatorial Guinea, has an invaluable ancestral heritage in the past, its traditions are found in all populations of modern Equatorial Guinea. Today it has become more evident to me by the visit of people who come from countries governed by dictatorships, stories like countries of Panama and Chile, etc. The return of the military regime, acquired opinions and opinions on the nature of dictatorships. Now my feeling of tribulation and indignation for the bestiality imposed, as well as my admiration for the serene heroism of incredibly brave men and women, which sometimes strengthens when the visiting places where the danger was very great, the courage of the determined people, it is determined to challenge him in Equatorial Guinea. In Equatorial Guinea, citizens must fight and achieve the victory that it provokes by the emergence of a new democratic system. It is a method to improve the most effective effects to disintegrate and overthrow the Equatorial Guinea dictator connection and lower possible cost in human lives. This is the case of much more recent studies of the dictatorial system than the hay in Equatorial Guinea. The new resistance movement, revolutionary, is a political thought, there are systems of government and, above all, the fight against violence, etc. The result of all that is what is in this analysis. I am sure that this fight is far from perfect. But perhaps, there is an idea that the planning of the liberation movement of Equatorial Guinea is apocalypse that is more powerful and effective than the other case. This essay is center to the generic problem of how to destroy an existing dictatorship and how to prevent the apparition of a new one. I cannot do

GENERAL STRATEGY FOR THE DISINTEGRATION OF THE DICTATORIAL REGIME

The Democrats believe that, with the aim that with the non-violent movement the regime in Equatorial Guinea can change. The dictator of Equatorial Guinea, impoverishing the theft of what is for everyone and for the country, marbles funds out of the country when it comes to carrying the citizens pay for the broken dishes, block the internet networks and block the television channels, here pay more for trying to be free in Equatorial Guinea to kill like they do. PDGE is Theodor Obiang Nguema and his relatives of friends so; the Equatorial Guinean and Equatoguinean citizens live in fear of another 50 years of enduring winters, another 70 years without a better life in Equatorial Guinea. Equatorial Guinea does not have support from the international community to the best of the diplomatic representation that is in Malabo capital of the Republic of Equatorial Guinea is the international community that are witnesses of all the historical events that happen daily in the Republic of Equatorial Guinea, and If those in relation, are the countries of origin, in addition to receiving current information, those countries of origin forget that the envious one in a cruel dictatorial poem inhuman for excellence violations of human rights to the prelaunch of the diplomatic corps in Equatorial Guinea is incredible. This international community cannot avoid the dictator of Equatorial Guinea who abandons power and a new community to democracy in Equatorial Guinea and we know it is difficult for these to happen, but we have to ask and fight. Everyone knows that he can sell an ambassador of the land in a country that can keep the dictator of Equatorial Guinea for a long time in power and violate human rights in his country. The countries of origin in good words, the transmission of diplomatic relations in reality, the ambassadors must be demanded, the dictatorial regime of Equatorial Guinea, which, at least, meets, human rights, they know in Equatorial Guinea, with all the riches that you have, raw materials, no, it is, to be able to do it, something that cannot really be done in Equatorial Guinea. In addition to the good words, it is to pressure the dictator to do for the democratic process actually in Equatorial Guinea. Everyone also knows that the Guineans themselves, and Guineans who live, inside and outside the country, to these countries of origin, who are using the resources of the country to defend the dictator. It is also known that Equatorial Guinea with Western countries does not lack protection to the dictator. With a focus on the western countries, the trainer of the Israel militia, the economic resources that exploit UU.EE. Spain, France, Russia, English, Chinese ect. What's happening in the world? The resources of Equatorial Guinea, cheaper than the democratic government, now begin, make the necessary calculations to get the most out of your raw materials, Equatorial Guinea with its resources the international community that comes to one in Equatorial Guinea, we want to understand the benefit of the diplomatic relationship that are experiencing all the abuses suffered by the people of Equatorial Guinea. For that with as many people as the country, the dictatorship, poverty and corruption, which leaves people without work, people die for the murders unjust, the injustices that leave people speaking lies, deceit to others, in the country, allows the dictator, generate torture and ill-treatment that support the same president and his government in Equatorial Guinea, the Equatorial Guinean and Equatorial Guinean citizens They live with fear and intimidation within the country. Our party will launch a campaign of non-cooperation and political challenge. To disintegrate the dictatorship in Equatorial Guinea. And establish a lasting and functional democratic resolution. We know that they are more difficult objectives to achieve, we always have the aspiration to recover our lost sovereignty, for that created a national liberation movement of the sovereignty of Equatorial Guinea, the cumulative effect of these campaigns is well directed as the political development campaigns in the strengthening of the resistance and the creation and expansion of the areas of society.

Weaknesses of the Regime:

1. Restrict or deny the cooperation of many people, groups and institutions that want to run the system.

2. The requirements and effects of the previous policies of the regime limited their ability to adopt and implement contrary policies.

3. If there is a strong ideology that influences the vision of reality, a firm adhesion to it can be a cause of contempt for real conditions and needs.

4. The deteriorate of the competitiveness and the efficiency of the bureaucracy, excessive controls and regulations; can make the policies and operations of the system ineffective. The hierarchy of the power of a dictatorship is always, to a certain extent, unstable and sometimes extremely serious, since individuals do not remain immutable in their positions and degrees, but they can also reach other levels or be completely separated and replaced by a new personal.

5. The sectors of the police or military forces can act to achieve their own objectives, including their own objectives, even if they go against the will of the dictatorial regime of Equatorial Guinea.

6. If the dictatorship is new, it needs time to be sure - As in dictatorship very few people make the decisions, errors of judgment, politics or action are likely to occur.

How to attack the dictatorship? Knowing these intricate weaknesses, the democratic resistance can try to aggravate these heels deliberately, a termination of the system drastically well disintegrates knowing that according to our conclusion is obvious.

Despite the appearance of force, all dictatorships have their weaknesses, internal inefficiencies and personal rivals. These weaknesses, over time, have to make a plan less effective and more vulnerable to changing conditions and deliberate resistance. My intention is to make a general plan where the dictator cannot be destroyed or that there are victims, even though it is to recognize that any possible course of action to achieve the liberation of Equatorial Guinea suffers suffering and potential risks.

STRENGTHENING THE DYNAMICS OF NON-VIOLENT STRUGGLE

As with the military capacity, the challenge with a great variety of purposes to do different things, create the conditions for the peaceful solution of the conflict, disintegrate the regime that are our opposite. But the dynamic of the political challenge is very different from the Violence. However, the tools are for the users of the fight, they do it with very different means and with different consequences. The modes and results of violent conflicts are well known. Fiscal weapons are used to intimidate, injure, kill and destroy. The struggle is not a technique much more varied and complete than violence: however, it is a struggle that uses the weapons, the economic, social and psychological policies applied by the population and the institutions of society. A difference in violence is the ideal instrument to deny access to the regime to these sources of power.

THE DISTINCTION BETWEEN A TACTICAL OBJECTIVE AND THE STRATEGIC OBJECTIVE

In nonviolent action, it may be due, in part, to the fact that the goal of the action is more or less important. Liberal Democrat Party of Equatorial Guinea Design policies to promote real and effective equality in all areas and institutions. Basic but real equality, regardless of sex, beliefs and place of residence. We will guarantee the union and equality of all Guineans. We will oppose any attempt to ask for separation in our country. Liberal Democratic Party of Equatorial Guinea Works Hard Work To Include a new section on Social Rights in the Constitution. We will give a maximum degree of protection and guarantees to the right to health; the right to social services; The right to housing; the right and duty of protecting the environment; the rights of consumers and users; the right of access, under conditions of equality, to the enjoyment of public services and economic services of general interest; and the right to a good administration. The Liberal Democrat Party of Equatorial Guinea Approve of a Law of Budgetary Guarantee of Social Rights. Provide resources for the institutions responsible for guaranteeing the new rights incorporated in the Constitution in Equatorial Guinea. The democrats of Equatorial Guinea will guarantee a new universal health system, so that no one runs out of health assistance in Equatorial Guinea. We will restore the universality of the coverage of the National Health System. We will establish, in parallel, the necessary measures to ensure the collection of health services provided to citizens of other countries, to fight against health tourism in Equatorial Guinea.

PROJECT DEVELOPMENT: PROPOSALS FOR SOCIOPOLITICAL, CULTURAL AND ECONOMIC REFORMS

The Progressive Liberal Democrat Party of Equatorial Guinea has those bets that must first pass and draw that design path towards democratization by the people of Equatorial Guinea and lose them forgive the work of repairing the damages caused by the previous regime. This Political Project proposes a reform for the improvement of the national economy, the creation of the renewed clean energy system, where protocols are revealed to follow the situation of the countries in which the economy of Equatorial Guinea. We believe that it is important for political parties to explain that children think about the policies they promise and that they will spend the money of all Guineans. Given the economic vacuum left by the ruling party in Equatorial Guinea, they cross arbitrarily and the country's economy. We intend that our income and public expenditures do not participate in the Guinean people and we do not make proposals that adjust to reality. Our values of income and expenditure correspond to our main axes in our political program: rebuilding the means of the middle and working class, to put human capital and innovation at the center of the national economy. National taxes are reduced, a situation that allows the citizens of Equatorial Guinea to accumulate money in their accounts for the acquisition of other goods or for future consumption and at the moment in which those values are returned again. To achieve this, we will promote reforms that increase economic growth, reduce absurd expenditures, take measures against institutionalized corruption and improve financial reforms with a low cost of interest rate, forcing national and international investors to invest in Equatorial Guinea. The educational sector, very fundamental for today's society that for decades has been forgotten in Equatorial Guinea, the category of evaluation of trainers, the lack of schools, vocational training centers, as well as the lack of universities and the possibilities Equatorial Guinean, with a full awareness of the importance of education for the development of the entire human society, the provision of this political project, a plan of action for the proper functioning of the educational sector of the Republic of Equatorial Guinea. This plan of action, foresees in the first place, the formation of a cadre of Equatorial Guinean professors that, later, will be added to the existing ones; and, by professional obligation, all these, each end of the academic year, would have to participate in a recycling course that would allow them to update themselves periodically and improve the following school year. Secondly, this plan of action anticipated the recognition of the arduous task that trainers called for through payments that allow them to offer the maximum possible performance in the centers where the functions perform their functions and respect their class schedules. Third, this plan provides for a disciplinary code that regulates the behavior of the figure of the teacher. The trainer as an exemplary figure of his student must behave responsibly to his students. Therefore, the sale of grades and sentimental relationships between trainers and students is prohibited. that are in this plan of action that presume the political project that can activate the educational sector of the Republic of Equatorial Guinea. Fourth, this plan recognizes the future of a country that crosses, which prevents the academic activities are better than possible, all the necessary tools for the best development of their studies and the one that is solved with the building of the universities With modern features, through the Internet or through books, it is important for students. reason why, this plan allows to put at the disposal of the libraries all the national standards, books and wife connection for the exclusive use of the professors and students; since these two tools facilitate the education of the student. Separator to facilitate the study to all the children of the family that has economic means, that also has access to a quality education as this political project promises to the children of Equatorial Guinea. The State, each end of the course, will economically reward students, with acceptable academic qualifications, as the best educational centers. This practice would be a motivation for the students. There is no doubt that the S.E.N. The National Educational System can be modified with the insertion of new topics that are important for the formation of human beings and the elimination of things that are not important. The political project aspires to be an expert in international competitions, after the upper baccalaureate and its respective selective test, the Guinean-Ecuadorian student enters directly to a university in the USA. UU No need for a course of access. This can be achieved through bilateral agreements between my State and the North American Community. The Republic of Equatorial Guinea, which eagerly aspires to a democratic government, conducts four courses with the high desire to have a quality education, quality medical care, etc.

THE WORLD HAS BEEN IMPOSSIBILITY FOR THE TOTALITARIAN REGIME PRESIDED BY THE PRESIDENT TEODORO OBIANG

Impossible for the totalitarian regime presided over by President Teodoro Obiang.no rule out the possibility of cooperating with the international community in general and in particular with the American community. My political project, as it comes, is committed to working in cooperation with the North American community in all sectors of vital importance for the development of human societies. For this, this is the Political Project that opens the door to all those who want to contribute directly or indirectly to the development of my Nation. Our beloved country Republic of Equatorial Guinea is going through a very difficult time, due to the economic crisis that has remained within Guineans without work without resources, to be able to support their families and miles of young people involved in delinquency and prostitution. There is also the policy that does not allow Guinean citizens to be free and to vote freely to elect their leaders, which must be added to the military control of the streets in our cities with all kinds of arrests. The cause of all this situation of poverty and lack of rights is the government of the democratic party of Equatorial Guinea PDGE. That with its mismanagement the country is divided into parts by a majority of Guineans living in poverty in the country. On the other hand, the main ministers of the PDGE and the members of President Obiang, who have ended the resources that come from oil and have become billionaires in the country. While there was a lack of schools, hospitals, drinking water and housing, the president said that he had to give everyone work, light for everyone, hospitals for everyone, housing and everything for everyone. What do you have of those deceptive promises for people? Faced with this situation of injustices, miseries and generalized promises without complying with PDGE, you have all the means of communication within your reach. We take this decision that, with the elections in Equatorial Guinea you can not beat the dictator and his regime with the power you have. That is why he created a Party to mobilize the entire population of Equatorial Guinea, so that he would leave power to others. The presence of many investors in an economic system increases the probability of reaching full employment, which is one of our desires for greater priority. The rates for the consumption of electric power and other public services were reduced to families and received through them. The state must include policies to increase social spending each year: a complementary aid for families that help many households with fewer resources to be able to unchain economically. Invest to improve our institutions, improve the personnel of the administration of justice and implement a plan that guarantees the compatibility of legal information systems for the entire national area. The change in the production model is coming, ending the lack of funds in education and the stagnation of a plan against school failure. Parallax more resources for college students, especially in disadvantaged environments, to counter more support teachers in the classroom, which benefits the students. We will invest to improve our institutions, improve the personnel of the administration of justice and implement a plan that guarantees the compatibility of judicial information systems throughout the national sector.

BETTER INFORMATION AND MANAGEMENT TO HAVE MORE RESOURCES AND GREATER QUALITY

The Young Leader the hope of the youth of Equatorial Guinea works hard for the growth of employment, it can be attributed more to a meaning, from a perspective, we can understand the action and how to generate work, and offer jobs. For some decades of years, the way in which people were linked through work was slavery, the drought of an unjust situation, a satiety of property where the worker was a slave that had become the property of someone. Our democracy and currently the most widespread form of employment in Equatorial Guinea, for salaried work, in the relationship of dependence. That is to say, the employee or the worker who has a contract with his employer in which the value by which the labor force is sold is fixed, and the conditions under which it was provided, the employment. The Young leader and his Liberal Democrat party of Equatorial Guinea will set the price of work and remuneration, each Guinean, and Guinean will be paid daily, twice a month, and salary, that is the new life of all the Guineans of Equatorial Guinea. The Liberal Democratic Party of Equatorial Guinea improves the independence of our professionals. The Party shall guarantee the equality of basic services and services in all districts and provinces and municipalities in the field of health. We will agree on a portfolio of common services to avoid unjustified differences in coverage between districts and provinces. We will create the National Portal of Transparency in Health that collects data and indicators of the quality of care, therapy and efficiency of the services of hospitals and health centers to obtain objective and reliable data that help detect bad and good practices. A National Health Infrastructure Plan and a National Health Plan that allows the detection of dysfunctions and inefficiencies through comparative statistical data. It also implements a long-term reinvestment strategy that involves, not only the incorporation of new health technologies, but also the disinvestment in which it is not effective, reviewing all health strategies that no child Efficient according to scientific criteria. Liberal Democratic Party of Equatorial Guinea Improvement of home care for chronic and dependent patients, and we will make prevention the central axis of the system that, We will Develop the General Law of Public Health promoting prevention through primary education and education for the health as medium and long term savings tools, and the Liberal Democrats will expand the catalog of accessible diagnostic tests for professionals and their own diagnostic means. We will establish a Coordination Plan for Health Services, Pharmacies and Social Workers. We will provide these professionals with new skills and mechanisms. Liberal Democrats Improve the efficiency of the health system through the development of a new decree of reference and use of medicines by nurses based on the consensus of the sector. Coordinate social and health services to offer comprehensive health services. The responsibility and model of the pharmacy. Liberal Democrat Party of Guinea We will focus on decision making in the case of orphan drugs and compassionate use to ensure equal access to these treatments. We will promote centralized systems of purchases of high-cost medicines and health products for all provinces and districts throughout the country. Liberal Democrat Party of Equatorial Guinea Improve access times to new medicines that imply evidence of efficacy and safety. We will also reduce the cost of public offices promoting centralized purchasing systems for medicines and health products throughout the country. Check the salary table of the evaluating agents, prohibiting the revolving doors. Liberal Democrat Party of Equatorial Guinea. The Young Leader the hope of the youth of Equatorial Guinea works to improve the concepts that are intimately related, with the economic development. The young leader increases, real per capita income increases real productivity for all economic areas that are rural areas. The Young Leader will do to make a better State in Equatorial Guinea that advances towards the citizens towards a better, more advanced and more developed State. In Equatorial Guinea the gradual and generalized development of a society in the economic, social, moral, scientific and cultural aspects will continue In Equatorial Guinea, and the progress achieved is worthy, of admitting in this country, I believe that the effort does not always translate into progress. The Young Leader has a work to achieve progress in human development, it is understood in this.

YOUNG GUINEAN CITIZENS AND GUINEANS WILL WIN THE FUTURE

The Guinean Young Citizens win the future, the Young Leader makes a national pact for education that has the consensus of the political forces, the educational community and the social collectives in Equatorial Guinea. The Young Leader makes an agreement to think more about our children and the next generations, than about the interests of the political parties. That education be an effective tool for equal opportunities, and not to divide into factions. The Young Leader works to obtain a free education for families: fees and hidden fees in public or subsidized schools. School costs must be transparent. It will establish that, free textbooks for families through a public system of shared books in Equatorial Guinea. The Young Leader makes a National Pact for Education that drastically reduces changes in the study plans, which is a huge source of confusion and expense for families. The Young Leader works to prevent books from changing every year in an unjustified way so that they can use other students again, as happens in the best countries in Europe. The education system of Equatorial Guinea implements a quality bilingual and trilingual education in the public school, which guarantees our young people the mastery of languages. In all public schools, young people will be educated in two languages, and in three or more languages in those autonomous communities where there are two or more co-official languages. All our young people will learn English in the public school, regardless of the economic resources of their families. The Young Leader guarantees universal access to education from 0 to 3 years, to cover the increased demand for public and concerted places and helps families with fewer resources to ensure their access. Children's education is fundamental in the subsequent vital and professional development of the person and must guarantee equality of opportunities among all citizens. It will promote a model of personalized tutorials for monitoring and detecting capabilities and difficulties. Many of the most frequent academic problems, associated with lack of basic habits, can be with the time and resources to follow up the students in collaboration with the teachers. The Young Leader works hard to minimize the repetition of course that is expensive, inefficient and faster and school support. Repetitions are one of the main causes of early school leaving. Why? We are leaders in Africa with more repetitions, and we try to give the necessary support to the students and teachers so that the part of the repetitions does not occur. Introduce more flexible curricula for the needs of students. The schools should be promoted, from a common basic offer, to educate different children in morning situations, so that everyone can learn in the best possible way in a context of integration and inclusion. The Young Leader will establish quality educational itineraries and catwalks in Equatorial Guinea. There must always be, regardless of the student's actual level, ways to remain in school, at least until a post-compulsory secondary education degree can be obtained. The existence of gateways beyond that level must be guaranteed to give continuity to basic professional training levels. In that sense, we allow ourselves to improve the professional training and the resources destined to the Middle Grade Cycles and we will promote a True one that combines training and work in the company. The investment in vocational training in Guinea is below the level of modern countries. The Young Leader will create more places for support teachers in the classroom. We will implement a standardized and generalized model of reinforcement teachers that support daily life in the classroom to address the diversity of students, preventing learning difficulties. These reinforcement teachers will complement the holder with the tasks and the specific content and personalized tutorials. Our party will establish a system of periodic and transparent evaluation of the teachers, to reward and promote the career of the best educational professionals. The body of inspectors of education of the State rises to be able to exert a true work of evaluation and control of quality of the education. Create a new study that links training, involvement and work in the center with professional promotion and economic and public recognition of teachers. It is necessary to base the professional careers of the educators on the results to end the demonization of the workforce. The results evaluations take into account the previous abilities of the students and the added value of the teacher, so as not to simply reward the professionals who have good students.

NEW MANAGERS IN THE REFORM OF THE EDUCATIONAL SYSTEM IN EQUATORIAL GUINEA

New managers in the reform of the education system. The Young Leader Gives more support to public centers and their directors in hiring and pedagogical skills to involve. The administration will set objectives and evaluate their compliance, leaving greater flexibility in the schools, both in the management of their material and human resources as well as in the offer of specific itineraries and the choice of the teaching method. The Young Leader Implantará more accountability of schools: autonomy must appear to transparency so that families, educators and administration have the maximum information when choosing a center. This information must come not only from standardized tests on a set of cognitive skills, but also non-cognitive skills and the operation of itineraries. The Young Leader develops innovation projects for the school and the institute in centers of social and cultural activity, which involve families in educational projects. The coordinated action of families and teachers is essential in the educational task. For this, the regular opening of the center in appropriate time slots that facilitate this participation will be established. The Young Leader the hope of the youth of Equatorial Guinea. Replace learning with rote knowledge by learning by competences, which applies knowledge to real life, combining it with skills, abilities and values. Incorporate the learning of non-cognitive skills in the curricula. The critical spirit, the work in the cooperation and the enterprising spirit are fostered. The Party will develop a plan to combat bullying, awareness of the body and the leader, and the power of the figure of school mediation for the prevention and resolution of conflicts. Attention will be paid to social and emotional learning, focusing on children and youth of basic social and emotional skills. The Young Leader the hope of the youth of Equatorial Guinea Will lower the price of universal fees and establish a system of objectives with the objective to ensure that no person is left out of the university system for socio-economic reasons. The Young Leader the hope of the youth of Equatorial Guinea Incentives the development and evaluation of experimental programs for the incorporation of innovative practices that prepare us for the future. Extend successful experiences in educational innovation to the entire education system, to facilitate adaptation to technological change and adopt new knowledge and skills adapted to the challenges presented by the labor market and society in a globalized economy. The Young Leader will promote an ambitious system of equal scholarships and scholarships of excellence. Scholarships are a crucial instrument of mobility, promotion of equality and incentives for universities. Parallel to the characteristics of excellence, it offers a system of strictly economic criteria to promote equal opportunities. Liberal Party Progressive Democrat of Equatorial Guinea Revisers, rationalization of the scholarship policy. The single and international district policy will focus on salary and complementary aids for exclusive dedication. The "scholarship of excellence" program covers the needs of the student, as an important part of the cost to the university in which he or she enrolls. The Young Leader the hope of the youth of Equatorial Guinea works hard to promote the more international university system with more international researchers, more teachers from abroad and more student exchanges. We will improve the fluency in the exchanges of personal information and the University System and with other research centers. The Young Leader the hope of the youth of Equatorial Guinea will create a new external evaluation of the quality of the research of the University The Young Leader the hope of the youth of Equatorial Guinea We will establish a plan of shock to improve the best students and to grasp The training stages and the specific options of the race with quality criteria will be contemplated. Mobility will be favored. Our party promotes social cooperation, the creation of science-based companies through direct and indirect initiatives. Cooperation between companies and companies will be stimulated through, for example, the shared use of facilities. The attraction of companies to scientific projects will be encouraged and a web page with data on institutional resources will be created. Our party works to unify funding calls on fixed dates and deadlines, with a minimum duration of 4 years, and harmonize research programs of the different autonomous communities. The Young Leader the hope of the youth of Equatorial Guinea works with public and private investment up to 2% of annual GDP and we will develop the Law of Patronage to direct philanthropy towards the development of science in the educational field through the scientific method

Compulsory in secondary and informative. The Young Leader the hope of the youth of Equatorial Guinea will boost the Research Centers of Excellence and a good reputation.

THE CREATION OF AN INDEPENDENT AUDIT TO THE MANAGEMENT OF RTV IN EQUATORIAL GUINEA

The creation of an independent audit to the management of RTV Guineans, the people of the Republic of Equatorial Guinea will be achieved. We will promote initiatives for the recognition of the cultural richness represented by the linguistic plurality of Equatorial Guinea. The Young Leader of the hope of the youth of Equatorial Guinea will inform in Equatorial Guinea the Law of Intellectual Property and Copyright. It must be an instrument that guarantees the greatest possible access to cultural heritage, and establish measures to defend the rights of creators of digital content. Our party will approve a Plan for the Protection of Intellectual Property and Cultural Industries. This plan should define the procedures for the development of schools and sciences, raise awareness among children and young people of the need to respect intellectual property and the value of cultural industries. We will create a new Specialized Prosecutor's Office in Crimes against Intellectual Property. One instance that sets in motion the following text is that of violations of intellectual property rights. The Young Leader Will Appoint a New General Secretariat of Intellectual Property in Equatorial Guinea. An organization composed of recognized professionals, to support the work of Intellectual Property and promote the digitization of funds and access to legal content. Our party will boost the book and reading sector in Equatorial Guinea. We will reactivate public libraries by increasing the funds for their generation, and we will launch a plan to promote reading in collaboration with schools. Our party Approve a new model of public service for the Guinean RTV. The young leader the hope of the youth of Equatorial Guinea Guarantee, on the basis of its independence and quality of the service of the contents, its function of social structure, window into the world of Guinean culture and society. We will give new impetus to the international channel. The young leader, the hope of the youth of Equatorial Guinea, I want a model of depoliticized RTV Guinean, in which all positions are chosen based on criteria of professionalism and excellence in Equatorial Guinea. Our party carries out an independent audit to the management of RTV Guineans. An independent analysis to clarify all the actions of the managers of RTV Guineans in previous stages, which allows building a new project. Our party opts for a Guinean RTV that promotes the talent of the workers and that drives the own production. The Young Leader the hope of the youth of Equatorial Guinea will submit new strict rules of all the rewards of all the high positions of RTV Guinean. Our party will approve a Strategic Energy Transition Plan for the pumping of renewable energies and energy self-consumption. Strategies were designed to reduce the consumption of fossil fuels and Reduction of Greenhouse Gas Emissions. The young leader hopes for the youth of Equatorial Guinea to fight to Promote a Climate Change Law, which regulates in a coherent and stable way the policies that affect the climate. In this sense, we will create a Scientific-Technical Advisory Committee on Climate Change. A specialized body that will support political decision-making to prevent the possible effects of climate change in all areas of public administration. The Young Leader, the hope of the youth of Equatorial Guinea is working hard to push the country forward. That is why we will promote an Implementation Plan for the Circular Economy Strategy. Encourage a better design of the products, to facilitate their recycling; management tool and analysis of life cycle, environmental footprints and social responsibility associated with corporate reputation; promote the separation of products and combat programmed obsolescence.

THE REJUVENATION AND MODERNIZATION OF THE FISHING FLEET: DEMOCRATIC LIBERAL PROGRESSION FESTIVAL OF EQUATORIAL GUINEA

The Young Leader will approve a National Plan for the Management of Organic Wastes of the Forestry Agri-Food Sector. It will work hard to promote its use as a source of useful organic material for our soils through its composting or alternative treatments, and for the cogeneration of energy through suitable plants for each area. Liberal Party Progressive Democrat of Equatorial Guinea It will promote a new National Plan of Air Quality, within the framework of the Emission Ceilings. We will strengthen surveillance networks, improve information for the public and promote the fight against troposphere ozone and volatile organic compounds. The Liberal Democratic Progressive Party of Equatorial Guinea will promote the integral development of the National Smart Cities Plan, through the creation of an Intelligent Cities Advisory Council. We will improve the efficiency of local entities in the provision of public services. We will establish a stable and guaranteed energy model in which legal security prevails as a key element of innovation and energy development. The young leader is ardently strong to study the most successful auction systems to implement in Equatorial Guinea a feasible, realistic and credible model that provides guarantees based on the singularities of Guinea's electricity system, with clear regulations that will provide stability. The Young Leader will make it possible to reduce the amount of the energy bill. The Liberal Democratic Progressive Party works hard to push reforms for consumers to pay according to real production costs. Liberal Democratic Progressive Party of Equatorial Guinea Implement energy efficiency measures. We understand that savings and energy efficiency are key in the entire cycle of production, transformation, construction, transportation, distribution and consumption of energy. Liberal Party Progressive Democrat of Equatorial Guinea with its Young Leader to the front work to promote energy efficiency especially in sectors such as construction, agriculture, industry and transport; In addition, the liberal democratic progressive party of Equatorial Guinea will promote education and energy saving by consumers and producers within Equatorial Guinea. Liberal Party Progressive Democrat of Equatorial Guinea We will promote in the field of energy. The young leader will support the research of fundamental elements in energy issues such as the development of electric vehicles, intelligent process control systems, renewable thermal systems, energy storage in Equatorial Guinea, experimental renewable energy parks or energy efficiency measures in the construction field. The young leader will fight with all the energy and strength to promote the fight against energy poverty in Equatorial Guinea and reform the social bond to ensure that it is offered to all families with difficulties. I do not believe that the guarantee of a basic electrical service should be linked exclusively through subsidies, that is why we understand that families in a situation of social emergency should be a priority objective of public investments to eradicate this problem through efficiency measures energy in Equatorial Guinea.

CREATES A FUND FOR THE CONSERVATION OF BIODIVERSITY

Liberal Democratic Progressive Party of Equatorial Guinea will promote work to establish recovery plans for endangered species and conservation plans for vulnerable species. The Progressive Democrat Liberal Party of Equatorial Guinea, approved a Law of Protection of the Soil. The use and conservation of the soil will be suitably ordered, according to socio-economic and environmental aptitudes and priorities, taking into account its sustainability as a finite resource in Equatorial Guinea. We will work hard to restore the Forestry and Hydrological Restoration Program in Equatorial Guinea. This program will generate employment in areas with fewer resources and the young leader will reactivate auxiliary companies. Liberal Democratic Progressive Party of Equatorial Guinea will promote a new National Hydrological Plan in Equatorial Guinea. Liberal Democratic Progressive Party of Equatorial Guinea Prepared a White Paper on Water with technical and scientific criteria, to be used for drafting the National Hydrological Plan. Progressive Liberal Democratic Party of Equatorial Guinea It will promote a new Plan for the Incorporation of Renewable Energies in desalination plants that allow, in the medium term, a reduction in the cost of water in Equatorial Guinea. That's why our party Creates the Agency for the Promotion of the Agri-Food Sector and Tourism that manages the funds that are destined to agri-food promotion in Equatorial Guinea. We will promote and facilitate the internationalization of the Guinean companies through administrative simplification and technical support to facilitate export. Our Party created the Agricultural

Technology Transfer Agency that promotes projects between the University and the Agricultural Sector. We will promote agrarian employment linked to the land and we will promote organic farming. The Young Leader will promote agrarian insurance and other risk coverage strategies for the Liberal Democratic Party of Equatorial Guinea. Promotion to create companies related to the use of new technologies around the food industry in Equatorial Guinea. The rural world in Equatorial Guinea is an area in which the applications of new work methods can open a field of new solutions to improve management, profitability and the professionalization of the sector. The Progressive Liberal Democratic Party of Equatorial Guinea develops a strategic plan for Guinea's forest policy that encourages forest production by mobilizing forest resources that generate employment and income for the rural population in Equatorial Guinea. Liberal Democrat Party of Equatorial Guinea Will promote to promote the rejuvenation and modernization of the fishing fleet in Equatorial Guinea, that will help to promote the growth of training and sustaining employment in the extractive and aquaculture sector. In this sense, they will make it possible to establish measures to reduce occupational accidents and accidents in the fleet. Progressive Liberal Democratic Party of Equatorial Guinea supported the presence of women in fishing activities and in the diversification of the economy in coastal areas. We will develop aquaculture. The Young Leader works to coordinate the research potential of universities, public and private research centers to advance decisively in the development of aquaculture. The Young Leader will propose a Great Pact for Infrastructure and Industry to intensify information processes public for citizens who know the projects and the Young Leader demand more transparency in the concessions. The Young Leader will strengthen the telecommunications networks and Information and Communication Technologies. The Young Leader relies on the growth and growth of connectivity as well as greater transparency in access to information. The Young Leader and the Liberal Democratic Progressive Party of Equatorial Guinea Guarantee the real independence of the large public companies of communication infrastructures, depoliticizing their management to give the best possible service to the citizens of Equatorial Guinea. Progressive

Liberal Democratic Party of Equatorial Guinea Encourage the use of public transport and the use of bicycles. The Young Leader works to promote more commuter stations to villages, interchanges and dissuasive car parks. The Young Leader also works hard to increase the availability of spaces for pedestrians, with special attention to improving the accessibility of people with reduced mobility. Liberal Democratic Party Progressive Party of Equatorial Guinea It will favor the vehicles that use alternative energy and / or with low level of contaminants. That's why the Liberal Democrat party.

IMPROVE THE EFFECTIVENESS OF THE PHARMACEUTICAL POLICY TRANSPARENCY

It establishes new competences for pharmacists in the detection and treatment of chronic diseases, promoting the information system with the rest of the doctors. Development of a national mental health strategy that encourages the incorporation of psychological care into care. The Liberal Democratic Party to Improve the Training of Teachers in the Detection of Discrimination and Support to Students with Health Problems or Emergency Situations to give an effective response. We will finish with the politicization of Health. Health management should be in the hands of professionals and not self-appointed personnel. The Liberal Democrats of Equatorial Guinea established mechanisms of accountability. It includes personnel protection measures that report irregular situations in health centers and modifiers of the sanctioning regime for professionals who commit bad practices that do not go unpunished. Liberal Democrat Party of Equatorial Guinea Regulating the relationship of pharmaceutical companies with the benefits increases incompatibilities and controls. Guarantee public funding of the continuing education of professionals and their financing through the public system so that it is not left only in the hands of pharmaceutical companies. We will enable specialized training in health, in accordance with regional legislation, to promote professional certification with the rest of the countries of the region. We will progressively implement the certification and professional recertification processes and develop. Palliative care in the rights of people at the end of life. Liberal Democrats will develop a law for dignified death. Specific training in Equatorial Guinea, Liberal Democratic Party. Modify the regulation of faculties and places of Medicine and Nursing, paralyzing the needs of professionals. We will end the high temporality in the sector and we will take advantage of the experience in the management and treatment of patients. The Democrats promoted the central planes. We will legislate so that people with palliative care can help avoid suffering in the case of an incurable disease with irreversible death or terminal illness, expanding the training of health personnel and the rights of citizens to information, the choice between clinical options, the treatment of rejection, the will to live and the alleviation of suffering at the end of life. The Liberal Democrat Party of Equatorial Guinea will reform the pension system to guarantee its sustainability and the adequacy of pensions. It is essential to guarantee this basic base of the Welfare State to the following generations. The problems of hunger and misery that Equatorial Guinea has the lack of development, although it has many economic resources, but intermittent discrimination, the absence of the State of existing rights, and the maintenance of the systematic violation of human rights. During all this mismanagement of the cruel inhuman dictator that exists in Equatorial Guinea, the annihilation of democracy, as well as the permanence during 38 years of the existing dictatorship in Equatorial Guinea. The Equatorial Guinean citizens are the result of having suffered due to the lack of freedom, justice and democracy in the nation. I believe that I must be honest and ask a question for all Equatorial Guinean citizens as citizens in general, and in particular for the citizens of North America who do not see this situation with bad eyes. The Young Leader can reach Equatorial Guinea towards the bright future of Africa, because it is more than ever, the international community, the United States of America and the Leader can do much more to make a real change and several countries with strong democratic, in particular. The economies of Equatorial Guinea are later in the countries of Africa and the world, with the technological change that opens the entire African continent and offers great opportunities in the economy, medicine and business. At the same time, the growing population of young people in Equatorial Guinea and in Africa is changing the conditions and the ecological system at this time. The young Leader works for action to develop our economy, it is a treaty to increase the extension and expand or increase the development of the country. The young leader has the ideas, but I think I like a little more development that the country suffered poverty and misery. The Young Leader performs a calculation task in an analytical expression, a search for terms that work in a series of functions. I think it just happens and takes place, Equatorial Guinea as of now, a pint in a concept of development applies to the Equatorial Guinean community, and the Equatorial Guinea.

ENSURE THE TRANSPARENCY OF THE PENSION SYSTEM IN EQUATORIAL GUINEA

Liberal Democrat Party of Equatorial Guinea Guarantee adequate and regular updated pensions. The adaptation of the pension system to the new demographic and socioeconomic scenario should be available economically and in case of poverty situations among our pensioners. Liberal Democrat Party of Equatorial Guinea You will have a transparent system in which individuals know at all times the money of the pension they will have at the time of retirement in order to make savings decisions and anticipate their professional lives in advance. The Liberal Democratic Party will guarantee the freedom of workers to decide at what age to retire and access a retirement pension based on what is quoted throughout their working life. Any delay in retirement age implies establishing a flexible form of discrimination against workers who entered the labor market at younger ages or to perform activities that require considerable physical effort. The Liberal Democratic Party implemented to promote comprehensive social services, of higher quality, closer and similar in Equatorial Guinea. We will elaborate a Law of social services that guarantees in all Equatorial Guinea the right to social attention with a basic portfolio for the whole national territory and with stable financing. We propose a concerted plan of basic benefits for the development of primary care social services, as well as their basic functions and benefits. The Liberal Democrat Party of Equatorial Guinea will work hard to get ahead and provide the municipalities with more capacity to offer coordinated services with those offered by the provinces and districts. Integrate different collectivities and maintain a special relationship with the entities of the third sector of social action. The Liberal Democratic Party of Equatorial Guinea The Pact of the State Statute for Children in Equatorial Guinea. Liberal Democrat Party of Equatorial Guinea and democracy in the policies of children to achieve a firm, broad and sustainable social commitment with the defense of respect for the rights of children living in Equatorial Guinea. The Liberal Democratic Party of Equatorial Guinea approved a new National Plan for children and adolescents with the economic resources necessary to address the real situation of poverty and the risk of child exclusion. The Liberal Democratic Party of Equatorial Guinea will improve to increase public investment in the protection of children to overcome the regional level, increase the economic benefit per child and ensure the adequate development of children at risk of poverty. Liberal Democrat Party of Equatorial Guinea, will promote a comprehensive strategy against child violence to protect the physical and moral integrity of children and act against pedophilia crimes. Through an agreement of the government of the nation with the provinces, districts and municipalities. The Liberal Democrat Party of Equatorial Guinea approved a new National Plan for Active and Healthy Aging as a response to the aging of the population. The party will use the pillars of health, participation, security and lifelong learning as a frame of reference. We will relaunch the State Council of Non-Governmental Organizations of Social Action as a tool to control government and the participation of different social actors in social policy. We will grant the capacity of interlocution as a social actor to the third sector. Re-launch and mark with prestige the figure of social patronage.

PROMOTE GENDER EQUALITY WITHIN COMPANIES

The Liberal Democratic Party of Equatorial Guinea strives to promote a cultural change through which children are educated, from an early age, in the same values. The objective is to avoid things in the type of education or career, for example, for reasons of sex. Liberal Democrat Party of Equatorial Guinea The visibility of the female models to be followed is encouraged, in an environment considered masculine. Liberal Democrat Party of Equatorial Guinea. The Liberal Democratic Party fosters a culture of transparency in the selection process at all contracting levels, which should be published in the annual report. Liberal Democratic Party of Guinea Equatorial stimulators to companies to establish clear objectives of representation of women in high-level positions and boards of directors. The Liberal Democratic Party of Equatorial Guinea will promote a Rule of Law against Gender Violence. The fight against this social scourge has been a question of State in a great social, political and institutional country. Liberal Democrat Party of Equatorial Guinea It works hard to expand the preventive, informative, procedural, punitive and protection measures for all forms of violence against women. The Liberal Democrat Party of Equatorial Guinea works to include domestic violence, intimate partner violence, trafficking in persons that mainly affects women and girls, the crimes of female genital mutilation and other forms of violence against these measures. Women forced marriages and honor crimes, for example. Liberal Democrat Party of Equatorial Guinea Works hard to finance the budgetary elements for the prevention and assistance of the victims of all forms of violence against women. We work hard to promote measures that guarantee priority and continuous access to public services and we will be a quick and individualized priority, with specific plans for each case. Liberal Party of Equatorial Guinea Active Permanente, National Plan of Awareness and Prevention of Gender Violence. When you have things to improve, such as increasing resources for gender-based violence disputes, activate personalized judicial accompaniment. Facilitate access to information for women victims of gender violence about the safest procedure from the moment they place the complaint at risk until the end of the process. Liberal Democrat Party of Equatorial Guinea. Specific restrictions for comprehensive care for women who have withdrawn the complaint due to gender-based violence, or at risk. The Liberal Democratic Party of Equatorial Guinea secured the guarantee of the housing subject to the complaint in cases of risk. The Liberal Democrat Party of Equatorial Guinea will launch the approval of an Integral Plan to Protect the Minors Victims of Gender Violence. Develop an Interfamily Violence Law with a sufficient budget to prevent and detect situations of violence in the home. It will contemplate the support measures for people who suffer abuses and will establish an abbreviated protocol of action that streamlines procedures to respond to victims and guarantees that they do not fall back into situations of vulnerability. Liberal Democrat Party of Equatorial Guinea It will promote measures to pursue, install and close the website that promotes anorexia, bulimia or other eating disorders.

DEFEND A NEW COMPREHENSIVE LAW FOR THE PROTECTION OF FAMILIES

The Liberal Democratic Party of Equatorial Guinea will promote the prosecution of a norm that criminalizes the incitement to any of these disorders. We will promote a new Law on substitute pregnancy. Guarantee the rights of all the people involved in the process, and especially in minors, through this technique of assisted reproduction. The Liberal Democrat Party of Equatorial Guinea will help to support a new Law of Parental Responsibility and Shared Custody. Therefore, we will collect the modality that follows the guidelines of the United Nations Convention on the Rights of the Child. Standard that orders, systematizes, offers and extends the support of all kinds that families receive from State institutions. The Liberal Democratic Party of Equatorial Guinea defends the Rule of Law to help Dependents and Personal Autonomy. Eliminate administrative duplicities and unification services throughout the national territory so that you can not see living in another municipality or another. The Liberal Democratic Party of Equatorial Guinea established a comprehensive support plan for the caregiver. The Liberal Democratic Party of Equatorial Guinea will implement training, counseling and psychological help plans. We will study to recover the effective recognition of the appointment right and the unemployment of the caregivers. Liberal Democrat Party of Equatorial Guinea It will grant the maximum degree of protection and guarantees to the social, economic and cultural rights of people with functional diversity and disability. Liberal Democrat Party of Equatorial Guinea Approval of an Organic Law on the rights of people with functional diversity or disability. Inclusive education ends with segregated education due to the functional diversity in Equatorial Guinea, personal freedom suppresses the possibility of non-voluntary internments due to mental disorders and sufficient public support for personal autonomy, independent living and social inclusion in the community. Liberal Democrat Party of Equatorial Guinea Guarantee the right of active and passive suffrage of people with functional diversity and disability, Receive people from community life with enough public support to ensure their full political participation.

RECEIVE THE PEOPLE OF COMMUNITY LIFE WITH SUFFICIENT PUBLIC SUPPORT

The Liberal Democratic Party of Equatorial Guinea approves the State Strategy for Social Inclusion that allows the admission in institutions of people with functional diversity and disabilities. The Liberal Democrat Party of Equatorial Guinea will ensure that all environments, products, goods, services, processes and procedures are universally accessible. The Liberal Democrat Party of Equatorial Guinea will regulate the basic conditions of accessibility and non-discrimination of people with cognitive functional diversity. It means that it will be reformed, the Liberal Democrat Party of Equatorial Guinea will update to extend the normative framework of audiovisual accessibility, in order to guarantee the rights of people with sensorial and cognitive functional diversity. The Liberal Democrat Party of Equatorial Guinea will establish the obligation that all cinematographic production include measures of audiovisual accessibility. The Liberal Democrat Party of Equatorial Guinea will regulate the total exemption of payment on the toll roads for drivers with functional diversity, who have reduced mobility or the vehicle for their exclusive transport in Equatorial Guinea. Liberal Democrat Party of Equatorial Guinea Controller, and the compliance of companies that provide services for the accessibility of the content of their Internet pages and mobile solutions. Liberal Democrat Party approving new legal model of labor inclusion for people with functional diversity and disability. The Liberal Democrat Party of Equatorial Guinea will defend a new Law of Social Entrepreneurs. The Liberal Democratic Party of Equatorial Guinea reinforces the value of entrepreneurial initiatives and projects for people with disabilities and disabilities. Liberal Democrat Party of Guinea Equatorial Reform of the General Law of Health and Law for the Promotion of Personal Autonomy and Care for Dependent Persons. The objective is to create a socio-sanitary space based on the person who needs social and health support through individual itineraries. We will prepare the White Paper on Early Care and another on Social and Educational Care. The Liberal Democratic Party of Equatorial Guinea develops good practices for inclusive education and social assistance programs for students with functional diversity and disabilities in all stages, children, primary, secondary, university.

GUARANTEE BY LAW THE ECONOMIC TRANSPARENCY OF THE PARTIES

Liberal Democratic Progressive Party of Equatorial Guinea will regulate the holding of electoral debates. Citizens have the right to know what each political party is and to confront it with what others say is essential in modern democracy in our country. That is why the Young Leader will approve a law of parties that guarantees international democracy and the rights and freedoms of the members, favoring their participation in decision-making. The Young Leader works hard to get ahead and ensures the holding of primary elections for the election of candidates, regulates the holding of congresses and ensures the independence of the internal control bodies. We will demand the breakdown and the appropriate detail of income and expenses, and we will prohibit donations to foundations linked to parts of companies and entities of companies that have economic or supervisory relations with the Administrations in Equatorial Guinea. The Progressive Democratic Liberal Party of Equatorial Guinea will suppress the requests and requests of deputies and senators, except for crimes related to the political activity of the parliamentarian. We will suppress the requests and requests for all the elected offices in Equatorial Guinea, and will establish a regime of incompatibilities with true guarantees of control and sanction to the corrupt electoral ones. The Young Leader will demand the policies, laws and patrimonies of the corrupt. All charges and public representatives shall cease from the moment in which judicial investigation has been carried out in cases of corruption and influence peddling. The Young Leader will guarantee a body of government of the independent judiciary and without partisanship. Ensure the merit and capacity, as well as the absence of discretion, in the appointment of judges and magistrates. All the places of the Judicial Branch and, in particular, that of the high officials, the performance by contest and the losses in the merit, the capacity, the specialization and the suitability. Liberal Democratic Progressive Party of Equatorial Guinea will restrict the doors between justice and politics, imposing on judges and magistrates a minimum leave of two years before holding political office. Once produced, the leave extended for the same period. We will guarantee the independence and effectiveness of Justice by ensuring its endowment of material and personal means, as well as fostering specialization. We will abolish court fees to implement a single computerized procedural management system. The Young Leader will develop a modernization plan to improve the technology of justice and the interconnection between administrations. It will not be possible to pardon for crimes of corruption, against the Public Administration or for gender violence in Equatorial Guinea. The Liberal Democratic Progressive Party of Equatorial Guinea will depoliticize the pardons by limiting their reasons and the types of crimes in which they can be applied. It is not allowed to pardon against the technical reports of the file nor the criterion of the court. The Liberal Democratic Progressive Party of Equatorial Guinea will try to Reform the State Attorney General's Office and the Organic Statute of the Public Prosecutor's Office to ensure its independence. The Attorney General of the State must have at least 10 years of exercise and has not had any connection with any party or any political or administrative position. A Congressional Commission selects a third of the eligible candidates for the State Attorney General. The merit and capacity principles were reinforced in all the positions of the fiscal career. Liberal Democrat Party of Equatorial Guinea Reform and Constitutional Court to ensure its independence. It will require 20 years of exercise with its members, with a strict system of incompatibilities that include the performance of organic representation or representation positions, as well as senior management positions, in the five years prior to appointment. The term of office will be 12 years with retirement at 65. A maximum period will be fixed for which the Court decides, which may not exceed 90 days, when they leave affected by the fundamental rights of Equatorial Guinea. Progressive Liberal Democratic Party of Equatorial Guinea It will promote an initiative of popular legislative initiative that demands the number of required signatures to 200,000 and fixing a maximum period of three months for its consideration by the Congress. Citizen participation in the local area will be promoted by developing the Law on the bases of the local regime. Real research commissions that cannot be blocked by the political parties affected in Equatorial Guinea, more transparent.

RESTORE DEMOCRACY AND FIGHT AGAINST CORRUPTION IN EQUATORIAL GUINEA

The dictatorship of Equatorial Guinea forms a government that prescribes the legal order and legislation, in force to exercise the authority of a country like Equatorial Guinea. Citizens of Equatorial Guinea to result a modern-day slavery in Equatorial Guinea was forced to work through weapons through physical psychological abilities became the property of an entrepreneur. In general, in Equatorial Guinea there is physical abuse in the Guinean citizens, it is dehumanized in Equatorial Guinea. Finally, the waiting date of the Republic of Guinea must be up to date to recover the country. Lady and gentlemen think of their children and that, yes, we will continue with our arms crossed, that we will not recover. We defend our rights and recover our rights and recover our country. Liberal Democratic Progressive Party of Equatorial Guinea has planned to strengthen the regeneration of municipalities and local democracy, promoting the voluntary merger of the municipalities to save the neighbors and better services for the benefit of the Equatorial Guineans in Equatorial Guinea. The Young Leader works to achieve the existence of more municipalities in Equatorial Guinea is well above the means of many more populated countries of the African Union. This means an increase in the costs of services for citizens due to administrative duplication. The Young Leader is also used to improve a more efficient, less heavy system, more savings for citizens and better public services. The Young Leader Will eliminate excessive spending, inefficiencies and duplicities with a comprehensive review of spending, item by item, in all Ministries and other public entities. We will analyze the cost, benefits and sustainability of all new public spending programs with a transparent prior evaluation. The Young Leader modified the procedure for approving expenses, through prior approval, calculation of costs and greater publicity and transparency in the decisions and recruitment that exist in Equatorial Guinea. Liberal Democratic Progressive Party of Equatorial Guinea works to ensure the total independence of the Independent Authority of Fiscal Responsibility, in charge of monitoring the tax laws in Equatorial Guinea. The Young Leader will no longer depend on the Ministry of Finance and will have its own and stable budget. Make reports of all public investments and any changes that affect taxes in Equatorial Guinea. For large projects and works, the evaluation is in charge of a commission of independent experts. The Young Leader ensures the prevention and conflict of interests of the interests of society, the Office of Conflict of Interest, which reports to the Parliament. Also resolve the incompatibilities, including the highest charges of the institutions, providing for economic sanctions. The reports of the Office are public, similar are implemented in relation to the regional and local administrations in Equatorial Guinea. The Young Leader works to reform the doors to avoid conflicts of interest in Equatorial Guinea. Ensure transparency and good management in public procurement. Liberal Democratic Progressive Party of Guinea Equatorial Reform Works so that it Expects to be contracted by procedures open to the competition that the beneficiaries. It should be borne in mind that all public bodies comply with the principles of publicity, neutrality, transparency and good management in Equatorial Guinea. In this sense, it ensures that public tenders are resolved objectively, without discrimination, and with efficiency. The Young Leader will establish the separation between the political and technological laws and will restrict the direct award in our country. We believe that there are possibilities of Rotation to the personnel responsible for the technical reports of adjudication and to demand patrimonial responsibilities for bad practices or mismanagement that exists in Equatorial Guinea. Liberal Democratic Progressive Party of Equatorial Guinea will abolish agreements with private entities that contain economic benefits by submitting them to public bidding. Liberal Democratic Progressive Party of Guinea Equatorial application of the principles of good regulation, guaranteeing proportionality, legal security, transparency, simplicity and limitation of burdens for the citizens of Equatorial Guinea. The previous analyzes of the normative impacts and the subsequent evaluation of the special topics. Party Liberal Progressive Democrat of Equatorial Guinea Will protects whistleblowers from corruption.

DEMOCRACY LIBERAL PARTY OF EQUATORIAL GUINEA: POLITICAL PROGRAM

RECONSTRUCTION OF THE WORK

The dilemma has a compromised situation in which there are several possibilities of action. It is not known which of them to choose because both are good or bad. The reasoning in which a premise contains an alternative of the terms and the other premises that present the cases of the alternatives leads to the same conclusion. We have an internal commitment, the idea is to have a joint and common work, to create a very competitive team, we always have a very difficult situation. We have to be excited that the fight is very durable and the dramas, that fight has equations from all the roots of the stables. This political project is a base for young Equatoguineans makes the difference of that project, is the brave one of today, they fight for other battles. We will build a new Equatorial Guinea for the better. We will create a new permanent and indefinite contract in Equatorial Guinea, which will protect workers and help end insecurity in our country. Many Equatoguineans from Equatorial Guinea live in garbage contracts without legal protection. It means that we will do everything possible to guarantee that the Equatoguineans and Equatorial Guineans of Equatorial Guinea do not return to this old contract. He works hard to survive, which will put an end to job insecurity and allow people to have a stable job without having to chain temporary contracts. This contract will not affect those who already have an indefinite contract. Liberal Party Progressive Democrat of Equatorial Guinea has one of the main objectives in the labor market are the conditions under which we contract indefinite contracts or indicators according to each case and sector. Liberal Democratic Party of Equatorial Guinea, which will protect both the worker and the employer guaranteeing services to comfortable, stable and guaranteed security. Work to promote possible contracts according to the needs of the market and at each time of the year if required by the season. Let's do everything possible to avoid junk contracts in Equatorial Guinea, for that we will create contract systems for students that have a maximum duration of no more than 4 hours per day or exceed 20 hours per week, all that provided the employee is find in student state. Liberal Democratic Party of Equatorial Guinea will also propose jobs for the disabled and will determine the working conditions for that sector of our society according to the degree of each disability. We create new insurance against the dismissal of Equatorial Guinean and Equatorial Guinean citizens Equatorial Guinea, with which the worker will accumulate money in an account throughout his professional career. What it means is that, in case of dismissal or retirement, the worker can collect that amount or take it away if he changes jobs. Liberal Democratic Party of Equatorial Guinea will have a lot of work in Equatorial Guinea, will strengthen it to reward the companies that in their sectors reject less and penalize companies that abuse dismissal in Equatorial Guinea. We believe that the companies that favor employment are better and more important. For that, the Liberal Democratic Party of Equatorial Guinea has created a new framework of consensual and flexible labor relations that rebalance collective bargaining, which means guarantees for stable social security and reliable contributions during the months or years worked. Those that help the worker to receive a subsidy that covers unemployment. The criteria imputed by the Liberal Democratic Party of Equatorial Guinea needs a minimum time for social security, that means for any job. that each of the others is unemployed. that model that can work with the policies and other extractions of our party. The main objective is to guarantee and take care of the worker and guarantee the good of his funds. Liberal Democratic Party of Equatorial Guinea Protects the Equatoguinean and Equatorial Guinean workers who live in Equatorial Guinea and guarantee a stable employment for them. Companies must adapt to new economic and technological scenarios, but they cannot be and they are. The Liberal Democratic Party of Equatorial Guinea created more means and priorities for employment and training in Equatorial Guinea. The last employment policies are insufficient in this small country, in comparison with other countries of the modern world. In Equatorial Guinea and its Equatorial Guinean and Equatorial Guinean citizens who live in Equatorial Guinea, there will be fewer cuts and more investments to be at the level of the best nations in the world. Directing work incentives for the most vulnerable groups and the long-term unemployed. Liberal Party inspection, rigorous and permanent evaluation of results and intermediaries so that there are no cases of corruption and fraud with Equatorial Guinea. Our Party created new direct jobs for the unemployed and those who received the topics of their choice. The democrats of our party work hard to help all Equatorial Guinean citizens who are unemployed in Equatorial Guinea and have advisers who help them and report on the quality of the courses offered by each center. The Liberal Democratic Party of Equatorial Guinea will create a system that favors the Ecuadorian citizens of Equatorial Guinea that receives checks, it can only be in centers that have been previously evaluated. It helps the centers to obtain more labor advice and training with individual assistance to help to all unemployed Equatorial Guinean citizens in Equatorial Guinea to find a good job. Our Liberal Democratic Party will encourage the strengthening of resources currently earmarked for career guidance. Our Liberal Democratic Party will train advisors, information on job portals to propose personal itineraries and a profile of each unemployed person with their professional skills for employment in the country and which best suits their job characteristics. Our Party is a democratic and transparent organization or institution in the country that has come to save the lives of the citizens of Equatorial Guinea, beginning with the creation of a new autonomous and specific state employment agency. The Liberal Democratic Party of Equatorial Guinea has the power to make all citizens change their lives without ever stopping on the ground. In this sense, it creates the Independent Employment

Policy Agency with Complexity and Complementary Capacity to help all Equatorial Guinean citizens. of Equatorial Guinea. The members of the Liberal Democratic Party of Equatorial Guinea will encourage ideas to evaluate employment policies, allocate resources and coordinate with the new administration of the country. Our party creates a new tool that is fundamental for the hiring, guarantees and safety and prevention of occupational risks of our workers. Much must be done to eliminate employment through familiarity and our forecasts to guide us so that each individual that forms an important part of our society must occupy a position that corresponds to the degree of familiarity. The objective is to balance things and create a just and free society. We will strive to improve the conditions of women during the stay and during the months of pregnancy. the alternatives to not enter the danger phase. These mothers were granted permission for every X time to obtain a more complete condition for their children. We also promise that each employee will enjoy several additional payments during each year, at least 2 per year according to the estimates of each company. In Equatorial Guinea there is a reality that cannot be spoken of justice administration during almost 50 years of independence, reached on October 12, 1968, by the harsh dictatorship that suffers and supports the country until this moment. We all know that it is a country that has access to independence as a democratic and legal State. The judiciary was independent of the legislative power and the executive power. The judicial power exercises the jurisdictional function of the state. The law of the judicial power determines the organization and powers of the courts necessary for the efficient functioning of justice in Equatorial Guinea. This same law is the Statute of the Judiciary. The exercise of the legal position corresponds to the following courts and tribunals.

A. Court of justice

B. Territorial hearings.

C. Court of first instance.

D. Labor magistrates.

The Liberal Democratic Party will create new judicial bodies, such as the district court, within the Equatorial Guinean judicial organization. The Liberal Party will recognize the exercise of jurisdictional power of the courts and tribunals in Equatorial Guinea.

- Supreme Court of Justice.

- Territorial hearings.

- Court of first instance.

- Labor magistracy.

- District Court and Instruction.

- District Courts.

- District Courts.

- Traditional Courts.

We will have our courts associate as a court or judge it. Work hard to deal with public bodies that resolve their litigation, effectively judiciary under their jurisdiction. In Equatorial Guinea there are divorces, there will be types of courts that are dedicated to this type of case. We will make the judgments of a single person only the sentences dictated by a judge, while the collegiate courts will trust their faults in a plurality of judges. We will work in Equatorial Guinea to have courts as indicated by its own name, which is in charge of controlling what would be the accounting of a nation. That is what carries out the investigation and the examination of the accounts of each and every one of the reports and the institutions of the State, specifically. The judiciary, will be the top, will consist with one and his judicial advisers of the supreme court. They are honest tribal customs in the formal judicial system when it is not in conflict with the national law, all this is what dissolved the dictator of Equatorial Guinea. In Equatorial Guinea he has little hope for the administration of justice in the first years of the Republic. The administration of justice corresponds to the supreme court and to the judicial organs that an institutional law determines. The judicial function of Equatorial Guinea will be ordered in accordance with the principles of legality, innovation and responsibility. The judges of the supreme court will be appointed by the president of the Republic. The members of the professional careers of justice or jurists of the accredited sections that appear in the work, jointly for the third part of the council of the Republic, the system of designation of the judges of the Supreme Court can be questioned by the Constitution of 1968. The judicial function will emanate from the people and the execution on their behalf. It will be the supreme popular court of Equatorial Guinea and the superior courts and the superior military. Therefore, Equatorial Guinea revives that the law determines the powers that correspond to each of the courts that institute and regulate the requirements that the judges will conform. The Progressive Liberal Democratic Party of Equatorial Guinea reinforces that the constitutional court can establish the most important of the existence of the commission that oversees compliance with the main legal norm. The Constitution of Equatorial Guinea will again consist of a total of ten units elected for political power and two by the general council of the judiciary and what can be found, the values of freedom, equality and political pluralism. The Progressive Liberal Democratic Party of Equatorial Guinea works hard to strengthen the effective path of the court of honor in Equatorial Guinea, several sectors that will have to be a sector similar to this being a clear example of the military field. The function he has to do is to judge the attitudes and behavior of the members of the group that constitute the crime, but who consider it a clear sign of dishonor. The Liberal Democratic Progressive Party of Equatorial Guinea works with the courts of the United States and France, which will be responsible for ensuring the guarantees of fundamental freedoms and respect for the human rights of all citizens who live in Equatorial Guinea.

CREATE NEW CENTER OF DEMOCRATIC POWER

We will create democratic centers in Equatorial Guinea and recover a greater of the characteristics of the Guinean democratic society, recovering a multitude of groups and non-governmental institutions that include, for example, families, religious organizations, cultural associations, sports clubs, the economic institutions, the unions, student associations, the political parties, the villages, the gardening clubs. These bodies are important because they establish their own objectives and can help to satisfy the interests of the Equatoguinean society. They are organizations that the dictator Obiang has destroyed in the country 38 years ago; since in general, he is an expert doing evil to the Guinean people.

QUATORIAL GUINEA FIGHT AGAINST TERRORISM

Liberal Democratic Party always supporting foreign policies and international cooperation with a strategic and transparent vision taking into account the interests and values of Equatorial Guinea, but also African and global through an External Strategy Plan. In this historical sense, actions with countries historically linked to Equatorial Guinea and others of special geostrategic interest would be of particular priority. Progressive Liberal Democratic Party of Equatorial Guinea is working to reform the Law on External Action to clarify the powers of the Presidency of the government and the Ministries, under the coordination of the Ministry of Foreign Affairs and Cooperation. The Young Leader was created The Foreign Policy Council that will become a permanent strategic support organ of the Presidency of the Government of the Republic of Equatorial Guinea. The Young Leader hope for the youth of Equatorial Guinea Republic Transparently review the diplomatic career so that diplomats are named and promoted by merit. The Youth Leader of the Youth of the Republic of Guinea, Ecuadorian Impulse, a State Pact of foreign policy, assuming the new Millennium Goals defined. The Progressive Liberal Party of Equatorial Guinea will create the Guinean Ecuadorians Agency for International Cooperation for Development, making it professional, efficient and independent. Young Leader Youth Hope of Equatorial Guinea A system of rapid response to the humanitarian crisis open to all actors is created. The transversal approach to gender equality, the fight against corruption and environmental protection will be taken into account in all the projects designed for Equatorial Guinea.

Progressive Liberal Party of Equatorial Guinea It will promote education in solidarity and cooperation for development at all levels to generate a culture of volunteerism and the participation of Equatorial Guinean and Equatorial Guinean citizens of Equatorial Guinea in cooperation. The Progressive Liberal Party of the Republic of Equatorial Guinea Reform access to state financing for development projects making them more agile and more transparent in Equatorial Guinea. The Young Leader Youth Hope of the Republic of Equatorial Guinea will create the Consultative Council of the Cooperation to turn it into a simple organism of analysis, consultation and consultation, open to the whole of the Equatorial Guinean civil society in Equatorial Guinea. Progressive Liberal Party of the Republic of Equatorial Guinea It will promote, in all areas of international conflict, an action directed by the organisms of the international community within the framework of international law. Equatorial Guinea is in compliance with the principles of peaceful resolution of conflicts, human rights and the protection of the most vulnerable human beings within the country. Liberal Progressive Party of Equatorial Guinea It will promote relations with Latin America, Africa and the U.E on issues of mutual interest and we will make the Central African Community. A system of initiatives committed to the defense of human rights and democracy in Equatorial Guinea. The Young Leader hope of the Youth of the Republic of Equatorial Guinea creates the external agencies of the State to turn them into more effective organs to protect the interests of the Equatorial Guinean citizens, and Equatorial Guineans of Equatorial Guinea promotes our culture and our languages, and supports our companies and creators in the national territory of the Republic of Equatorial Guinea.

YOUNG JUDGE HOPE FOR YOUTH FACILITATES EXTERNAL ACTIVITY IN EQUATORIAL GUINEA

Liberal Democratic Progressive Party of the Republic of Equatorial Guinea Facilitate foreign activity in our country. The Young Leader hope of the Youth of the Republic of Equatorial Guinea will allow for companies and workers that allow a constant exchange of talent and entrepreneurship between Equatorial Guinea and abroad, open to Equatorial Guineans and foreigners. Liberal Party Will be active members of the Cervantes Institute to improve its international cultural management capacity. It will support further deepening of integration in the African Union at all levels. Speaking the political, military, fiscal, monetary and social, that is why we will defend stronger democratic African institutions to assume a true Common Foreign and Security Policy for the benefit of all. In that sense, the African Union needs a joint foreign and security policy, not guided by the particular interests of each African country. Progressive Liberal Party of Equatorial Guinea Encourages police and intelligence cooperation, with clear rules for the exchange and protection of data that reinforces the African agencies that fight against terrorism and organized crime in African countries. The Liberal Progressive Party of the Republic of Equatorial Guinea will also increase its accountability before the Regional Parliaments and the national Parliaments. It will also analyze in depth the issue of a more ambitious space for free movement of people, which respects the uniqueness of each country. We will work for a truly unique and transparent labor market that favors quality employment, and the mobility of entrepreneurs and workers. We will promote initiatives in the African sphere leading to the fight against inequality and poverty. We will defend in the ambit of the African Union a just and solidary solution to the tragedy of the refugees. Common control of external migratory flows is necessary through a common policy of asylum and migration, with sufficient financial and human resources, politically coherent, visible to citizens, and supported by shared solidarity and responsibility. We will promote the African refugee policy to include a common system of border control and a reinforced African agency that deals with the problem of irregular economic migration in an orderly manner. We will also encourage the creation of adequate return and readmission mechanisms, and in accordance with international law and the protection of human rights. We will create a regulation of the Congress to establish the obligatory nature of the appearance of the Government before and after each Council of the African Union. The Progressive Liberal Democratic Party of Equatorial Guinea will work to contribute to an African pact by integrating African action to anti-terrorist pacts in the world in general and particular in Equatorial Guinea. Terrorism is a borderless threat that Democrats can only overcome if we work together. Liberal Democratic Progressive Party of Equatorial Guinea Will resolutely face and implement the National Strategic Plan to fight against violent radicalization, police and judicial cooperation. Liberal Democratic Progressive Party of Equatorial Guinea Will work for common response to this issue in the African Union. Our party will strongly reinforce collaboration in the fight against terrorism with other African forces. We will encourage the development of initiatives to move towards an effective African policy, in addition to renewing bilateral commitments with Equatorial Guinea. Liberal Democratic Progressive Party of Equatorial Guinea It will promote the rationalization of the resources of the Administration destined to the State Security Forces and Corps in Equatorial Guinea. This will imply the previous adaptation and redefinition of the competences of the different bodies to avoid functional duplicities with National Police, Gendarmerie and Municipal Police of Equatorial Guinea. In this formal sense, we will apply the principles of merit and capacity in all entry and promotion processes in the State Security Forces and Corps, with criteria of transparency and effective participation in Equatorial Guinea. Progressive Liberal Democratic Party of Equatorial Guinea Reform the victim's statute so that the specific characteristics of the victims of terrorism and their special institutionalized consideration are specified. We will develop a communication strategy of the National Defense that provides information on security decisions to citizens in a more transparent way in Equatorial Guinea. Liberal Party Progressive Democrat of Equatorial Guinea Strengthened the collaboration of the common border control and a reinforced African agency that deals with the problem of irregular economic migration in an orderly manner. It also promotes the creation of adequate return and readmission mechanisms, and in accordance with international law and the protection of human rights. We will create a regulation of the Congress to establish the obligatory nature of the appearance of the Government before and after each Council of the African Union. The Liberal Democratic Progressive Party of Guinea Equatorial Workers to Contribute to an African Pact integrating African action to the antiterrorist pacts in the world in general and particular in Equatorial Guinea. Terrorism is a borderless threat that Democrats can only overcome if we work together. Liberal Democratic Progressive Party of Equatorial Guinea Will face with determination and implementation The national strategic plan to fight violent radicalization, police and judicial cooperation. Liberal Democratic Progressive Party of Equatorial Guinea To work for a common response to this issue in the African Union. Our party will strongly reinforce collaboration in the fight against terrorism with other African forces. We will encourage the development of initiatives to move towards an effective African policy, in addition to renewing bilateral commitments with Equatorial Guinea. Progressive Liberal Democratic Party of Equatorial Guinea Promotes the rationalization of the resources of the Administration for the State Security Forces and Corps in Equatorial Guinea. This will imply the previous adaptation and redefinition of the competences of the different bodies to avoid functional duplicities with National Police, Gendarmerie and Municipal Police of Equatorial Guinea.

In this sense, it is formally applied to the principles of merit and capacity in all entry and promotion processes in the State Security Forces and Corps, with criteria of transparency and effective participation in Equatorial Guinea. Progressive Liberal Democratic Party of Equatorial Guinea Reform the victim's statute in a way that specifies the specific characteristics of the victims of terrorism and their special institutionalized consideration. Develop a communication strategy of the National Defense that provides information on security measures to citizens in a more transparent way in Equatorial Guinea. Liberal Party Progressive Democrat of Equatorial Guinea Strengthened collaboration with national security matters.

THE YOUNG LEADER ACTIVATES THE ECONOMIC MEMORY OF EQUATORIAL GUINEA

The Liberal Democratic Progressive Party has now to make a number of reforms for Equatorial Guinea better and an economic memory where we explain how we are going to do it, with rigor and balancing the accounts. I think it is a basic exercise of transparency, rigor and responsibility that the political parties explain how the Equatorial Guinean and Equatorial Guinean citizens finance the policies they promise and how they will spend the money of all Guineans in Equatorial Guinea. Due to the millionaire hole that the current ruling party is leaving in Equatorial Guinea, we intend to adjust our income and expenses so as not to attract the citizens of Equatorial Guinea and make adjusted adjustments to reality. Our spending and revenue priorities correspond to the three main axes of our political program. One is to rebuild the middle and working class of communication in Equatorial Guinea, to put human capital and innovation at the center of the economy of the future and to recover healthy and transparent institutions, which are currently seriously damaged in our country. The Liberal Democratic Progressive Party of Equatorial Guinea will lower taxes to all citizens of Equatorial Guinea and, in any case, we will raise them. To achieve this, the Liberal Democratic Progressive Party of Equatorial Guinea will reform that increase growth and recovery in absurd expenses and in the political bubble. Our party wants to grow more and help to have full employment in our country to do in better and modern

Equatorial Guinea. The young Hope leader of the Guinean Youth, in Equatorial Guinea, works hard to get the country out of the abyss and save a percentage of the poverty in the home in the energy bill in the guineas families, eliminating the obstacles to competition and fighting against the capitalism currently in our country. The Liberal Democratic Progressive Party of Equatorial Guinea will increase our social spending every year. I think it is necessary for a supplement to help families, which helps many households to make ends meet; a child poverty plan to help households with fewer resources and triple investment in active and training policies in Equatorial Guinea. This is possible because the Young Leader the hope of the Equatorial Guinean and Equatorial Guinean youth of Equatorial Guinea works hard to increase the income of the state, eliminating legal traps in the tax, intensifying the fight against fraud and recovering the money of the fraudsters that Guinea has Equatorial currently. We will invest to improve our democratic institutions and others. The Liberal Democratic Progressive Party increased the personnel of the administration of justice and the implementation of a shock plan to guarantee the compatibility of judicial computer systems throughout the national scope of Equatorial Guinea. We will promote the change of the productive model: we will end the lack of financing in education and we will launch a plan against school failure that is always inherited in Equatorial Guinea. We will also invest more resources per student per year in disadvantaged environments to hire more support teachers in the classes, benefiting students.

EXTERNAL ASSISTANCE TO REPAIR THE SITUATION THAT EQUATORIAL GUINEA HAS

Before forming an Equatorial Guinean political leader from Equatorial Guinea, it is necessary to rise up against hatred, tolerance and racism in the country. I have a lot of courage and I am very firm, I think that people can think, I love facing that political challenge in Equatorial Guinea. Everything possible has been done to show that it is compatible with Equatorial Guinea in its political, economic, social and cultural development due to the real economic level it receives today, because everything comes to the dictator. We will do it for Equatorial Guinea in the best possible way, that is why we will work hard to survive. Promote industrialization Development and progress in Equatorial Guinea. The fate of the help with very little can do much. Equatorial Guinea for the development of international cooperation and voluntary assistance in Equatorial Guinea also compatible with Equatorial Guinea. We believe that in the work of the Liberal Democratic Party of Equatorial Guinea we say that the real things that do not have secrets or magic formulas in our success are that the only way to advance in a project is to work establishing a line to follow and be a firm. We will also do Honesty, humility, respect, effort, commitment, perseverance, passion. This is our recipe for this project. That is the path we have decided to take and the good results of a support given to this project, my fellow travelers, who are always grateful for their perseverance, their participation and loyalty. We will explain, as part of the preparation of the grand strategy, what is the role of internal resistance and in this analysis, insisted that the main force of the struggle must come from within the country. We will resist and believe that our support exerts a lot of pressure against the dictator of Equatorial Guinea. We believe that we can finally achieve strong ends, we have demonstrated and taught against hatred, tolerance and racism. The level of international aid depends on how much can be estimated by the internal struggle. As a very limited complement, you can make efforts to mobilize world public opinion against the dictatorship in Equatorial Guinea from a humanitarian, moral or religious point of view. Intelligence and the political project create a program of tolerance, to educate on how to act against hatred, discrimination and tolerance, which gives life to all the people who live in the country. We will create the teaching of tolerance to racism in our thinking about children, it has remained a virus in our community. We will work to ensure that the rights are correct. The reduction of the levels of diplomatic recognition, the denial of economic aid and the prohibition of investments in the country under a dictatorship. We will make a great effort and it will not be easy to expel the dictatorial government of Equatorial Guinea with the support of the various international organizations and organizations of the United Nations. People have not been born with hatred and discrimination, that today Reyna in our country, we can say that people do not know how to hate, Equatorial Guinea needs a movement of tables to break this circle of hatred, and the discrimination that exists in Equatorial Guinea. In addition, international assistance such as financial or communications assistance. It will depend on how much can be estimated by the internal struggle. As a very limited complement, it can make efforts to move global public opinion against the dictatorship in Equatorial Guinea from a humanitarian, moral or religious point of view. Beliefs that can be used to ensure that rights are applied to international laws against the dictator and his officials. The reduction of the levels of diplomatic recognition, the denial of economic aid and the prohibition of investments in the country under the dictatorship, the expulsion of the dictatorial government with the help of several international organizations and United Nations organizations. In addition to international aid as financial aid for communications, it can be delivered directly to democratic forces. They fight against the obstacles imposed by the dictatorial regime of Equatorial Guinea.

I hope that the support of the United States of America is in the world showing that it holds this country together, Equatorial Guinea, improving the characteristics of people, tolerance, education for all, all in high quality, in Equatorial Guinea. Therefore, each year, it will send the educational materials and the cost to the Equatorial Guinean educators throughout the national territory, more than 8,000 schools that will receive aid to help the country which is a State of law, social, political, religious, cultural, democratic, in Equatorial Guinea. The child in the world, when there is a child of Hate, is a child in the early age heart. The Young leader has four important terms for the strategic planning of the struggle against the dictatorship in Equatorial Guinea. To help us think strategically, it is important to clearly perceive what four basic terms mean. We will make the grand strategy the concept that serves to coordinate and direct the use of all resources, economic, human, moral, political, organizational, etc. We are a group that seeks to achieve its objectives in a conflict. I think we can even see the animals struggling to defend their food or their territory incredibly. That is why our struggle has allowed us the ideas to impose the dictatorial regime that has left this people suffered in Equatorial Guinea and has a duration of a decade in its ideology that leads the country to nothing. We will increase our country to raise the competition against the dictatorial regime to a cruel and inhuman dictator, now we will see it, where our competitors will defeat their rivals and from time to time occupy the best positions. Young Leader has created a new national resistance against the dictator of Equatorial Guinea, explains the world that lives in a daily struggle, where men and women will fight to defend themselves and recover their identity as a country of origin. and democratic in the national territory and recover their dignities as human persons who have been oppressed for a decade that has reigned dictatorship in the country. The Young Leader appeals to all Americans and Latin Americans to join the Movement to Accumulate the Recovery of the National Territory, and the Democratic Institutions that have died in Equatorial Guinea and to restore a new true democracy and re-establish the Rule of Law. You can also continue with your goals and others can cause anguish and depression. That is why we must spend a lot of air to avoid a shake in the air. The Guinean,

Guinean and international communities must unite to fight against the prevailing dictatorship in Equatorial Guinea. They will be like the acts that try to risk our members avoiding the healthy and peaceful coexistence that lives the dictator. We will do everything possible to work with our great strategy, we will focus the group's attention on the main objectives we have and on the resources in the conflict, we will choose among the most practical action techniques, such as conventional military action or non-violent struggle, which has a common meaning for the strategy, classification and influence of the adversaries.

CONCLUSIVE PART OF THE
POLITICAL PROJECT

I would like to point out, in the first place, the need and importance of this political project to the people of Equatorial Guinea. The need to make this political project arises as a consequence of the political, economic and socio-cultural crisis that has plagued our country for half a century; Precisely, this political project has as its purpose the life of the Guinea-Ecuadorian. Equatorial Guinea is a very rich nation and in relation to its number of inhabitants, I want to make it one of the countries where the quality of life of citizens is very high.. The political project of the progressive Liberal Democrat Party of the Republic of Equatorial Guinea wants to reveal to the people of Equatorial Guinea the importance of the equitable distribution of the natural resources of our country, in the regime of P.D.G.E. it is owned by the President's family and their closest associates. The natural resources of our country are those that solve the economic problems of the countries in general and, however, there is no reason, it is the reason why the people are and can opt for a change. The urgent change that the Equatorial Guinean and Equatorial Guinean people need is guaranteed by the Liberal Democratic Progressive Party of Equatorial Guinea and its leader Dn. Ángel Eló. The Republic of Equatorial Guinea has almost 50 years of dictatorship, of misery, of violation of our fundamental rights and of the administration of our resources on behalf of President Obiang and his close friends, are sufficient for the defenseless people of Equatorial Guinea not Follow this situation. The human being can not be so despised as Obiang and his regime Invite all my compatriots without distinction of sex, ethnicity, origin or religious belief to join my efforts so that, all together, the solution to this problem that makes our country is 49 years old. I count on the effort of my people, with the help of the International Community in general and particular of the North American Community for the achievement of my great objective, which is the Liberation of my Country. I want to conclude the work of my political project thanking God Almighty for this great personal initiative. I ask you to fill me with curves to face this new political adventure with courage; and that, believing in himself and in his miracles, he can help me overcome the obstacles that present this difficult road towards the liberation of my people, Equatorial Guinea. Special thanks to my collaborators who, together with their efforts, have concluded with the work of the Political Project of the Liberal Democratic Party for the Republic of Equatorial Guinea. For a healthy democracy and a balanced justice among the Equatorial Guineans

The young leader and politician of the Liberal Democratic Progressive Party of Equatorial Guinea.

LA LIBÉRATION DE LA GUINÉE ÉQUATORIALE

PROJET POLITIQUE

Ángel Eló

INTRODUCTION

LES JEUNES HOPE LEADER ET équato-guinéens
personnes équato-guinéens de GUINÉE ÉQUATORIALE

Brève histoire d'Ángel Elo

Young Leader l'espoir de la jeunesse équato-guinéenne Ángel Elo est un citoyen équato-guinéen, avec une véritable résidence en Arizona, aux États-Unis. Il est né le 4 mai 1968. Dans la ville de Fula, district de Kogo, en Guinée équatoriale, au sein d'une humble famille. Son nom complet est Ángel Eló. Le jeune Ange vit son enfance dans sa ville natale de Fula, avec ses parents. Il a commencé ses études primaires à la « Roque Enguang Ondo » Ecole nationale de la ville de Kogo, où il a obtenu ses études « degré dans l'enseignement primaire, aussi connu comme base générale de l'éducation, en 1982. En 1983, il a déménagé à Bata, capitale économique de la province de la Guinée Equatoriale Littoral Bata pour leurs études secondaires. Il est entré dans l'Institut polytechnique « Modesto Gené Goig » Bata, où vous faites vos études dans la branche industrielle maître en métal, les études qui concluent au cours 1983-1988 l'école. après avoir terminé leurs études à Bata, et après la mort de sa mère bien-aimée, retourne dans sa ville natale où il a commencé à pratiquer le Maître, à l'école nouvellement ouverte par le Ministère de l'Education de la Guinée équatoriale. avec l'avènement des mouvements politiques en Guinée équatoriale dans les années 90, il a fait appel à des mouvements politiques de l'opposition, et commence à exercer une op activiste politique il se cachait, dénonçant les injustices et les mauvais traitements que subissent son peuple et les habitants de toute la région. Découvert ses affinités politiques et ses liens avec l'opposition clandestine, il est arrêté, torturé et détenu plusieurs fois pendant de longues périodes dans la prison de Kogo Model. Après cette longue chasse, continue d'arrestations et de mauvais traitements, il se réfugie à Libreville, capitale de la voisine République gabonaise, en 1998, où il poursuit son activité politique, jusqu'à ce que finalement acceptée par les autorités des États-Unis d'Amérique, qui lui accorde l'asile politique demandé et est transféré aux ÉtatsUnited, où il réside actuellement. Des États-Unis, il a poursuivi son processus de formation, retournant dans les salles de classe, où il a obtenu le titre de «Diplômé en commerce international», en 2014. Il a également mené des études sur le «Patent Law» des États. United Il a suivi des cours sur la lutte contre la haine et la discrimination aux États-Unis. Et diverses autres activités sociales, en particulier dans l'institution des vétérans paralysés de l'armée américaine, où il a reçu plusieurs prix. Professionnellement, il a effectué des activités de travail dans les domaines de sa formation. Plus précisément dans les sociétés suivantes: Actuellement a sa propre société de services, dont le nom est «Pain et Leau». Il est également membre fondateur de l'association «Africa Organisation for Action», qui se consacre à la promotion des démocraties dans les pays africains. En tant que politicien, il continue à penser que le pouvoir réalise le rêve de son peuple vivant dans la liberté et la prospérité. où tous les citoyens sont égaux et profitent des mêmes opportunités, Angel parle trois langues: l'espagnol, le français et l'anglais.

Bref aperçu du contexte historique entre l'Espagne et la Guinée équatoriale.

La Guinée équatoriale depuis 1968 n'a pas changé depuis la dernière décennie la situation en Guinée équatoriale reste la même n'a pas changé ou quoi que ce soit, pour parler de la Guinée équatoriale, nous sommes dans une année maigre pour nous évader et atteindre 50 ans d'indépendance, Je peux le dire, nous ne pouvons pas l'ignorer. Une indépendance que tout le monde sait qu'une indépendance doit être contre les gens qui ne sont pas bien préparés à exercer le timonier d'une indépendance, d'un pays indépendant. Il doit aussi accepter qu'après les années de colonisation, les États de la province de Guinée équatoriale soient disponibles d'une part grâce aux valeurs assez sérieuses de leur origine en tant que pays. Accompagnée naturellement par l'ancienne colonie, il y a eu la colonie exemplaire en Afrique la colonisation espagnole qui pourrait parfaitement permettre le passage de l'autonomie à l'indépendance sans avoir le problème de l'inadéquation de ce vide profond qui se produit à rien, par un peuple qui n'a pas été trouvé parce que le pays est à l'honneur qui est à l'horizon d'un pays comme la Guinée équatoriale qui est, entre les mains des colons espagnols pour un peuple comme la Guinée équatoriale plus chrétienne qu'autre chose. D'un peuple formé de la profondeur de la paix et de la tranquillité, l'indépendance signifie combattre et combattre, ceux qui dominent et dominent alors un modèle de colonisation en Afrique, ils ont pris les mains des Espagnols à une dictature cruelle. Il est évident que beaucoup se demandaient pourquoi nous ne revenions pas de la colonisation, nous étions plus heureux, nous mangions, nous travaillions, avec tranquillité. Maintenant, avec l'indépendance, parce que nous n'achèterons pas notre café et le cacao dans nos produits agricoles, nous sommes ceux qui nous nourrissent, nous rendent forts, nous soutiennent dans notre environnement et que faisons-nous? Alors, c'est naturellement un peuple qui est tombé entre les mains d'une dictature cruelle. C'est simple, voler, voler, saisir la richesse du pays et tuer n'importe quel habitant. C'est pourquoi le pays est divisé et il a été près de 50 ans, une partie de cette partie, plus important, plus important. Une partie de l'exil très important de l'autre partie végétative dans l'appréhension du pays et cette partie est très importante aussi, mais elle est tombée entre les mains d'une dictature fermée. Après ces 49 années il est en Guinée Equatoriale, il est dans une situation d'angoisse, d'où nous savons que la seule chose qui s'est prosternée est le pouvoir dans l'énergie pétrolière, il n'y a rien pour rien dans le pays, cette huile est vaporiser entre les mains des puissances au pouvoir et entre les mains de grandes puissances internationales qui portent les parts de l'argent dans les forces économiques du pays. La Guinée équatoriale est dans une situation dangereuse, de crime, de vol, de drogue, de misère, etc. Le dictateur est un homme politiquement expulsé pour pouvoir diriger un pays comme la Guinée équatoriale. Je ne sais pas comment sortir de cette situation d'exil, tout prêt, prendre la direction de ce pays, qui est actuellement vide de valeurs. En Guinée Equatoriale a la condition que la communauté internationale ne s'agenouille pas, la Guinée Equatoriale a la responsabilité de participer à la communauté internationale des Américains. Les deux préoccupations que nous avons, tous les exilés, sont le plus grand capital humain, à la fois culturel, professionnel, avec plus d'expérience, de nombreuses années. Nous appelons cela le retour en liberté en Guinée équatoriale, la Guinée équatoriale a un potentiel économique brutal de sa richesse, pétrole, pêche, bois, minéraux, gaz qui signifie, avec cela les Etats-Unis, la France et l'Espagne opèrent là. Alimenter les forces du po Histoire de l'échec du processus de démocratisation en Guinée équatoriale. Je commence à relancer mon histoire par une compilation des relations entre l'Espagne et la Guinée équatoriale, en commençant par Adolfo Suárez. Vous savez tous que Suarez était un Nazca Obiang pour passer le pouvoir, Obiang en 1979 promet de Guinée équatorienne trois ans laisserait le pouvoir entre les mains de civils sont réunis trois ans, vous obtenez votre tambour il est « Varié dans le monde «, Suárez passe en Espagne. Felipe Gonzales est au-dessus de regarder la laitue dictatorial Obiang, en commençant des mesures visant à freiner ce qui pourrait être considéré comme une compensation aux pires positions qu'ils ne l'étaient en Guinée équatoriale. Felipe Gonzales dans des endroits ensoleillés Joaquín Pérez Gomes comme ambassadeur à la mission spéciale sur le thème de la Guinée équatoriale. Moratinos a été directeur de l'Afrique subsaharienne n'a pas été au milieu des moyens de commencer à parler de conduire à l'opposition et Morata pour voir si entre l'opposition et Obiang si elle peut parvenir à un accord et les deux parties à prendre des dispositions pour la Guinée équatoriale commence à démocratiser tous les les tentatives a finalement échoué dernière Felipe Gonzales a reçu dans son bureau Joaquín Pérez Gomes, ces phases de ces essais ont ouvert le rayon extérieur de l'Espagne puis fermé le parti populaire que la radio. Mais Obiang est un diable qui sait jouer et jouer, tous les verbes qui sont nécessaires pour rester en selle, passe Felipe

Gonzales passe et monte Aznar se lève et le pouvoir, Aznar a le droit de Bachot tout ce que Aznar soutenait à beaucoup de Guinéens en Espagne. Ramon Gil jaserais, était le chef d'état-major Aznar, Ramon Gil Jaserais était en Guinée équatoriale, il a également accompli ce qui est arrivé la dernière phase dont elle a parlé des socialistes et Ramon Gil Jaserais a soulevé la question en d'autres termes changent la et il soulève ce qu'il appelle un compromis constructif pour la Guinée équatoriale un mot qui sonne bien, mais qui ne mène pas du tout. Il n'y a pas non plus de spécificité sur la question de la Guinée équatoriale. Il s'élève au pouvoir de Zapatero avec Moirantins comme fer de lance, s'arrête aux premières étapes, la continuité du parti populaire est maintenue mais il n'y a pas de solutions à la question. Guinée équatoriale à négocier avec Obiang. Ils sont venus avec leurs mains devant eux, racontant des films qu'ils démocratisaient quand ils ont eu une énorme régression vers des positions totalement utilisables contre l'emprisonnement de la population guinéenne, et la torture etc. Cette phase se termine au pouvoir de Mariano Raja, passe olympique ment sur la question équato-guinéenne, le deuxième mandat de Pepe ne parle pas de la Guinée équatoriale. La Guinée équatoriale est un pays avec la faim, l'espagnol est le seul bouton montrant la Hispaniques à travers le continent africain entre 55 0 56 pays sont en Afrique équatoriale Guinée est le seul et avant que l 'article. La Guinée équatoriale a été laissée sans âme sans savoir où ou vers qui se tourner. Bien sûr, l'aide internationale a son rôle, l'Organisation des Nations Unies a publié leurs rapports, mais les Nations Unies, tous en instances, les amitiés internes sont associés aux droits de l'homme et d'autres qui ont une réelle mauvaise acquisition, aucune illumination, capacité de machines ou de choses pour Obiang peut se sentir ébranlé. Parce qu'Obiang a aussi assemblé, quatre-vingt-dix mille couches de façon à ce qu'elles donnent les commentaires de nombreuses histoires contre, dans quelles mesures le régime est-il solide? C'est là que vous faites face à voir ce que je peux obtenir. Je commence par dire que je peux vivre par les initiatives de ce qui peut, la démonstration de l'initiation plus les paumes pour ce qui s'apparente souvent à ce qui peut être un changement. Ainsi, en Guinée équatoriale aucune société civile, peut être le résultat d'une société civile, un phénomène qui met la peste qui la graine de germe, la création d'un groupe politique en train de changer de physionomie, ou la géographie politique ce pays. Guinée équatoriale totale déchaînée, Obiang est responsable de la mer de dictateur, est un expert à ce sujet, d'annuler tous les débats des espaces, la critique d'un sujet autour, s'il n'y a pas de place pour le débat politique s'il n'y a pas de place pour la critique, s'il n'y a pas d'espace pour la réflexion, s'il n'y a pas d'espace contre le pouvoir ou de confrontation contre la puissance de celui-ci, il ne peut y avoir aucun changement que nous avons très difficile. Voici la force de Obiang, voici aussi le défi d'avoir à revivre toute cette histoire, les Guinéens groupes guinéens, la société civile guinéenne, les gens de différents peuples de la Guinée équatoriale, toute notre obligation est d'être en rangs personne aura, aussi le lecteur, le soutien et caché son séjour, pour beaucoup d'autres, l'instance que vous pouvez obtenir un changement si je ne peux pas arriver à une approximation de ce que peut faire un changement et à ce jour impossible de changer la Guinée équatoriale ne là la société civile peut politique ou un type pour les hommes qui ont créé un snack-bar un intérêt qui ne peut pas être solidaire pour nous de voir un réel changement, dans la direction de la démocratisation, les gens de la Guinée équatoriale. Nous espérons qu'avec cet intérêt vous trouverez une solution sur le sujet qui parle de la situation en Guinée équatoriale. Maintenant, au sage, au consommateur des années, parce que ce n'est pas prévu, parce qu'il fait face au gouvernement d'Obiang, et pourquoi les Américains soutiennent l'opposition pour la Guinée, le soutien politique et économique, l'important soutien diplomatique, la voix, la façon dont le jeu que nous vivons à travers le siècle se termine. La question des dirigeants espagnols est claire: en Guinée Equatoriale, il n'y a pas eu de politique ou de type pour les hommes qui ont créé un snack-bar, intérêt qui ne peut être résolu pour que nous puissions voir un réel changement, dans la direction de la démocratisation, les gens de Guinée équatoriale. Nous espérons qu'avec cet intérêt vous trouverez une solution pour le sujet qui parle de la situation en Guinée équatoriale. Le monde moderne dans lequel vivent les jeunes Guinéens et Guinéens dit que quand on parle de leadership jeune, le jeune leader est la personne qui a une vision différente des autres, mon critère est d'être un leader qui voit le bien-être de la population, et j'ai une vision du changement qui pense à mes frères avant mon propre bien-être. Ma direction sacrifie pour voir et trouver un changement. C'est quelqu'un qui dit: faisons et ne disons pas, je pense que j'ai une meilleure capacité. Je suis le jeune leader, l'espoir de la jeunesse équato-guinéenne. J'ai trouvé que le problème auquel sont confrontés les jeunes dans ce pays équato-guinéen aujourd'hui est qu'ils n'ont pas la possibilité de l'enseigner et qu'ils peuvent accueillir la société guinéenne en Guinée équatoriale dont nous sommes capables. et nous utilisons et nous pouvons diriger un groupe d'un pays, dans la bonne direction. Le jeune leader l'espoir de la jeunesse de la Guinée équatoriale dit maintenant de rompre avec ce paradigme, nous devons commencer par nous donner notre place et à la recherche d'un espace dans la société guinéenne. À partir de là, nous constatons que notre société guinéenne est entourée de dirigeants, mais les dirigeants qui pensent à leurs avantages et leurs intérêts personnels, nous ne voulons plus ce type de dirigeants. Nous voulons des leaders qui pensent au bien commun, alors je me demande pourquoi je ne donnerai pas l'opportunité aux jeunes leaders. Que le coordinateur qui prend les décisions claires pour atteindre l'objectif qui a la motivation de prendre les décisions avec les autres. Qu'est-ce que cela signifie pour la promotion de la jeunesse guinéenne en Guinée équatoriale, pourquoi nous ne sommes pas les jeunes qui ne sont pas à un individu, mais nous sommes jeunes nous marchions ensemble vers la route et dans les montagnes et donner un exemple les autres? une personne active capable de faire ce que le groupe pense ou pense. Dans le monde où nous vivons beaucoup de ceux qui disent que nous, les jeunes sont l'avenir, je ne pense pas, mais en réalité, sont le présent, en pensant à l'avenir et l'avenir de nos enfants, petits-enfants et arrière petits-enfants et nos parents, grands-parents grands Votre retraite est-elle digne, etc. Le jeune leader l'espoir des jeunes équato-guinéens et équato-guinéens de Guinée équatoriale nous donne la vigueur et la force, l'énergie et l'esprit de la sélection des activités qui nous présentent. S'il vous plaît, je ne l'aime pas, je ne l'aime pas, je ne l'aime pas, et je n'aime pas voir la situation en Guinée équatoriale aujourd'hui. Le jeune leader espère que la jeunesse de la Guinée équatoriale est toujours la personne qui est intéressé par le bien-être des enfants, et leurs temps difficiles, ce qui est dans le présent et dans des circonstances où l'aide est nécessaire et cherche des solutions aux problèmes les jeunes enfants guinéens et guinéens qui vivent en Guinée équatoriale. D'autre part, le jeune chef, dans l'espoir de la jeunesse Guinée équatoriale, Je veux que tous les jeunes ont un ensemble d'yeux regardant dans toutes les directions, une énergie unanime en-têtes très élevé et une force qui ne peut pas être contenir, pour résoudre les problèmes. Le jeune leader de l'espoir de la Jeunesse de Guinée équatoriale Je veux donner la joie à tous les jeunes de la Guinée Equatoriale, avoir des rêves, des idéaux, et programmer des milliers de projets à faire en Guinée équatoriale. Le jeune leader qui cherche des opportunités de trésors pour tous les jeunes de Guinée équatoriale, qui sait ce qu'il fait et comment il peut faire les choses à la fois. Le jeune chef Espoir jeunesse Guinée équatoriale que l'inquiétude va dans le monde où nous vivons, nous avons du travail dur sur tous les côtés d'une manière infatigable, maintenant je veux atteindre mon objectif, je veux changer le monde la manière qui est maintenant, pour transformer la violence dans le monde de la paix. Voyons cela, tous les enfants devraient vivre en bonne santé, en Guinée équatoriale. La Pa l'humilité me donne la force de la simplicité et la capacité de maintenir une fierté positive en dehors de la Guinée équatoriale. En tant que jeune chef espoirs de la jeunesse de la Guinée équatoriale, je suis une personne avec intégrité et sincérité, je suis un vrai jeune chef honnête qui peut dire la vérité, et la vérité, de reconnaître mes erreurs ou de dire ce qui est à mon goût et ce qui n'est pas à mon goût. Les jeunes espoirs leader de la jeunesse de la Guinée équatoriale est un homme de caractère discipliné, j'ai le contrôle de moi-même, et s'applique à l'autodiscipline, étant donné que j'ai acquis, la maturité spirituelle sociale, comme un jeune chef de l'espoir de la jeunesse Guinée équatoriale. Ai-je appris à obéir et à écouter? Guinée équatoriale pour l'espérance de vie des hommes et des femmes en Guinée équatoriale, nous regardons depuis 1968 avec une espérance de vie de 39,13 ans. Cette année-là, l'espérance de vie des femmes était de 40,72 ans plus élevée que celle des hommes, soit 37,65 ans. Le jeune leader l'espoir de la jeunesse de la Guinée équatoriale qui, je l'ai connu, avec la jeunesse guinéenne est un groupe social hétérogène, où chaque groupe souhaite différencier le reste des adultes. Le jeune leader l'espoir de la jeunesse équato-guinéenne sait que les jeunes cherchent toujours un sentiment d'appartenance en Guinée équatoriale.

Bref historique du président Obiang Nguema, dictateur de Guinée Ecutorial

Obiang dans le gouvernement dictatorial de son oncle Francisco Macias était le chef de la Garde nationale et son travail à la tête de cette tristesse responsabilité suppos pour le peuple équato-guinéens, jusqu'en 1979, perpétué un coup d'Etat contre son propre oncle, Francisco Macias Nguema le président alors dictatorial de la République de Guinée équatoriale, pour accéder à la présidence du pays. Macias avait gouverné le pays pendant 11 ans, assassiné ses adversaires et pillé le trésor public, comme d'habitude avec les dictateurs. Guinée équatoriale veut actuellement sortir de cette dictature qui conduit menaçant la population plus de quatre décennies de vie, où l'on estime que plus d'un tiers de la population a été tué, torturé dans les prisons et expulsés du territoire national. Francisco Macias et son neveu Obiang, actuel dictateur qui gouverne la Guinée équatoriale il y a 38 ans, à travers ses régimes, ont tué une bonne partie de la population équato-guinéenne.

Mémoire active de l'insécurité juridique en Guinée équatoriale

Parti libéral démocratique progressiste de la République de Guinée équatoriale, et en ma qualité de Hope jeune chef Jaune équato-guinéens pour la première fois, je présente cette histoire unique pour diriger la direction d'un pays où il n'y a pas de président démocratique et premier magistrat de l'Etat d'Arbitre Ordinaire et Modérateur du processus de démocratisation de la République de Guinée Equatoriale. Dans un pays où il n'y a pas de justice dans la République de Guinée équatoriale, donner les comptes de l'administration du pays. La République de Guinée équatoriale ne respecte pas la loi de tous les citoyens nationaux et étrangers résidents, tous les organes de l'Etat et tous les organes de l'administration publique dans notre pays, tout est sous le contrôle du président du magistrat en chef Première République de la nation de l'État, arbitre et modérateur du processus de démocratisation pour la Guinée équatoriale de ne pas rendre la factures pour remplir l'administration de la justice du pays. Elle impose un péché à l'avenir légalités cet arriver dans la nation qui ne donne pas une comptabilité précise des pouvoirs publics, il faut dire que, avec mon cœur dans mes mains et les larmes aux yeux. Nous imposons sur les lois dans le pays. Toutes les personnes physiques et morales, les personnes publiques et privées, en tant que Président de la République Arbitre du Président et premier juge de l'Etat de la Guinée équatoriale, dans ce cas, dénoncer officiellement avant que le gouvernement des États-Unis, le président et dictateur cruel Afrique sub-saharienne la République de Guinée équatoriale pays ne Justice. Neutre bien-aimée République de Guinée équatoriale traverse une période très difficile pour la crise économique qui chômeurs miles guinéens décalé sans ressources pour soutenir leurs familles et des milliers de jeunes gens coincés dans la délinquance et la prostitution qui a été laissé aux jeunes la pauvreté mentale en Guinée équatoriale. En outre cette mauvaise politique qui utilise le dictateur le plus puissant en Afrique, sa mauvaise politique ne sont pas des citoyens libres permettent Guinéens et peuvent voter librement choisir leur manager ce qu'il faut ajouter au contrôle militaire des rues, il y a des obstacles dans tous les les coins du pays, dans nos villes avec des harnais de toutes sortes. La cause de toute cette situation de pauvreté et de manque de droits est le gouvernement du parti démocratique de Guinée équatoriale PDGE. Le jeune leader l'espoir de la jeunesse de Guinée Equatorial république présidentielle. C'est un petit pays avec 28051 km2 de surface et 1.222 442 habitants environ. La République de Guinée équatoriale a obtenu son indépendance le 12 octobre 1968 et depuis cette date jusqu'à aujourd'hui, la Guinée équatoriale vit à nouveau les dictatures du monde caractérisées par une violation claire des droits de l'homme, l'extrême pauvreté de ses habitants et la haute corruption institutionnalisée. Face à cette situation chaotique, mon pays vit, la Guinée équatoriale, et avant la nécessité de placer l'homme guinéen au centre de tout, respectant toutes les valeurs qui le caractérisent comme une personne humaine, j'émerge, en tant que leader et politicien de ce pays, l'idée de présenter ce projet politique à la communauté internationale en général, et à la communauté américaine en particulier, afin qu'il soit analysé et, par la suite, et si possible, le soutien nécessaire pour que ce projet soit exécuté dans la République de La Guinée Equatoriale Nous sommes l'équipe humaine qui défend et établit toujours le système politique qui défend la souveraineté nationale des peuples et le droit des peuples de choisir et de contrôler leurs dirigeants. Nous apporterons un nouveau régime à cette doctrine, nous sommes des équipes politiques, ce qui signifie que nous voulons parvenir à la paix dans notre pays et à la démocratie moderne et participative en Guinée équatoriale. Nous lancerons la nouvelle campagne qui est ce que notre démocratie fonde est une forme de gouvernement d'état où le pouvoir est exercé par le peuple et pour le peuple de la République de Guinée équatoriale. Nous allons maintenir les vrais avantages de la participation à la prise de décision politique. Les connaissances, la formation et la formation acquises dans la lutte contre le dictateur en Guinée équatoriale rendent la population moins sujette à la domination dans le futur. Il est beaucoup plus probable que ce changement de relations de pouvoir créera une société démocratique durable en Guinée équatoriale. Notre mécanisme fondamental est la participation des citoyens au suffrage universel qui signifie libre, égal, direct et secret à travers lequel nos dirigeants ou représentants sont élus pour une période spécifique. Les élections en Guinée équatoriale sont effectuées par le système de la représentation majoritaire proportionnelle ou la combinaison des deux. Guinée équatoriale un an plus de 50 ans d'asservissement de la loi au démocrate, un cas fréquent de l'utilisation de cette expression dans le gouvernement de la Guinée équatoriale actuelle. Je veux dire qu'en Guinée équatoriale il y a un gouvernement de facto pour s'être emparé du pouvoir après un coup d'État comme dans le cas de la dictature que nous avons dans notre pays, simplement celle qui occupe un vide de pouvoir à un moment donné. Notre équipe de pouvoir humain mobile au maximum représentatif des citoyens équato-guinéens et équato-guinéens dans une démocratie équato-guinéenne.

BRÈVE PRÉSENTATION DE LA DÉMOCRATIE PARTI LIBÉRAL DE G. ÉCUATORIAL. (P.L.D.G.E)

Qui est le président du gouvernement? En dépit d'autres positions exécutives de rang régional ou local, les mêmes positions législatives sont également démocratiquement attribuées par le vote dans la Guinée équatoriale moderne. Nous sommes l'équipe humaine démocratique qui défendra notre démocratie. Le gouvernement des majorités pour le peuple et pour le peuple de la République de Guinée équatoriale mais sans pour autant négliger les droits des individus ou descendre aux minorités. Nous veillerons à ce que la campagne qui défend notre démocratie soit comprise comme une doctrine politique et un mode de vie dans notre société et que le respect des droits de l'homme et des organisations des Nations Unies pour la protection des libertés civiles et civiles. les droits individuels et l'égalité des chances dans la participation à la vie politique, économique et culturelle de la société équato-guinéenne, notre démocratie sera également associée à d'autres pays qui ont cette forme de gouvernement. Par conséquent, tout dépendra de la démocratie du monde, par conséquent, notre démocratie a une charte ou une loi suprême comme guide pour les législateurs et comme une garantie pour les citoyens de Guinée équatoriale, dans le but de rendre leurs droits plus précieux et la nouvelle action du futur gouvernement. La démocratie et l'état de droit en Guinée équatoriale seront un système dans lequel les élites ont le contrôle économique, politique, social et humain d'une nation qui se souvient de l'objectif de la grande stratégie contre la dictature en Guinée Equatoriale mais qui établit un système démocratique et rend impossible l'émergence d'une nouvelle dictature. Pour atteindre ces objectifs, il est nécessaire que les moyens de lutte choisis contribuent à la distribution du pouvoir e la compagnie Sous la dictature, la population et institutions civiles de la société ils étaient trop faible et le gouvernement trop fort. Cependant, s'il n'y a pas de correction de ce déséquilibre, la nouvelle plan, comme que

OBJECTIFS GÉNÉRAUX ET SPÉCIFIQUES DU PROJET

- 1. Mettre fin à la dictature en Guinée équatoriale.

- 2. Accorder la liberté à tous les prisonniers politiques dans le pays.

- 3. Publier la loi d'amnistia générale qui permet à tous les Guinéo-Équatoriens exilés de retourner en Guinée équatoriale.

- 4. Convoquer un référendum populaire dans lequel le peuple équato-guinéen vote sans contrainte à sa propre constitution.

- 5. Garantir le respect absolu de la Loi fondamentale de Guinée équatoriale.

- 6. Mettre en place une véritable démocratie en Guinée équatoriale qui permette à la Guinée équatorienne de jouir de ses droits naturels.

- 7. Améliorer la qualité de vie des Guinéens équatoriens.

- 8. Maintenir des ententes permanentes d'intérêt mutuel avec la communauté nord-américaine, ce qui, je crois, fait de ce projet politique une réalité.

La République de Guinée équatoriale est un pays riche en ressources naturelles; situation dont je rêve de profiter pour améliorer la situation économique de mon pays. Ces ressources naturelles sont dans leur totalité la forêt, la mer et les ressources minières. La non-dépendance de l'économie nationale vis-à-vis du secteur pétrolier est un autre de mes autres objectifs; en gardant à l'esprit que la source de revenu économique d'un pays ne doit pas dépendre uniquement d'une ressource naturelle limitée comme la Guinée équatoriale. La promotion de la production industrielle dans le secteur agricole en Guinée équatoriale peut être une source économique très importante pour que l'économie nationale ne dépende pas uniquement de l'exploitation pétrolière. Le secteur de l'éducation et le secteur de la santé et d'autres secteurs avec lesquels je m'engage à travailler dur pour atteindre leur plus haut niveau de qualité. Tous mes efforts visent à inverser la situation de crise politique et économique qui menace ma nation et, pour ce faire, je compte sur le soutien de la communauté nord-américaine dirigée par les États-Unis pour promouvoir le respect des droits humains. Nous admirons le système politique et économique de l'EE. UU. Votre patriotisme, ses innovations, le processus politique, le développement humain, son système éducatif, etc., son soutien inconditionnel au peuple d'Israël et la lutte contre le terrorisme. Nous croyons que les pays victorieux avec les autres exemples de la Corée du Nord et de l'Iran, etc. Il est dans l'intérêt des États-Unis d'investir dans un drapeau libre et démocratique et non dans une Guinée corrompue sans garanties juridiques. Une Guinée libre et démocratique avec la permanence des États-Unis dans la région contribue également non seulement pour la liberté, mais aussi pour son influence dans la zone CEMAC et envoie un message aux extrémistes en Afrique. Il est temps que les États-Unis fassent quelque chose pour le peuple équato-guinéen; parce que la Chine soutient les dictateurs et gagne beaucoup d'influence en Afrique centrale. Nous sommes comme un fils à la recherche d'une famille qui peut adopter, nous avons regardé l'Asie, l'Europe ne croit que les Etats-Unis ont tout ce qu'il faut pour aider la Guinée équatoriale. Nous avons été abandonnés pendant 50 ans du 12 octobre 1968 à aujourd'hui, par le gouvernement de l'Espagne et sa classe politique, une différence des bénéficiaires de la loi qui affecte notre pays. Le dictateur de Guinée équatoriale achète les volontés de la souveraineté des politiciens espagnols et corrompt la classe politique.

LE JEUNE LEADER CRÉATION OBJECTIF RESTREINT

Ils se transforment en une action qui est utilisée pour atteindre un objectif restreint. Nous lancerons les campagnes de nos objectifs généraux de la résistance démocratique populaire des peuples de Guinée équatoriale. Comme le jeune leader l'espoir de la jeunesse de la Guinée équatoriale a fait sa définition et son analyse permet d'identifier les conditions précises pour réaliser chaque objectif sélectionné. Le besoin de clarté et s'applique également à la planification tactique. Les tactiques et les méthodes d'action sont utilisées pour mener à bien la stratégie. La tactique pour obtenir de meilleurs résultats, pour obtenir le maximum d'avantages, dans une situation limitée. Le choix des tactiques est basé sur le principe de la meilleure façon d'utiliser, dans une phase limitée de conflit, les moyens de combat disponibles pour mettre en œuvre la stratégie. Pour être plus efficaces, les tactiques et méthodes doivent être choisies pour les objectifs stratégiques. En gardant à l'esprit que le Parti libéral-démocrate de Guinée équatoriale ne renforce pas la réalisation des objectifs stratégiques, il peut, en fin de compte, devenir un gaspillage d'énergie. Une tactique, par conséquent, choisit un accord avec un plan d'action limité, qui s'inscrit dans une stratégie plus large; En plus d'une stratégie au sein de la grande stratégie. Les tactiques ont toujours à voir avec le combat, alors que la stratégie inclut des considérations plus larges. Alors qu'une personne en particulier ne peut être comprise que dans le cadre de la stratégie globale d'une bataille de campagne. Les tactiques sont utilisées pendant la période au-delà des stratégies, dans les zones institutionnelles plus petites, etc. avec

LE JEUNE LEADER A CRÉÉ UN NOUVEAU MOUVEMENT DE LA LIBÉRATION NATIONALE DE GUINÉE ÉQUATORIALE

Le Parti libéral démocrate progressiste de la Guinée équatoriale dans l'action non-violente, la distinction entre un objectif tactique et l'objectif stratégique peut en partie aller, en fait, que l'objectif de l'action est plus ou moins important. L'état de la situation indique, par exemple, que le principal est une stratégie établie en Guinée équatoriale, il nécessite un calcul de l'utilisation de notre propre intellect pour planifier la stratégie. L'incapacité de planifier intelligemment peut contribuer au désastre, tandis que l'utilisation efficace de nos capacités intellectuelles peut franchir le cap stratégique qui utilise judicieusement nos ressources disponibles pour pousser la société vers les objectifs de liberté et de démocratie en Guinée équatoriale. La complexité de la lutte contre le régime dictatorial en Guinée équatoriale. Le Parti libéral-démocrate progressiste de Guinée équatoriale travaille dur. Comme nous l'avons vu dans cette exposition, la lutte contre la violence est une technique complète d'action sociale, qui comprend une multitude de méthodes, une série de changements de temps et des pentes spécifiques. Pour être efficace, notamment contre la dictature, le défi politique nécessite une préparation et une planification. Les participants probables devront savoir ce que l'on attend d'eux. Les ressources doivent être disponibles. Les stratèges ont peut-être analysé comment le combat peut être plus sévère. Nous allons maintenant concentrer notre attention sur cet élément crucial. Le besoin d'une stratégie stratégique. Nous devons réfléchir à une stratégie contre la dictature en Guinée équatoriale. Nous allons mettre en œuvre l'augmentation de la campagne de défiance politique contre le célèbre dictateur à plus long terme en Afrique subsaharienne, il peut être initié de plusieurs façons. Dans le passé, ces luttes n'étaient presque jamais planifiées et lors d'événements accidentels. Aujourd'hui, certains des facteurs spécifiques qui ont déclenché les actions ci-dessus ont varié, mais souvent inclus nouveaux, l'arrestation des brutalités de la mort d'une personne en haute estime, une nouvelle politique ou d'un règlement de répression, le manque de respect des croyances religieuses ou anniversaire d'une fête importante liée à des événements. Notre réflexion et notre pensée que nous croyons il y a, certains individus ou groupes, bien sûr, il n'y a pas besoin de planification étendue pour le changement, ils pensent naïvement que, s'ils embrassent simplement leurs idéaux avec la force et la ténacité pendant longtemps, de telle manière qui finissent par les réaliser. D'autres personnes qui vivent et témoignent de leurs principes et de leurs valeurs face aux difficultés. Le Parti libéral-démocrate progressiste de Guinée équatoriale a un engagement et des objectifs très importants, mais très différents de ce qui se passe aujourd'hui en Guinée équatoriale. Personnellement, je crois que l'aide humanitaire et la loyauté aux idéaux ne sont pas admirables, mais c'est un instrument pour mettre fin à une dictature aussi puissante que le régime Obiang et conquérir la liberté que nous voulons qu'elle fasse en Guinée équatoriale. D'autres résultats de la dictature croient naïvement qu'elle a assez de violence et que la liberté viendra seule. Mais, comme nous l'avons noté précédemment, la violence ne garantit pas le succès. Depuis la libération de la Guinée équatoriale que nous avons commencée aujourd'hui, qui peut conduire à la défaite, une tragédie massive ou les deux. Dans la plupart des cas, la dictature d'Obiang en Guinée équatoriale est mieux armée pour lutter contre la violence et les réalités militaires, c'est pourquoi je dis que c'est rarement une faveur de la part des démocrates. Il y a aussi des activistes qui fondent leur action sur ce qu'ils pensent faire. Ces approches de la situation ne sont pas seulement des égos centristes, mais ils n'ont pas de guide pour développer une stratégie de libération pour la Guinée équatoriale. L'action basée sur l'essence, la grande idée qui a également été trouvée Que faire maintenant à la place de ce qui est une action basée sur un calcul minutieux des étapes à suivre pour suivre un régime dictatorial en Guinée équatoriale? Connais le pas, car il n'avait pas été sérieusement les successifs qu'il fallait prendre pour remporter la victoire. Maintenant, nous commençons la créativité et les idées sont brillantes, mais nous devons l'utiliser pour faire avancer la cause des forces démocratiques. Commencer à en savoir plus sur la multitude d'actions qui peuvent être prises contre la dictature, et les inaptitudes à déterminer et à commencer, conseillent certaines personnes. Faire tout le temps possible, mais, bien sûr, impossible, surtout dans les moments difficiles. De plus, cette approche n'est pas orientée vers l'avenir, l'emplacement des ressources est limité à d'autres endroits en Guinée équatoriale.

L'AUGMENTATION DES JEUNES LEADERS EN LUTTE NON VIOLENTE, CHANGEMENTS IMPORTANTS EN QUATRE SENS

Le parti libéral-démocrate progressiste de Guinée équatoriale met en œuvre quatre mécanismes de changement:

- Le premier mécanisme est considéré comme moins probable, même si cela s'est produit. Quand les membres du groupe avancent dans la lutte pour le dictateur, Obiang n'en fait pas partie.

- Le deuxième mécanisme est que la lutte non-violente peut être beaucoup plus puissante que ce que les mécanismes de conversion ou d'accommodement indiquent.

- Troisième mécanisme sur tous les mécanismes importants, le manque de coopération avec le régime de masse et le problème qui peut changer la situation politique ou sociale, en particulier les relations de pouvoir, la façon dont le dictateur de la Guinée équatoriale perd la capacité économique, contrôle social et politique du gouvernement équato-guinéen et de la société équato-guinéenne.

- Le quatrième mécanisme de changement, la désintégration du système de notre adversaire dans le régime actuel, c'est-à-dire l'affaiblissement de toutes les ressources des pouvoirs que le régime dictatorial a en Guinée équatoriale. Nous croyons qu'il est si complet qu'il n'a même pas le pouvoir de désintégrer le régime. Le Parti libéral-démocrate progressiste de Guinée équatoriale a prévu quatre termes clés pour la planification stratégique.

- Allergies à ces nouvelles stratégies de libération de la Guinée équatoriale, ces quatre mécanismes doivent être pris en compte. Cependant, parfois, pour une opportunité systématique, la sélection d'un ou plusieurs d'entre eux comme mécanisme de changement qui choisit de travailler dans le conflit permet de formuler des stratégies de renforcement mutuel, économique, humain, moral, politique, organisationnel, etc. d'un groupe qui cherche à atteindre ses objectifs dans un conflit

- La grande stratégie, qui consiste à concentré l'attention du groupe sur les principaux objectifs et ressources du conflit, à choisir parmi les techniques d'action les plus appropriées.

LE JEUNE LEADER EST DE DONNER DE LA VERTU ET DE LA CONFORMITÉ À SES PROMESSES

Les campagnes populaires de résistance démocratique de la Guinée équatoriale. En tant que jeune leader, l'espoir de la jeunesse équato-guinéenne est ferme et ferme dans les effets, les idées et les obligations dans l'accomplissement des engagements établis, nous sommes une équipe unie indépendamment des circonstances que cela peut apporter. Nous avons quatre termes importants pour la planification stratégique de la résistance populaire de la Guinée équatoriale. La résistance démocratique et populaire des amis de l'opposition équato-guinéenne augmente et renforce les ressources économiques, humaines, morales, politiques, organisationnelles, etc. Cela signifie que la grande stratégie, en se concentrant sur les objectifs du groupe, et les ressources primaires dans le conflit, choisir le plus approprié pour renverser le régime dictatorial de la Guinée équatoriale que les techniques d'action militaires conventionnelles, la lutte contre la violence être utilisé dans la lutte à l'intérieur du pays. Le Parti libéral-démocrate progressiste équato-guinéen, représentant équatorien de la grande stratégie, pour qui les leaders de la résistance à l'adversité ont un impact négatif et les influences qu'ils ont sur les adversaires auxquels ils sont confrontés. Nous croyons que plus tard, la grande stratégie qui explore les décisions sur les conditions et le moment approprié. Pour faire une initiation et un travail ultérieur, vous devez prendre un chemin petit à petit. La grande stratégie établit l'organigramme de base pour la sélection des stratégies des mineurs avec lesquels le développement de la lutte contre la dictature en Guinée équatoriale compte. C'est un accord qui implique une série de responsabilités qui ne peuvent être violées aucune de ses parties. Les engagements du jeune leader l'espoir de la jeunesse de la Guinée équatoriale a un engagement qui décide ce qu'il fait maintenant, et comment le faire dans un avenir incertain. Le jeune leader l'espoir de la jeunesse de la Guinée équatoriale Je suis fidèle à mes promesses et je maintiendrai ma loyauté même au fil du temps, et des circonstances différentes. Ma fidélité je suppose suivre un projet politique de ma vie qui est déjà fait d'actes de promesses comme une personne de gâteau. Le Parti démocrate-libéral progressiste de Guinée équatoriale a très bien compris le déplacement habile des groupes populaires de résistance démocratique des peuples de la Guinée équatoriale et des individus dans les petites opérations. Prévoyant une bonne stratégie, je dois considérer qu'elle nécessite une technique de combat, choisie pour le succès de l'opération. Le Parti libéral-démocrate progressiste de Guinée équatoriale est actuellement une tâche difficile. Bien sûr, répondre aux exigences n'est pas suffisant pour garantir le succès. D'autres facteurs peuvent être nécessaires. Lors de l'élaboration de stratégies, les démocrates doivent définir clairement leurs objectifs et déterminer l'étendue de l'efficacité des efforts pour les atteindre.

LE JEUNE LEADER REGARDE LES DERNIERES VERSIONS DE LA NATION ET REVIENT LES BONNES ADRESSES

Le jeune leader espère que la jeunesse de la Guinée équatoriale a parlé des irrégularités soulevées par conséquent suraigu, en Guinée équatoriale a lancé un appel aux États-Unis et en Amérique latine en faveur d'un plan politique pour un changement de régime et ne pas accepter plus tard, un régime dictatorial en Guinée équatoriale. Il espère que le jeune chef de la jeunesse de la Guinée équatoriale et les Américains ont un terrain d'entente, maintenant, nous devons accepter un régime totalitaire, opprimée, cruel et inhumain et réprimés en Guinée équatoriale. Le pays a été blessé lors d'une longue condamnation avec de nombreux dictateurs depuis 1968 jusqu'à maintenant. Comme le jeune chef espoir jeunesse Guinée équatoriale ont des responsabilités ne plus accepter la dictature en Guinée équatoriale travaille actuellement ensemble pour la journée, les opportunités dans la vie quand on est de soulever et d'autres doivent faire leur part. Nous allons aider ce pays en notre pouvoir, c'est pourquoi nous valorisons, la défense, la liberté et l'égalité, pour nos générations, le nouvel espoir. Young Leader a des choses comme la grande stratégie qui doit gérer les décisions concernant les conditions et le bon moment pour tester les tests. Les démocrates et les républicains sont toujours excellents, nous avons affronté ce type de confrontation internationale et cette lutte inactive, nous positionnons de nouvelles discussions sur la table. La lutte de l'avenir et le besoin d'activisme passionné. Je veux dire que nous commençons de nouveaux titres dans nos vies pour nous marier, élever nos enfants. La Guinée équatoriale est le pays souverain et indépendant et les citoyens permanents qui se battent pour libérer la Guinée équatoriale. C'est pourquoi nous trouvons de nouvelles façons de changer notre monde pour le mieux. Young Leader est de penser à faire la grande stratégie, établir le système de base pour la sélection des stratégies. C'est pourquoi nous trouvons de nouvelles façons de changer notre monde pour le mieux. Jeune chef est de penser comment faire la grande stratégie, l'établissement du système de base pour le choix des stratégies sous la dictature dure qui souffre le pays et ministre du gouvernement soutient à ce jour Guinéens ont peu d'espoir de démocratiser le pays. La même résolution à combattre en Guinée équatoriale. La grande définition détermine également les groupes qui peuvent être utilisés dans les tâches générales et la distribution des ressources qui ont été utilisées dans la lutte. Le pays veut maintenir la démocratie, mais maintenant avec la Guinée équatoriale et les citoyens des pays en développement, les communautés et les nations démocratiques internationales, et des appels Guinée équatoriale aux pays en développement pour aider les stratégies démocratiques du monde pour mettre fin à la dictature dure qui existe en Guinée équatoriale. nous penserons toujours à vous dans la stratégie et les objectifs dans le contexte de la grande stratégie choisie contre la dictature en Guinée équatoriale. La stratégie a à voir avec quoi combattre ou pas, quand et comment et comment atteindre le maximum d'efficacité dans la lutte pour de bonnes fins. Le Parti libéral démocrate et ses forces de résistance nationale en Guinée équatoriale, en tant que militants et organisations, veulent les outils dont ils ont besoin pour lancer la lutte contre le dictateur de la Guinée équatoriale. Je suis reconnaissant pour cela, nos communautés, nos familles et nos lieux de travail dans nos quartiers et les États, être plus intelligent et plus fort quand les démocrates et les forces de réception qui se battent pour le bien commun ont un siège à la table égale. Le Parti libéral-démocrate de Guinée équatoriale a créé une série de projets très attentifs et attentifs pour mettre fin au régime équato-guinéen. Le concept de notre stratégie a été développé par le Parti libéral-démocrate de Guinée équatoriale. Il est utilisé pour désigner le plan conçu pour résoudre le problème qui affecte la Guinée équatoriale. Nous élaborerons un ensemble de règles qui garantissent une décision optimale à tout moment. Notre stratégie est le processus sélectionné à travers lequel vous pouvez atteindre l'ensemble du territoire de la Guinée équatoriale à l'avenir. Nous sommes les meilleurs pour cela, nous avons pu faire tout notre possible, la stratégie a été comparée avec le concept d'artiste et la stratégie avec le projet détaillé ou le plan d'un architecte. La stratégie comprend également des efforts pour développer une situation si avantageuse pour les prétendants qu'elle peut entraîner un conflit ouvert et provoquer la défaite et, par conséquent, la capitulation sera décidée sans atteindre le combat. Sinon, permettez à la situation stratégique d'être aussi bonne que le triomphe des prétendants dans le concours maritime évident. La stratégie comprend également comment utiliser les avantages.

APPLICATION DE LA LUTTE CONTRE LA DICTATURE DE DÉVELOPPEMENT DE LA GUINÉE ECUATORIAL

Nous allons lancer plan stratégique difficile indiquant comment développer la campagne et la façon de combiner les différentes composantes de la campagne avec les autres, les propriétaires savent tout sur nos objectifs. Nous ferons des tâches difficiles qui impliquent le déplacement habile de groupes d'action particuliers, qui sont définis dans des opérations plus petites. Par conséquent, il doit y avoir le meilleur plan de travail pour une bonne stratégie, vous devez considérer qu'il nécessite une technique de combat, il sera choisi pour le succès de l'opération. Le premier sens renvoie à la destruction de l'arsenal du dictateur. Notre concept est également construit pour annuler toutes sortes d'activités du régime. Les entreprises commencent à démanteler les installations, la crise économique. Les marchands commencent à fermer leurs locaux. Prenant en compte que cette lutte contre le dictateur de la Guinée équatoriale, a différentes techniques que nous allons utiliser pour avoir des demandes différentes. Bien sûr, il répond aux exigences qu'il dit, il ne suffit pas de garantir la victoire. Il est possible que les facteurs les plus importants dans l'histoire de cette lutte contre le dictateur Obiang de la Guinée équatoriale et son régime totalitaire. Nous croyons que, dans les stratégies de cartographie, les démocrates doivent clairement définir leurs objectifs et déterminer comment mesurer l'efficacité des efforts pour les atteindre. Nous allons d'abord lancer ce que nous allons faire pour déterminer l'origine étymologique du terme cartographie. Nous allons créer la cartographie comme une science responsable de la cartographie des cartes géographiques. Je pense qu'il est possible d'augmenter la compression sur le sens. Cette définition et cette analyse permettent au stratège d'identifier les conditions précises pour atteindre chaque objectif sélectionné. Le besoin de clarté et de définition s'applique également à la planification tactique. Nous nous assurons qu'il y a des tactiques et que les méthodes d'action sont utilisées pour mener à bien la stratégie. Nous allons attaquer le régime dictatorial cruel de la Guinée équatoriale et mobiliser les électeurs pour les vaincre. Si nous ne profitons pas de ce changement d'élan, nous sommes prêts avant de le réaliser. C'est pourquoi nous devons faire évoluer notre plan d'action et mener la lutte contre le dictateur équato-guinéen. Tenant compte de cette tactique se réfère à la meilleure utilisation des forces de la propriété, pour obtenir une rentabilité maximale pour avoir un avantage, dans une situation limitée. Cela signifie qu'une tactique est une action limitée, qui est utilisée pour atteindre un objectif limité dans cette lutte contre le dictateur de Guinée équatoriale.

LES GUERRIERS MONTRENT L'AVENIR UN GRAND COURAGE DEVANT LEURS ENNEMIS

Stratégies de résistance populaire en Guinée équatoriale, notre travail basé sur la valeur de la décision et de la passion avec cette action, en particulier avec laquelle une action spéciale est entreprise contre les ennemis. Merci à vos efforts pour aller de l'avant et atteindre vos objectifs. La désintégration de la dictature, bien sûr, sera une grande fête en Guinée équatoriale. Les gens qui souffrent depuis plus de trois décennies d'un régime cruel et inhumain et qui ont payé un prix élevé à ces personnes, sont maintenant un moment de joie, de détente et de reconnaissance dans ce triomphe. Nous ferons un travail d'action générant un effort physique ou moral dans ce but, nous ne manquerons pas des grands efforts concentrés dans le travail, qui deviendra un effort plutôt que de se débarrasser des chaînes. Supposé que, avec un grand effort intellectuel, et économique, cela n'a pas été compensé, avec le succès correspondant. La Guinée équatoriale doit être fière de lui-même et de tous ceux qui ont la possibilité de gagner la liberté politique. Je ne sais pas exactement si tout le monde est dans cette journée de la vie pour célébrer cette belle journée. Ce sera un jour entre les vivants et les morts, ce sera comme une manière de répondre à l'histoire de la liberté dans mon pays. A ce moment précis, malheureusement, c'est une petite opportunité pour réduire la surveillance dans mon pays. Un leader a besoin de manger pour être fort et le peuple équato-guinéen sonnera toujours la mort pour le puissant mal qui existe en Guinée équatoriale. Nous lancerons l'espoir et signons pour nos personnes qu'une personne a dans laquelle, quelque chose arrive ou fonctionne d'une certaine manière dans laquelle une autre personne a agi, comme les personnes de besoin. J'ai pleinement confiance en mes capacités, la confiance que le jeune leader a placée en moi. La sécurité et le droit à l'action sont obligatoires, dépositaires de la confiance dans notre peuple, de l'espoir et de la fermeté, donc, nous essayons de nous témoigner nous-mêmes et l'esprit de vigueur pour agir. Réfléchissez avant d'agir et travaillez aussi comme nous le ressentons, pas comme nous le savons. Selon notre attitude, en tant que personnes humaines qui luttent, physiquement, moralement, pour quelque chose, ils font ces efforts. Nous croyons que grâce à nos efforts de livraison, de tous les camarades de lutte, nous avons réalisé, plus de bénéfices que jamais, ces dernières années. C'est pourquoi ce travail est un symbole de l'univers, dans lequel nous reconnaissons que l'effort de l'homme ne cesse de dominer la nature. J'ai la confiance de renverser, le rival, il y a un concept que nous analysons maintenant, Bien que la dictature se soit désintégrée en raison du danger politique, nous devons maintenant prendre des précautions pour l'empêcher de devenir un nouveau régime sans justice équitable. un pays avec la confusion qui accompagne le renversement de l'ancien régime dictatorial de la Guinée équatoriale. Nous allons promouvoir la démocratie en Guinée équatoriale, préparée en avance. Nous travaillerons pour établir les bases constitutionnelles et légales, ainsi que les règles de conduite d'une démocratie durable en Guinée équatoriale. Qui croit que la chute de la dictature en Guinée Equatoriale est une société idéale? La désintégration de la dictature facilite simplement le point de départ, dans des conditions de liberté réévaluée, afin qu'elles soient menées plus à long terme pour améliorer la réponse et la société. Après la chute du régime dictatorial de la Guinée équatoriale, les démocrates seront de sérieux problèmes politiques.

PARTI LIBÉRAL DEMOCRAT DE GUINÉE ÉQUATORIALE. PLAN STRATÉGIQUE, LE MONTAGE DE LA LIBÉRATION DE LA GUINÉE ÉQUATORIALE

Il y avait un moment pas si lointain dans lequel l'escalade était l'une des activités qui représentaient le mieux la montagne et la liberté, cette profonde émotion qui traverse les veines bouillir le sang. La situation est prévisible de ne pas pouvoir pendant longtemps, le problème qui a touché le peuple de la Guinée équatoriale. L'épée concernant la réaction dans cette situation qui traverse la Guinée équatoriale. Nous ferons tout ce qui est en notre pouvoir pour garantir un avenir de confiance au stade de la résistance sélective, comme la croissance des retraites, des institutions sociales, économiques et politiques. Les politiques sont progressivement élargies pour créer les espaces démocratiques de la société et le contrôle de la dictature afin qu'elle ne réapparaisse pas en Guinée équatoriale. Les institutions civiles de la société guinéenne sont nouvelles contre la dictature de la Guinée équatoriale et que la population est actuellement dans la construction de la liberté dominante de la démocratie. Une société qui ne vit pas libre et indépendante à cause de la domination de la dictature qui existe en Guinée équatoriale. Nous annonçons l'action pour libérer le peuple de la République de Guinée équatoriale. En Guinée équatoriale, la liberté se réfère à la faculté de leurs êtres humains bien-aimés de développer une action selon leur propre volonté. Les nouveaux remplacent la liberté habituelle de rejoindre d'autres vertus telles que la justice et l'égalité. Si la dictature de la Guinée équatoriale est un outil pour ne pas augmenter la liberté, quand nous l'avons, nous devons lutter contre la violence pour défendre ce nouvel espace gagné, et ensuite nous voulons que le dictateur de la Guinée équatoriale fasse face à un autre front La lutte Avec le temps, cette combinaison de résistance et de construction institutionnelle peut mener à la liberté. La période de temps étendue au pays ce type de gouvernement et le temps qui n'a pas été utilisé du tout dans le pays que le président de la Guinée équatoriale a ce type de mandat. Nous travaillons et consolidons pour réaliser un grand triomphe pour l'effondrement de la dictature en Guinée équatoriale savent qu'il est difficile de poursuivre, mais la probabilité indéniable de lier et de la mise en place formelle d'un système démocratique en Guinée équatoriale devient indéniable, parce que les relations ont été Altérée principalement par le pouvoir au sein de la société. Guinée équatoriale a un régime politique dans lequel une seule personne gouverne avec un pouvoir absolu en Guinée équatoriale, sans préjudice des limites et le pouvoir d'adopter et de modifier la loi comme un caprice de sa volonté. Lorsque les équato-guinéens souffrent en Guinée équatoriale des trois despotismes et de la tyrannie de la dictature la plus littéraire et la moins courante, ils soulignent l'abusif et illimité. Les citoyens et les opposants à la dictature appellent la forme de gouvernement exercée par une seule personne et les familles qui utilisent le pouvoir arbitrairement et sans être proches. Nous observons que le régime dictatorial de la Guinée équatoriale qui agit dans le système que nous réservons est toujours un coup porté à la société par les châtiments, les arrestations, l'emprisonnement et l'occupation d'actions de ce type. De ce point de vue, c'est une question de temps avant que la société ait complètement renversé le régime. Bien que la dictature de la Guinée équatoriale soit disponible dans la société guinéenne, il est possible d'organiser un nouveau gouvernement démocratique parallèle. Autrement dit, il fonctionnerait de plus en plus comme un gouvernement rival, tout comme la population et les institutions de la société de prêt, d'obéissance et de coopération. La conséquence en est que la Guinée équatoriale et ses citoyens équato-guinéens sont victimes de ce type de président et que leur forme de gouvernement est une forme de gouvernement caractérisée par l'absence de contrôle démocratique, le processus qui a conduit à la concentration. Tout le pouvoir dans le pays. Guinée équatoriale, un pays qui a mené Theodore Obiang depuis plus de 38 ans, mais avec le système politique en utilisant la force et la violence se concentre tout le pouvoir en une seule personne pour votre groupe et de l'organisation et le peuple de la République de Guinée équatoriale. Nous croyons que ces caractéristiques du gouvernement doivent cesser. Enfin, un gouvernement démocratique capable de réaliser un régime démocratique en Guinée équatoriale dans le cadre de la transition vers un système démocratique. En temps voulu, une nouvelle constitution sera adoptée et des élections seront organisées dans le cadre de la transition démocratique en Guinée équatoriale.

LA SITUATION DES TROIS POUVOIRS DE LA RÉPUBLIQUE DE GUINÉE DICTATORIAL

La constitution équato-guinéenne reconnaît l'existence et l'indépendance des trois pouvoirs de l'État et le multipartisme politique sur le territoire national, réalité constitutionnelle clairement violée par le régime de Theodore Obiang Nguema. Le régime équato-guinéen est totalitaire, c'est-à-dire que le pouvoir absolu tombe sur son dictateur et son parti le P.D.G.E. (Parti Démocratique de Guinée Equatoriale). Le pouvoir exécutif dirigé par le dictateur Obiang est celui qui contrôle l'absolution de toutes les structures gouvernementales du pays; les pouvoirs comme le législatif et le judiciaire, simplement aider à collaborer. Les élections sont banales car elles ne permettent pas au Polonais de choisir d'agir en tant que représentant pour prendre des décisions qui concernent la société en général. En tant que dirigeant politique, j'exige la nécessité de créer une administration fondée sur le respect de l'indépendance de ces trois puissances pour garantir une véritable primauté du droit dans la République de Guinée équatoriale. Pour une bonne gestion du pays, le Président de la République doit respecter l'autonomie des pouvoirs (Exécutif, Législatif et Judiciaire), pour garantir à ses citoyens une administration saine, équilibrée et transparente; Si cela ne se produit pas, nous ne pouvons pas parler d'un État démocratique en Guinée équatoriale. Nous croyons que le pouvoir fait une essence de la vie politique, impliquant une relation de commandement et d'obéissance. Avoir le pouvoir est la possibilité de produire des conséquences dans l'autre ou d'attirer certains physiciens ou idéaux, nous croyons que le pouvoir politique est toujours le développement parmi les êtres humains. Le pouvoir politique est un pouvoir d'énergie à travers l'obéissance des promesses. Notre pouvoir est le produit des relations humaines, donc un phénomène social permanent. Obiang ne respecte pas la répartition des pouvoirs en Guinée équatoriale, une situation qui lui permet de faire avec la Guinée équatoriale ce qu'il juge convenable et pour cette raison, notre pays est dans le groupe des pays les plus corrompus du monde; Depuis, le dictateur et le gouvernement manipulent les lois à mesure qu'elles tombent mieux. Les condamnations judiciaires sont dictées par le dictateur à travers les juges, les procureurs ou les magistrats qu'il nomme et cesse lui-même quand il le veut. En tant que démocrate, je suis, je demande aux États-Unis, la France et Espagne, par ses diplomates, appuyer plus fort au régime de liberté Malabo. Obtenir avec la paix en Guinée équatoriale n'est pas une tâche facile, exige des compétences stratégiques, une organisation et une bonne planification. Il est essentiel que les démocrates puissent renverser la dictature et mettre en œuvre la liberté politique, mais sans avoir besoin d'exercer leur propre pouvoir de façon affective en Guinée équatoriale. I comme adversaire démocratique du régime, souhaite inverser cette situation chaotique dans laquelle la population de mon pays que le AFIN pouvoir des démocrates, tant désiré pour la démocratie mis en place en République de Guinée équatoriale est bloqué; et, pour y arriver, j'aurais besoin d'outils de travail qui facilitent ce processus. Ces instruments ou ressources peuvent être:

- Ressources humaines de la quantité et de l'importance des personnes et des groupes qui obéissent, coopèrent et soutiennent les dirigeants.

- Les connaissances et les compétences dont l'équipe a besoin pour mener des actions spécifiques contre le régime guinéen équatorial. L'analyse encourage les dirigeants du monde à résister aux stratégies qui, à leur avis, alimentent efficacement et en même temps réduisent le niveau relatif des victimes. L'analyse n'est pas interprétée comme lorsque la dictée guinéenne met fin à tous les autres problèmes qui ont disparu. La chute du régime de la Guinée équatoriale ne se traduit pas par une utopie; au contraire, il ouvre une nouvelle façon de travailler ensemble et travailler ensemble pour bâtir un relations politiques, économiques et sociales plus équitables et d'éliminer d'autres formes d'injustice et de l'oppression en Guinée équatoriale. J'espère que cette brève analyse fait qui peut désintégrer la dictature de la Guinée équatoriale, où il a vécu pendant 50 ans dominent plus que jamais, la quantité de liberté et d'être libre d'une grande expression de chemin.

STRATÉGIE GÉNÉRALE
DE DÉSINTEGRATION DU
RÉGIME DICTATORIAL

Démocrates croient que pour que le mouvement non-violent puisse changer le régime en Guinée Equatorial. El dictateur de la Guinée équatoriale, voler ce qui est d'appauvrir pour tout le monde et pour le pays, malversant en dehors du pays en matière de charge, les citoyens paient pour les plats cassés, bloquent les réseaux internet et bloquent les chaînes de télévision, payez ici plus pour essayer d'être libre en Guinée équatoriale de tuer comme ils le font. PDGE est Theodore Obiang Nguema et sa famille d'amis ainsi, et équato-guinéens équatoriaux citoyens guinéens vivent dans la peur d'un autre 50 ans d'hivers durables, encore 70 ans sans une vie meilleure en Guinée équatoriale. Guinée équatoriale n'a pas le soutien de la communauté internationale au meilleur de la représentation diplomatique qui est dans la capitale Malabo de la République de Guinée équatoriale est la communauté internationale qui sont témoins de tous les événements historiques qui se produisent tous les jours en République de Guinée équatoriale, et Si celles concernant sont les pays d'origine, reçoit des informations Adema actuelle, les pays d'origine oublient que les envieux dans un poème inhumain de dictatorial cruel pour les violations de l'excellence des droits de l'homme de relancer les organes diplomatiques La Guinée équatoriale est incroyable. La communauté internationale ne peut pas éviter le dictateur de la Guinée équatoriale à quitter le pouvoir et une nouvelle communauté à la démocratie en Guinée équatoriale et nous savons qu'il est difficile pour que cela se produise, mais nous devons demander et de se battre. Tout le monde sait que vous pouvez vendre un ambassadeur de la terre dans un pays qui peut garder le dictateur de la Guinée équatoriale prolongée au pouvoir et violer les droits de l'homme dans leur temps de pays. Les pays d'origine en bon termes, la transmission des relations diplomatiques en réalité, les ambassadeurs devraient être tenus, le régime dictatorial de la Guinée équatoriale, dont au moins, rencontrer, droits de l'homme, savoir en Guinée équatoriale, avec toutes les richesses vous avez, des matières premières, non, c'est, pour pouvoir le faire, quelque chose qui ne peut pas vraiment être fait en Guinée équatoriale. En plus des bons mots, est de faire pression sur le dictateur à faire pour le processus démocratique en Guinée Équatorial. Tout fait le monde sait aussi que les mêmes Guinéens, et la vie guinéenne à l'intérieur et à l'extérieur du pays, ces pays accusant origine, ils utilisent les ressources du pays pour défendre le dictateur. On sait aussi que la Guinée équatoriale avec les pays occidentaux ne manque pas de protection au dictateur. En mettant l'accent sur les pays occidentaux, le formateur de la milice Israël, les ressources économiques qui exploitent UU.EE. Espagne, France, Russie, anglais, chinois etc. Que se passe-t-il dans le monde? Ressources de la Guinée équatoriale, moins cher que le gouvernement démocratique, dès maintenant, faire les calculs nécessaires pour tirer le meilleur parti de leurs matières premières, la Guinée équatoriale avec ses ressources de la communauté internationale pour parvenir à une en Guinée équatoriale, nous comprenons la fourniture de relations diplomatiques connaissent tous les abus subis par le peuple de Guinée qui Equatorial. Para autant de personnes que le pays, la dictature, la pauvreté et la corruption, ce qui laisse les gens de travail, les gens meurent pour les meurtres injustes, les injustices qui laissent les gens parler des mensonges, tromperies d'autres dans le pays, permet au dictateur, générer la torture et les mauvais traitements qui prennent en charge le même président et son gouvernement en Guinée équatoriale, les citoyens de la Guinée équatoriale et la Guinée équatoriale Ils vivent avec la peur et l'intimidation dans le pays. Notre parti lancera une campagne de non-coopération et de défi politique. Désintégrer la dictature en Guinée équatoriale. Et établissez une résolution démocratique durable et fonctionnelle. Nous savons que ce sont des objectifs plus difficiles à atteindre

- Facteurs intangibles les facteurs psychologique et idéologique ils peuvent faire que les gens obéissent et soutenir les leaders et les ressources matérielles Le dictateur a le contrôle à quelle distance les dirigeants de la propriété ou avoir accès aux ressources naturelles, le système économique national, les moyens de communication et de transport.

4. La dissuasion de la compétitivité et l'efficacité de la bureaucratie, les contrôles et réglementation excessive, peut faire des politiques et les opérations du système inefficaces. La hiérarchie du pouvoir d'une dictature est toujours, dans une certaine mesure, instable et parfois extrêmement grave, puisque les individus ne restent pas immuables dans leurs positions et leurs degrés, mais peuvent aussi atteindre d'autres niveaux ou être complètement séparés et remplacés par un nouveau personnel

5. Les secteurs de la police ou des forces militaires peuvent agir pour atteindre leurs propres objectifs, y compris leurs propres objectifs, même s'ils vont à l'encontre de la volonté du régime dictatorial de la Guinée équatoriale.

6. Si la dictature est nouvelle, il faut du temps pour être sûr - Comme dans la dictature très peu de gens prennent les décisions, des erreurs de jugement, de politique ou d'action sont susceptibles de se produire.

Comment attaquer la dictature. Connaissant ces faiblesses complexes, la résistance démocratique peut essayer d'aggraver délibérément ces talons, une fin du système drastiquement bien désintègre sachant que selon notre conclusion est évidente. Malgré l'apparition de la force, toutes les dictatures ont leurs faiblesses, leurs inefficacités internes et leurs rivaux personnels. Ces faiblesses, au fil du temps, doivent rendre un plan moins efficace et plus vulnérable à des conditions changeantes et à une résistance délibérée. Mon intention est de faire un plan général où le dictateur ne peut pas être détruit ou s'il y a des victimes, même si c'est reconnaître que toute ligne de conduite possible pour réaliser la libération de la Guinée équatoriale souffre des souffrances et des risques potentiels.

RENFORCER LA DYNAMIQUE DE LA LUTTE NON VIOLENTE

Comme pour la capacité militaire, le défi consistant à faire des choses différentes, à créer des conditions propices à la résolution pacifique des conflits, à désagréger le régime qui est notre contraire. Mais la dynamique du défi politique est très différente de la violence. Cependant, les outils sont pour les utilisateurs de la lutte, ils le font avec des moyens très différents et avec des conséquences différentes. Lés modes et les résultats des conflits violents sont bien connus. Armes fiscales sont utilisées pour intimider, blesser, tuer et détruire. La lutte n'est pas une technique beaucoup plus variée et complète que la violence: cependant, c'est une lutte qui utilise les armes, les politiques économiques, sociales et psychologiques appliquées par la population et les institutions de la société. Une différence de violence est l'instrument idéal pour refuser l'accès au régime à ces sources de pouvoir.

LA DISTINCTION ENTRE UN OBJECTIF TACTIQUE ET L'OBJECTIF STRATÉGIQUE

Dans l'action non-violente, cela peut être dû, en partie, au fait que le but de l'action est plus ou moins important. Parti libéral-démocrate de Guinée équatoriale Concevoir des politiques pour promouvoir une égalité réelle et effective dans tous les domaines et institutions. L'égalité de base mais réelle, indépendamment du sexe, des croyances et du lieu de résidence. Nous allons garantir l'union et l'égalité de tous les Guinéens. Nous nous opposerons à toute tentative de demander la séparation dans notre pays. Parti libéral-démocrate de Guinée équatoriale travaille dur pour inclure une nouvelle section sur les droits sociaux dans la Constitution. Nous donnerons un degré maximum de protection et de garanties au droit à la santé; le droit aux services sociaux; le droit au logement; le droit et le devoir de protéger l'environnement; les droits des consommateurs et des utilisateurs; le droit d'accès, dans des conditions d'égalité, à la jouissance des services publics et des services économiques d'intérêt général; et le droit à une bonne administration Le Parti libéral-démocrate de Guinée Equatoriale approuve une loi de garantie budgétaire des droits sociaux. Fournir des ressources aux institutions chargées de garantir les nouveaux droits inscrits dans la Constitution en Guinée équatoriale. Les démocrates de la Guinée équatoriale garantiront un nouveau système de santé universel, de sorte que personne ne manquera d'assistance sanitaire en Guinée équatoriale. Nous rétablirons l'universalité de la couverture du Système National de Santé. Nous mettrons en place, en parallèle, les mesures nécessaires pour assurer la collecte des services de santé fournis aux citoyens d'autres pays, pour lutter contre le tourisme de santé en Guinée équatoriale.

DÉVELOPPEMENT DE PROJETS: PROPOSITIONS POUR DES RÉFORMES SOCIOPOLITIQUES, CUTURELLES ET ÉCONOMIQUES

Le Parti libéral-démocrate progressiste de Guinée équatoriale a ces paris qui doivent d'abord passer et dessiner ce chemin de conception vers la démocratisation par le peuple équato-guinéen et les perdre pardonner le travail de réparation des dommages causés par le régime précédent. Ce projet politique propose une réforme pour l'amélioration de l'économie nationale, la création du système renouvelé d'énergie propre, où les protocoles sont révélés pour suivre la situation des pays dans lesquels l'économie de la Guinée équatoriale. Nous croyons qu'il est important que les partis politiques expliquent que les enfants pensent aux politiques qu'ils promettent et qu'ils dépensent l'argent de tous les Guinéens. Compte tenu du vide économique laissé par le parti au pouvoir en Guinée équatoriale, ils traversent arbitrairement l'économie du pays. Nous avons l'intention que nos revenus et nos dépenses publiques ne participent pas au peuple guinéen et nous ne faisons pas de propositions qui s'adaptent à la réalité. Nos valeurs de revenus et de dépenses correspondent à nos principaux axes dans notre programme politique: reconstruire les moyens de la classe moyenne et de la classe ouvrière, mettre le capital humain et l'innovation au centre de l'économie nationale. Les impôts nationaux sont réduits, une situation qui permet aux citoyens équato-guinéens d'accumuler de l'argent dans leurs comptes pour l'acquisition d'autres biens ou pour la consommation future et au moment où ces valeurs sont retournées. Pour y parvenir, nous encouragerons les réformes qui augmentent la croissance économique, réduisent les dépenses absurdes, prennent des mesures contre la corruption institutionnalisée et améliorent les réformes financières à un faible coût, forçant les investisseurs nationaux et internationaux à investir en Guinée équatoriale. Le secteur éducatif, très fondamental pour la société d'aujourd'hui qui a été oublié en Guinée équatoriale pendant des décennies, la catégorie d'évaluation des formateurs, le manque d'écoles, les centres de formation professionnelle, ainsi que le manque d'universités et les possibilités de Université, les étudiants de partout dans la Hune nationale, est la principale préoccupation de ce projet politique. Je crois qu'avec D n Angel Elò, politicien équato-guinéen, en pleine conscience de l'importance de l'éducation pour le développement de toute la société humaine, la fourniture de ce projet politique, un plan d'action pour le bon fonctionnement du secteur éducatif de la République de Guinée équatoriale. Ce plan d'action, prévoit en premier lieu la formation d'un cadre de professeurs équato-guinéens qui, plus tard, s'ajoutera aux cadres existants; et, par obligation professionnelle, tous ceux-ci, à la fin de l'année scolaire, devraient participer à un cours de recyclage qui leur permettrait de se mettre à jour périodiquement et d'améliorer l'année scolaire suivante. Deuxièmement, ce plan d'action anticipait la reconnaissance de la tâche ardue que les formateurs exigeaient grâce à des paiements leur permettant d'offrir le maximum de performance possible dans les centres où les fonctions exercent leurs fonctions et respectent leurs horaires de cours. Troisièmement, ce plan prévoit un code disciplinaire qui réglemente le comportement de la figure de l'enseignant. Le formateur en tant que figure exemplaire de son élève doit se comporter de manière responsable envers ses élèves. Par conséquent, la vente de notes et de relations sentimentales entre les formateurs et les étudiants est interdite. qui sont dans ce plan d'action qui présument le projet politique qui peut activer le secteur éducatif de la République de Guinée équatoriale. Quatrièmement, ce plan reconnaît l'avenir d'un pays qui traverse, ce qui empêche les activités académiques sont mieux que possible, tous les outils nécessaires pour le meilleur développement de leurs études et celui qui est résolu avec la construction des universités Avec des fonctionnalités modernes, via Internet ou par le biais de livres, il est important pour les étudiants. raison pour laquelle, ce plan permet de mettre à la disposition des bibliothèques toutes les normes nationales, les livres et les connexions wifi à l'usage exclusif des professeurs et des étudiants; puisque ces deux outils facilitent l'éducation de l'étudiant. Séparateur pour faciliter l'étude à tous les enfants de la famille qui a des moyens économiques, qui a aussi accès à une éducation de qualité comme ce projet politique promet aux enfants de la Guinée équatoriale. L'Etat, à chaque fin du cours, récompensera économiquement les étudiants, avec des qualifications académiques acceptables, comme les meilleurs centres éducatifs. Cette pratique serait une motivation pour les étudiants. Il n'y a aucun doute que le S.E.N. Le système éducatif national peut être modifié avec l'insertion de nouveaux sujets importants pour la formation des êtres humains et l'élimination.

LE MONDE A ÉTÉ IMPOSSIBLE POUR LE RÉGIME TOTALITAIRE PRÉSIDÉ PAR LE PRÉSIDENT TEODORO OBIANG

Impossible pour le régime totalitaire présidé par le président Theodore Obiang.no exclure la possibilité de coopérer avec la communauté internationale en général et en particulier avec la communauté américaine. Mon projet politique, en tant que tel, s'engage à travailler en coopération avec la communauté nord-américaine dans tous les secteurs d'importance vitale pour le développement des sociétés humaines. Pour cela, c'est le projet politique qui ouvre la porte à tous ceux qui contribueront directement ou indirectement au développement de ma nation notre pays bien-aimé République de Guinée équatoriale traverse une période très difficile pour la crise économique qui miles décalé Les Guinéens sans travail sans ressources, pour pouvoir subvenir aux besoins de leurs familles et des kilomètres de jeunes impliqués dans la délinquance et la prostitution. De plus, cette politique qui ne permet pas aux citoyens guinéens sont libres et peuvent voter librement choisir leur cible qui doit être ajouté le contrôle militaire des rues dans nos des nous villes avec des pièges de toutes sortes. La cause de toute cette situation de pauvreté et de manque de droits est le gouvernement du parti démocratique de Guinée équatoriale PDGE. Avec sa mauvaise gestion, le pays est divisé en plusieurs parties par une majorité de Guinéens vivant dans la pauvreté dans le pays. D'autre part, les principaux ministres du PDGE et les membres du président Obiang, qui ont mis fin aux ressources provenant du pétrole et sont devenus des milliardaires dans le pays. Alors qu'il y avait un manque d'écoles, d'hôpitaux, d'eau potable et de logements, le président a dit qu'il devait donner à tout le monde du travail, de la lumière pour tout le monde, des hôpitaux pour tous, des logements et tout le monde. Qu'avez-vous de ces promesses trompeuses pour les gens? Face à cette situation d'injustices, de misères et de promesses généralisées sans se conformer au PDGE, vous avez tous les moyens de communication à votre portée. Nous prenons cette décision que, avec les élections en Guinée équatoriale, vous ne pouvez pas battre le dictateur et son régime avec le pouvoir que vous avez. Ainsi, il a créé une partie pour mobiliser l'ensemble de la population de la Guinée équatoriale, d'arrêter le pouvoir de la présence autre. La de nombreux investisseurs dans un système économique augmente la probabilité d'atteindre le plein emploi, qui est l'un de nos plus grands désirs priorité Les tarifs de la consommation d'énergie électrique et d'autres services publics ont été réduits aux familles et reçus à travers eux. L'État doit inclure des politiques visant à augmenter les dépenses sociales chaque année: une aide supplémentaire pour les familles qui aident de nombreux ménages avec moins de ressources à se déchaîner économiquement. Investir pour améliorer nos institutions, améliorer le personnel de l'administration de la justice et mettre en œuvre un plan garantissant la compatibilité des systèmes d'information juridique pour l'ensemble de la zone nationale. Le changement dans le modèle de production arrive, mettant fin au manque de fonds dans l'éducation et à la stagnation d'un plan contre l'échec scolaire. Parallaxe plus de ressources pour les étudiants, en particulier dans les milieux défavorisés, pour contrer plus de soutien aux enseignants dans la salle de classe, ce qui profite aux étudiants. Nous investirons pour améliorer nos institutions, améliorer le personnel de l'administration de la justice et mettre en œuvre un plan garantissant la compatibilité des systèmes d'information judiciaire dans l'ensemble du secteur national.

MEILLEURE INFORMATION ET GESTION POUR AVOIR PLUS DE RESSOURCES ET UNE MEILLEURE QUALITÉ

Le jeune leader l'espoir de la jeunesse de la Guinée équatoriale travaille dur pour la croissance de l'emploi, il peut être attribué plus à un sens, d'un point de vue, nous pouvons comprendre l'action et comment générer du travail, et offrir des emplois. Pendant quelques décennies, l'esclavage, la sécheresse d'une situation injuste, la satiété de la propriété, où le travailleur était un esclave devenu la propriété de quelqu'un, étaient la manière dont les gens étaient liés par le travail. Notre démocratie et actuellement la forme la plus répandue d'emploi en Guinée équatoriale, pour le travail salarié, dans la relation de dépendance. C'est-à-dire, l'employé ou le travailleur qui a un contrat avec son employeur dans lequel la valeur par laquelle la force de travail est vendue est fixée, et les conditions dans lesquelles il a été fourni, l'emploi. Le jeune chef et son Parti libéral-démocrate de la Guinée équatoriale fixeront le prix du travail et de la rémunération, chaque guinéen et Guinéens seront payés un salaire journalier, quinzaine par mois, et le salaire, qui est la nouvelle vie de tous les Guinéens de la Guinée équatoriale. Le Parti libéral démocrate de Guinée équatoriale améliore l'indépendance de nos professionnels. La Partie garantit l'égalité des services et des services de base dans tous les districts, provinces et municipalités dans le domaine de la santé. Nous nous mettrons d'accord sur un portefeuille de services communs afin d'éviter des différences injustifiées de couverture entre les districts et les provinces. Nous créerons le

Portail national de la transparence en santé qui recueille des données et des indicateurs sur la qualité des soins, la thérapie et l'efficacité des services hospitaliers et des centres de santé pour obtenir des données objectives et fiables permettant de détecter les mauvaises et bonnes pratiques. Un plan national d'infrastructure de santé et un plan national de santé qui permettent de détecter les dysfonctionnements et les inefficacités grâce à des données statistiques comparatives. Il met également en œuvre une stratégie de réinvestissement à long terme qui implique, non seulement l'incorporation de nouvelles technologies de la santé, mais aussi le désinvestissement dans lequel il n'est pas efficace, passant en revue toutes les stratégies de santé sans enfant. Parti libéral démocrate de Guinée équatoriale Amélioration des soins à domicile pour les patients chroniques et dépendants, et nous ferons de la prévention l'axe central du système qui, Nous développerons la loi générale de la santé publique en promouvant la prévention par l'éducation primaire et la santé en tant qu'outils d'épargne à moyen et long terme, et les démocrates libéraux étendront le catalogue des tests diagnostiques accessibles aux professionnels et à leurs propres moyens de diagnostic. Nous établirons un plan de coordination pour les services de santé, les pharmacies et les travailleurs sociaux. Nous allons fournir à ces professionnels de nouvelles compétences et de nouveaux mécanismes. Libéraux démocrates Améliorer l'efficacité du système de santé à travers le développement d'un nouveau décret de référence et d'utilisation des médicaments par les infirmières basé sur le consensus du secteur. Coordonner les services sociaux et de santé pour offrir des services de santé complets. La responsabilité et le modèle de la pharmacie. Parti libéral-démocrate de Guinée Nous nous concentrerons sur la prise de décision dans le cas des médicaments orphelins et de l'utilisation compassionnelle pour assurer un accès égal à ces traitements. Nous ferons la promotion de systèmes centralisés d'achat de médicaments et de produits de santé à coût élevé pour toutes les provinces et tous les districts du pays. Parti libéral-démocrate de Guinée équatoriale Améliorer les délais d'accès aux nouveaux médicaments qui impliquent des preuves d'efficacité et de sécurité. Nous réduirons également le coût des bureaux publics qui font la promotion de systèmes centralisés d'achat de médicaments et de produits de santé dans l'ensemble du pays. Vérifiez la table des salaires des agents d'évaluation, interdisant les portes tournantes. Parti libéral-démocrate de Guinée équatoriale. Le jeune leader l'espoir de la jeunesse de la Guinée équatoriale travaille à améliorer les concepts qui sont intimement liés, avec le développement économique. Le jeune leader augmente, le revenu réel par habitant augmente la productivité réelle pour toutes les zones économiques qui sont des zones rurales. Le Jeune Leader fera en sorte qu'un État meilleur en Guinée Equatoriale avance vers les citoyens vers un Etat meilleur, plus avancé et plus développé. En Guinée équatoriale, le développement progressif et généralisé d'une société dans les domaines économique, social, moral, scientifique et culturel se poursuivra. En Guinée équatoriale, et les progrès Je me suis rendu compte qu'ils sont dignes admettre dans ce pays, Je pense que l'effort ça ne traduit pas toujours en progrès. Le jeune leader a une tâche à accomplir progressé dans le développement humain, il est compris dans ce sens

LES JEUNES CITOYENS ET GUINAISENS GAGNERONT L'AVENIR

Les Jeunes Citoyens Guinéens gagnent l'avenir, le Jeune Leader fait un pacte national pour l'éducation qui a le consensus des forces politiques, de la communauté éducative et des collectifs sociaux en Guinée équatoriale. Le jeune leader s'entend pour penser davantage à nos enfants et aux générations futures qu'aux intérêts des partis politiques. Cette éducation est un outil efficace pour l'égalité des chances, et ne pas se diviser en factions. Le Jeune Leader travaille pour obtenir une éducation gratuite pour les familles: les frais et les frais cachés dans les écoles publiques ou subventionnées. Les coûts scolaires doivent être transparents. Il établira que, des manuels gratuits pour les familles à travers un système public de livres partagés en Guinée équatoriale. Le jeune leader établit un Pacte national pour l'éducation qui réduit radicalement les changements dans les plans d'étude, ce qui est une source énorme de confusion et de dépenses pour les familles. Le Jeune Leader s'efforce d'éviter que les livres changent chaque année de manière injustifiée afin de pouvoir réutiliser d'autres étudiants, comme cela se passe dans les meilleurs pays d'Europe. Le système éducatif de la Guinée équatoriale met en œuvre une éducation bilingue et trilingue de qualité dans l'école publique, ce qui garantit à nos jeunes la maîtrise des langues. Dans toutes les écoles publiques d'éduquer les jeunes en deux langues, et en trois langues ou plus dans les régions où il y a deux apprendre l'anglais à l'école publique ou plusieurs langues Co-officielle. Tous nous jeunes, quelles que soient les ressources économiques de leurs familles. Le Young Leader garantit un accès universel à l'éducation de 0 à 3 ans, pour couvrir la demande croissante de places publiques et concertées et aider les familles disposant de moins de ressources pour assurer leur accès. L'éducation des enfants est fondamentale dans le développement vital et professionnel ultérieur de la personne et doit garantir l'égalité des chances pour tous les citoyens. Il va promouvoir un modèle de tutoriels personnalisés pour le suivi et la détection des capacités et des difficultés. Beaucoup des problèmes scolaires les plus fréquents, associés à un manque d'habitudes de base, peuvent être avec le temps et les ressources pour suivre les étudiants en collaboration avec les enseignants. Le jeune leader travaille dur pour minimiser la répétition du cours coûteux, inefficace et rapide et le soutien scolaire. Les redoublements sont l'une des principales causes du décrochage scolaire. Parce que? Nous sommes des leaders en Afrique avec plus de répétitions, et nous essayons de donner le soutien nécessaire aux étudiants et aux enseignants afin que la partie des répétitions ne se produise pas. Introduire des curricula plus flexibles pour les besoins des étudiants. Les écoles devraient être promues, à partir d'une offre de base commune, pour éduquer les différents enfants dans les situations du matin, afin que chacun puisse apprendre de la meilleure façon possible dans un contexte d'intégration et d'inclusion. Le jeune leader établira des itinéraires et des podiums éducatifs de qualité en Guinée équatoriale et il faudra toujours, quel que soit le niveau effectif de l'élève, des moyens de rester scolarisés, au moins jusqu'à l'obtention d'un diplôme de l'enseignement secondaire post-obligatoire. L'existence de passerelles au-delà de ce niveau doit être garantie pour assurer la continuité des niveaux de formation professionnelle de base. En ce sens, nous nous permettons d'améliorer la formation professionnelle et les ressources destinées aux cycles intermédiaires et nous en promouvrons un vrai qui combine la formation et le travail dans l'entreprise. L'investissement dans la formation professionnelle en Guinée est inférieur au niveau des pays modernes. Le jeune leader créera plus de places pour les enseignants de soutien dans la salle de classe. Nous mettrons en œuvre un modèle normalisé et généralisé d'enseignants de renforcement qui soutiennent la vie quotidienne en classe pour répondre à la diversité des élèves et prévenir les difficultés d'apprentissage. Ces enseignants de renforcement compléteront le titulaire avec les tâches et le contenu spécifique et des tutoriels personnalisés. Notre parti mettra en place un système d'évaluation périodique et transparente des enseignants, pour récompenser et promouvoir la carrière des meilleurs professionnels de l'éducation. Le corps d'inspecteurs de l'éducation de l'État se lève pour pouvoir exercer un véritable travail d'évaluation et de contrôle de la qualité de l'éducation. Créer une nouvelle étude qui relie la formation, la participation et le travail dans le centre avec la promotion professionnelle et la reconnaissance économique et publique des enseignants. Il est nécessaire de baser les carrières professionnelles des éducateurs sur les résultats pour mettre fin à la démotivation de la main-d'œuvre. Les évaluations des résultats prennent en compte les capacités antérieures des élèves et la valeur ajoutée de l'enseignant, par Education.

NOUVEAUX GESTIONNAIRES DANS LA RÉFORME DU SYSTÈME ÉDUCATIF EN GUINÉE ÉQUATORIALE

Nouveaux managers dans la réforme du système éducatif. Le jeune leader Donne plus de soutien aux centres publics et à leurs directeurs en matière de recrutement et de compétences pédagogiques à impliquer. L'administration fixera des objectifs et évaluera leur conformité, laissant une plus grande flexibilité dans les écoles, tant dans la gestion de leurs ressources matérielles et humaines que dans l'offre d'itinéraires spécifiques et le choix de la méthode d'enseignement. Le Jeune Leader Implanterai plus de responsabilisation des écoles: l'autonomie doit apparaître à la transparence pour que les familles, les éducateurs et l'administration disposent d'un maximum d'informations lors du choix d'un centre. Cette information doit provenir non seulement de tests standardisés sur un ensemble de compétences cognitives, mais aussi de compétences non cognitives et du fonctionnement des itinéraires. Le Jeune Leader développe des projets d'innovation pour l'école et l'institut dans des centres d'activités sociales et culturelles, qui impliquent des familles dans des projets éducatifs. L'action coordonnée des familles et des enseignants est essentielle dans la tâche éducative. Pour cela, l'ouverture régulière du centre dans des créneaux horaires appropriés facilitant cette participation sera établie. Le jeune leader l'espoir de la jeunesse de la Guinée équatoriale. Remplacer l'apprentissage par la connaissance par cœur en apprenant par compétences, ce qui applique les connaissances à la vie réelle, en les combinant avec des compétences, des capacités et des valeurs. Intégrer l'apprentissage des compétences non cognitives dans les programmes d'études. L'esprit critique, le travail dans la coopération et l'esprit d'entreprise sont encouragés. Le Parti élaborera un plan de lutte contre l'intimidation, la sensibilisation du corps et du leader et le pouvoir de la médiation scolaire pour la prévention et la résolution des conflits. L'attention sera accordée à l'apprentissage social et émotionnel, en se concentrant sur les enfants et les jeunes des compétences sociales et émotionnelles de base. Le jeune leader l'espoir de la jeunesse de la Guinée équatoriale abaissera le prix des frais universels et établir un système d'objectifs avec l'objectif veiller à ce que personne ne soit exclu du système universitaire pour des raisons socio-économiques. Le jeune leader l'espoir de la jeunesse de Guinée équatoriale Encourage le développement et l'évaluation de programmes expérimentaux pour l'incorporation de pratiques innovantes qui nous préparent pour le futur. Étendre les expériences réussies en matière d'innovation éducative à travers le système éducatif, afin de faciliter l'adaptation aux changements technologiques et à adopter de nouvelles connaissances et compétences adaptées aux défis du marché du travail et de la société dans une économie mondialisée. Le jeune leader promouvra un système ambitieux de bourses d'études égales et de bourses d'excellence. Les bourses d'études sont un instrument essentiel de la mobilité, de la promotion de l'égalité et des incitations pour les universités. Parallèlement aux caractéristiques d'excellence, il propose un système de critères strictement économiques pour promouvoir l'égalité des chances. Parti libéral démocrate progressiste de Guinée équatoriale Réviserai, rationalisation de la politique de bourses d'études. La politique du district unique et international se concentrera sur le salaire et les aides complémentaires pour un dévouement exclusif. Le programme «bourses d'excellence» couvre les besoins de l'étudiant, en tant que partie importante du coût pour l'université dans laquelle il s'inscrit. Le jeune leader l'espoir de la jeunesse de la Guinée équatoriale travaille dur pour favoriser le système universitaire le plus international avec plus de chercheurs internationaux, plus de professeurs extérieurs et plus d'échanges d'étudiants. Nous améliorerons la fluidité des échanges d'informations personnelles et du système universitaire et avec d'autres centres de recherche. Le jeune leader espère que la jeunesse de la Guinée équatoriale créer une nouvelle évaluation externe de la qualité de la recherche universités. El Jeune leader de l'espoir de la jeunesse Guinée équatoriale établira un plan d'urgence pour améliorer les meilleurs étudiants et attirer Les étapes d'entraînement et les options spécifiques de la course avec des critères de qualité seront envisagées. La mobilité sera favorisée. Notre parti favorise la coopération sociale, la création d'entreprises à vocation scientifique grâce à des initiatives directes et indirectes. La coopération entre les entreprises et les entreprises sera stimulée, par exemple, par l'utilisation partagée des installations. attirer les entreprises à encourager les projets scientifiques et un site Web avec des informations sur les ressources des parties institutionnelles. Neutre travaille à unifier les appels à la date du financement et les dépôts à terme d'une durée minimale de 4 ans et harmoniser les programmes de recherche créés des différentes communautés autonomes.

LA CRÉATION D'UN AUDIT INDÉPENDANT À LA GESTION DE RTV EN GUINÉE ÉQUATORIALE

La réalisation d'un audit indépendant à la direction de RTV Guinéens, le peuple de la République de Guinée équatoriale, sera réalisée et nous encouragerons les initiatives pour la reconnaissance de la richesse culturelle représentée par la pluralité linguistique de la Guinée équatoriale. Le jeune leader de l'espoir de la jeunesse de la Guinée équatoriale informera en Guinée équatoriale la loi sur la propriété intellectuelle et le droit d'auteur. Il doit être un instrument garantissant le plus grand accès possible au patrimoine culturel et mettre en place des mesures pour défendre les droits des créateurs de contenu numérique. Notre parti approuvera un plan pour la protection de la propriété intellectuelle et des industries culturelles. Ce plan devrait définir les procédures de développement des écoles et des sciences, sensibiliser les enfants et les jeunes à la nécessité de respecter la propriété intellectuelle et la valeur des industries culturelles. Nous allons créer un nouveau bureau du procureur spécialisé dans les crimes contre la propriété intellectuelle. Un exemple qui met en mouvement le texte suivant est celui des violations des droits de propriété intellectuelle. Le jeune leader nommera un nouveau secrétariat général de la propriété intellectuelle en Guinée équatoriale. Une organisation composée de professionnels reconnus, pour soutenir le travail de Propriété Intellectuelle et promouvoir la numérisation des fonds et l'accès au contenu légal. Notre parti va stimuler le secteur du livre et de la lecture en Guinée équatoriale. Nous réactiverons les bibliothèques publiques en augmentant les fonds pour leur génération, et nous lancerons un plan de promotion de la lecture en collaboration avec les écoles. Notre parti Approuver un nouveau modèle de service public pour la RTV guinéenne. Le jeune leader l'espoir de la jeunesse de la Guinée équatoriale Garantir, sur la base de son indépendance et la qualité du service des contenus, sa fonction de structuration sociale, fenêtre sur le monde de la culture et de la société guinéennes. Nous donnerons un nouvel élan à la chaîne internationale. Le jeune leader, l'espoir de la jeunesse équato-guinéenne, je veux un modèle de RTV guinéen dépolitisé, dans lequel toutes les positions sont choisies sur la base de critères de professionnalisme et d'excellence en Guinée équatoriale. Notre parti réalise un audit indépendant auprès de la direction de RTV Guinéens. Une analyse indépendante pour clarifier toutes les actions des gestionnaires de RTV Guinéen dans les étapes précédentes, ce qui permet de construire un nouveau projet. Notre parti opte pour un RTV guinéen qui promeut le talent des travailleurs et qui conduit la production propre. Le Jeune Leader l'espoir de la jeunesse de Guinée équatoriale Soumettre une nouvelle règle stricte de toutes les récompenses de toutes les hautes fonctions de RTV Guinéen. Notre parti approuvera un plan stratégique de transition énergétique pour le pompage des énergies renouvelables et l'autoconsommation d'énergie. Des stratégies ont été conçues pour réduire la consommation de combustibles fossiles et la réduction des émissions de gaz à effet de serre. Le jeune leader espère que la jeunesse équato-guinéenne se battra pour la promotion d'une loi sur le changement climatique, qui réglemente de manière cohérente et stable les politiques qui affectent le climat. En ce sens, nous allons créer un comité consultatif scientifique et technique sur le changement climatique. Un organisme spécialisé qui soutiendra la prise de décision politique pour prévenir les effets possibles du changement climatique dans tous les domaines de l'administration publique. Le jeune leader, l'espoir de la jeunesse équato-guinéenne, travaille dur pour faire avancer le pays, c'est pourquoi nous allons promouvoir un plan de mise en œuvre de la stratégie de l'économie circulaire. Encourager une meilleure conception des produits, pour faciliter leur recyclage; outil de gestion et analyse du cycle de vie, empreintes environnementales et responsabilité sociale associées à la réputation de l'entreprise; promouvoir la séparation des produits et lutter contre l'obsolescence programmée.

LE RAJEUNISSEMENT ET LA MODERNISATION DE LA FLOTTE DE PÊCHE: LIBÉRAL DÉMOCRATIQUE FIESTA PROGRESISTA DE GUINÉE ÉQUATORIALE

Le jeune leader approuvera un plan national pour la gestion des déchets organiques du secteur agroalimentaire forestier. Il travaillera dur pour promouvoir son utilisation comme source de matière organique utile pour nos sols à travers son compostage ou des traitements alternatifs, et pour la cogénération d'énergie à travers des plantes appropriées pour chaque zone. Parti libéral Démocrate progressiste de Guinée équatoriale Il promouvra un nouveau Plan national de la qualité de l'air, dans le cadre des plafonds d'émissions. Nous renforcerons les réseaux de surveillance, améliorerons l'information du public et favoriserons la lutte contre l'ozone troposphérique et les composés organiques volatils. Le Parti progressiste démocrate libéral de Guinée équatoriale va promouvoir le développement intégral du Plan national des villes intelligentes, à travers la création d'un Conseil consultatif des villes intelligentes. Nous améliorerons l'efficacité des entités locales dans la fourniture de services publics. Nous établirons un modèle énergétique stable et garanti dans lequel la sécurité juridique prévaudra en tant qu'élément clé de l'innovation et du développement énergétique. Le fort jeune leader est difficile d'étudier les systèmes d'enchères les plus réussies en Guinée équatoriale à mettre en œuvre un modèle réalisable, réaliste et crédible qui offre des garanties fondées sur les particularités du système électrique de la Guinée, avec des règles claires qui assurent la stabilité. Le Jeune Leader permettra de réduire le montant de la facture énergétique. Le Parti libéral démocratique progressiste travaille dur pour pousser les réformes à payer aux consommateurs en fonction des coûts de production réels. Parti libéral démocratique progressiste de Guinée équatoriale Mettre en place des mesures d'efficacité énergétique. Nous comprenons que les économies et l'efficacité énergétique sont essentielles dans tout le cycle de production, de transformation, de construction, de transport, de distribution et de consommation d'énergie. Démocrate progressiste du Parti libéral de Guinée équatoriale avec son jeune leader au front pour promouvoir l'efficacité énergétique en particulier dans des secteurs tels que la construction, l'agriculture, l'industrie et les transports; En outre, le parti progressiste démocratique libéral de Guinée équatoriale encouragera l'éducation et les économies d'énergie des consommateurs et des producteurs en Guinée équatoriale. Parti libéral Démocrate progressiste de Guinée équatoriale Nous allons promouvoir dans le domaine de l'énergie. Le jeune chef appuiera la recherche d'éléments clés dans les questions d'énergie, tels que le développement des véhicules électriques, des systèmes intelligents pour le contrôle des procédés, systèmes thermiques renouvelables, le stockage d'énergie en Guinée équatoriale, des fermes expérimentales énergies renouvelables ou des mesures d'efficacité énergétique dans champ de construction. Le jeune leader se battra avec toute l'énergie et toute la force nécessaires pour promouvoir la lutte contre la pauvreté énergétique en Guinée équatoriale et réformer le lien social pour qu'il soit offert à toutes les familles en difficulté. Je ne crois pas que la garantie d'un service d'électricité de base devrait être liée exclusivement par des subventions, ce qui est pourquoi nous comprenons que les familles en situation d'urgence sociale doit être une priorité de l'investissement public pour éradiquer ce problème grâce à des mesures d'efficacité énergie en Guinée équatoriale.

CRÉE UN FONDS DE CONSERVATION DE LA BIODIVERSITÉ

Le Parti progressiste démocrate libéral de Guinée équatoriale encouragera le travail pour établir des plans de rétablissement pour les espèces menacées et des plans de conservation pour les espèces vulnérables. Le Parti libéral-démocrate progressiste de Guinée équatoriale a approuvé une loi sur la protection du sol. L'utilisation et la conservation du sol seront convenablement ordonnées, en fonction des aptitudes et des priorités socio-économiques et environnementales, en tenant compte de sa durabilité en tant que ressource limitée en Guinée équatoriale. Nous allons travailler dur pour restaurer le programme de restauration forestière et hydrologique en Guinée équatoriale. Ce programme générera des emplois dans des zones avec moins de ressources et le jeune leader réactivera les entreprises auxiliaires. Le Parti progressiste démocrate libéral de Guinée équatoriale va promouvoir un nouveau plan hydrologique national en Guinée équatoriale. Parti libéral-démocrate progressiste de Guinée équatoriale Préparé un Livre blanc sur l'eau avec des critères techniques et scientifiques, à utiliser pour la rédaction du Plan hydrologique national. Parti libéral-démocrate progressiste de Guinée équatoriale Il promouvra un nouveau Plan pour l'incorporation des énergies renouvelables dans les usines de dessalement qui permettra, à moyen terme, une réduction du coût de l'eau en Guinée équatoriale. C'est pourquoi notre parti crée l'Agence pour la promotion du secteur agroalimentaire et du tourisme qui gère les fonds destinés à la promotion agroalimentaire en Guinée équatoriale. Nous allons promouvoir et faciliter l'internationalisation des entreprises guinéennes à travers la simplification administrative et le support technique pour faciliter l'exportation. Notre Parti a créé l'Agence de transfert de technologie agricole qui promeut des projets entre l'Université et le secteur agricole. Nous encouragerons l'emploi agricole liée à la terre et l'agriculture renforcera les jeunes leaders écologique. Le promouvoir des stratégies d'assurance agricole et d'autres couverture pour le Parti libéral-démocrate d'impulsion Guinée équatoriale de promouvoir la création d'entreprises liées à l'utilisation des nouvelles technologies autour de l'industrie alimentaire en Guinée équatoriale. Le monde rural en Guinée équatoriale est un domaine dans lequel les applications des nouvelles méthodes de travail peuvent ouvrir un champ de nouvelles solutions pour améliorer la gestion, la rentabilité et la professionnalisation du secteur. Le Parti libéral-démocrate progressiste de Guinée équatoriale élabore un plan stratégique pour la politique forestière de la Guinée qui encourage la production forestière en mobilisant des ressources forestières génératrices d'emplois et de revenus pour la population rurale en Guinée équatoriale. Parti libéral-démocrate de la Guinée équatoriale pour encourager le rajeunissement promu et la modernisation de la flotte de pêche en Guinée équatoriale, qui aident à stimuler la croissance de la formation et le maintien de l'emploi dans le secteur de la pêche et de l'aquaculture. En ce sens, ils permettront d'établir des mesures de réduction des accidents du travail et des accidents de la flotte. Le Parti libéral-démocrate progressiste de Guinée équatoriale a soutenu la présence des femmes dans les activités de pêche et dans la diversification de l'économie dans les zones côtières. Nous allons développer l'aquaculture. Le Young Leader travaille à coordonner le potentiel de recherche des universités, des centres de recherche publics et privés pour faire avancer de manière décisive le développement de l'aquaculture Le Young Leader proposera un grand pacte pour les infrastructures et l'industrie pour intensifier les processus d'information public pour les citoyens qui connaissent les projets et le Jeune Leader exigent plus de transparence dans les concessions. Le jeune leader renforcera les réseaux de télécommunications et les technologies de l'information et de la communication (TIC). Le

Young Leader s'appuie sur la croissance et la croissance de la connectivité ainsi que sur une plus grande transparence dans l'accès à l'information. Le Jeune Leader et le Parti Libéral Démocratique Progressiste de Guinée Équatoriale Garantir l'indépendance réelle des grandes entreprises publiques d'infrastructures de communication, en dépolitisant leur gestion pour offrir le meilleur service possible aux citoyens de Guinée équatoriale. Parti libéral-démocrate progressiste de Guinée équatoriale Encourager l'utilisation des transports en commun et l'utilisation des bicyclettes. Le Jeune leader travaille à promouvoir davantage de gares de banlieue dans les villages, les échangeurs et les parkings dissuasifs. Le Jeune Leader travaille également dur pour augmenter la disponibilité des espaces pour les piétons, avec une attention particulière à l'amélioration de l'accessibilité des personnes à mobilité réduite. Parti progressiste libéral Parti progressiste de Guinée équatoriale Il favorisera les véhicules qui utilisent une énergie alternative et / ou avec un faible niveau de contaminants. C'est pourquoi le parti libéral-démocrate.

AMÉLIORER L'EFFICACITÉ DE LA TRANSPARENCE DE LA POLITIQUE PHARMACEUTIQUE

Il établit de nouvelles compétences pour les pharmaciens dans la détection et le traitement des maladies chroniques, en promouvant le système d'information avec le reste des médecins. Élaboration d'une stratégie nationale de santé mentale qui encourage l'intégration des soins psychologiques dans les soins. Le Parti libéral-démocrate doit améliorer la formation des enseignants dans la détection de la discrimination et le soutien aux étudiants ayant des problèmes de santé ou des situations d'urgence pour donner une réponse efficace. Nous finirons avec la politisation de la santé. La gestion de la santé devrait être confiée à des professionnels et non à du personnel autoproclamé. Parti libéral-démocrate de la Guinée équatoriale a établi des mécanismes de responsabilisation du personnel factures. Inclue mesures de protection relevant des situations irrégulières dans les centres de santé et modifiant le régime des sanctions pour les professionnels qui commettent des fautes professionnelles ne restent pas impunis. Parti libéral-démocrate de Guinée équatoriale Réguler la relation entre les compagnies pharmaceutiques et les avantages augmente les incompatibilités et les contrôles. Garantir le financement public de la formation continue des professionnels et de leur financement par le biais du système public afin qu'il ne soit pas laissé uniquement entre les mains des entreprises pharmaceutiques. Nous allons permettre une formation spécialisée en santé, conformément à la législation régionale, afin de promouvoir la certification professionnelle avec le reste des pays de la région. Nous mettrons progressivement en place les processus de certification et de repentifications professionnelle et nous développerons. Soins palliatifs dans les droits des personnes en fin de vie. Les libéraux démocrates élaboreront une loi pour une mort digne. Formation spécifique en Guinée équatoriale, Parti libéral démocrate. Modifier la réglementation des facultés et des places de médecine et de soins infirmiers, paralysant les besoins des professionnels. Nous mettrons fin à la haute temporalité dans le secteur et nous profiterons de l'expérience dans la gestion et le traitement des patients. Les démocrates ont promu les plans centraux. Nous légiférerons afin que les personnes avec des soins palliatifs puissent aider à éviter la souffrance dans le cas d'une maladie incurable avec décès irréversible ou maladie terminale, élargir la formation du personnel de santé et les droits des citoyens à l'information, le choix entre options cliniques, le traitement du rejet, la volonté de vivre et le soulagement de la souffrance en fin de vie. Le Parti libéral-démocrate de Guinée équatoriale va réformer le système de retraite pour garantir sa viabilité et l'adéquation des retraites. Il est essentiel d'assurer cette base fondamentale de l'État-providence les problèmes de générations. Les suivants de la faim et de la misère que la Guinée équatoriale est un manque de développement, même si elle a beaucoup de ressources économiques, mais la discrimination intermittente, l'absence d'état des droits existants et le maintien de la violation systématique des droits de l'homme. Pendant toute cette mauvaise gestion du dictateur inhumain cruel qui existe en Guinée équatoriale, l'anéantissement de la démocratie, ainsi que la permanence pendant 38 ans de la dictature en Guinée équatoriale. Les citoyens équato-guinéens sont le résultat d'avoir souffert du manque de liberté, de justice et de démocratie dans la nation. Je crois que je dois être honnête et poser une question à tous les citoyens équato-guinéens en tant que citoyens en général, et en particulier aux citoyens nord-américains qui ne voient pas cette situation avec de mauvais yeux. Le Jeune Leader peut atteindre la Guinée Equatoriale vers le brillant avenir de l'Afrique, car c'est plus que jamais, la communauté internationale, les Etats-Unis d'Amérique et le Leader peuvent faire beaucoup plus pour faire un vrai changement et plusieurs pays à forte démocratie, en particulier. Les économies de la Guinée équatoriale sont plus tard dans les pays d'Afrique et du monde, avec le changement technologique qui ouvre l'ensemble du continent africain et offre de grandes opportunités dans l'économie, la médecine et les affaires. Dans le même temps, la population croissante de jeunes en Guinée équatoriale et en Afrique est en train de changer les conditions et le système écologique en ce moment. Le jeune leader travaille pour l'action pour développer notre économie, c'est un traité pour augmenter la vulgarisation et étendre ou augmenter le développement du pays. Le jeune leader a des idées, mais je pense que j'aime un peu plus le développement que le pays a souffert de la pauvreté et de la misère. Le jeune leader effectue une tâche de calcul dans une expression analytique, une recherche de termes qui fonctionnent dans une série de fonctions. Je pense que ça arrive et que ça se passe, la Guinée équatoriale à partir de maintenant, une pinte dans un concept de développement est appliquée à la communauté équato-guinéenne, et les équato-guinéens Équato-guinéen et équato-guinéen Le jeune leader promouvra un mécanisme où une société existe un bon développement économique, qui présente les caractéristiques de l'intégration économique et sociale et où les gens vivent dans la marginalité. Quand, en Guinée équatoriale, ce développement est une faveur d'une meilleure production qui améliore la Sociétés guinéennes et guinéennes en Guinée équatoriale. Le jeune leader souhaite accorder une attention particulière aux mesures de développement humain en Guinée équatoriale, qui couvrent non seulement les besoins économiques mais aussi intellectuels et culturels. C'est pourquoi le Jeune Leader veut que la Guinée Equatoriale ait un pays de développement et une meilleure réponse à ses citoyens, et un guide pour les compétences acquises de la formation, puisse être orienté vers l'expérience professionnelle, exerçant une efficacité économique, économique, sociale et économique. politique et culturel.

ASSURER LA TRANSPARENCE DU SYSTÈME DE RETRAITE EN GUINÉE ÉQUATORIALE

Parti libéral-démocrate de Guinée équatoriale Garantir des retraites adéquates et régulières. L'adaptation du système de retraite au nouveau scénario démographique et socioéconomique devrait être disponible économiquement et en cas de situations de pauvreté parmi nos retraités Parti libéral-démocrate de Guinée équatoriale Vous aurez un système transparent dans lequel les individus connaissent à tout moment l'argent de la pension qu'ils auront au moment de la retraite afin de prendre des décisions d'épargne et d'anticiper leur vie professionnelle à l'avance. Le Parti libéral démocrate garantira la liberté des travailleurs de décider à quel âge prendre leur retraite et accéder à une pension de retraite basée sur ce qui est cité tout au long de leur vie professionnelle. Tout retard dans l'âge de la retraite implique l'établissement d'une forme flexible de discrimination à l'encontre des travailleurs qui sont entrés sur le marché du travail à un plus jeune âge ou pour effectuer des activités qui exigent un effort physique considérable. Le Parti libéral démocrate mis en place pour promouvoir des services sociaux complets, de meilleure qualité, plus proches et similaires en Guinée équatoriale. Nous élaborerons une loi sur les services sociaux qui garantit à toute la Guinée équatoriale le droit à l'attention sociale avec un portefeuille de base pour l'ensemble du territoire national et un financement stable. Nous proposons un plan concerté de prestations de base pour le développement des services sociaux de première ligne, ainsi que leurs fonctions et avantages de base. Le Parti libéral-démocrate de Guinée équatoriale travaillera dur pour aller de l'avant et offrir aux municipalités une plus grande capacité à offrir des services coordonnés avec ceux offerts par les provinces et les districts. Intégrer différentes collectivités et maintenir une relation privilégiée avec les entités du troisième secteur d'action sociale. Le Parti libéral-démocrate de Guinée équatoriale Le Pacte du Statut de l'État pour les enfants en Guinée équatoriale. Parti libéral démocrate de Guinée équatoriale et la démocratie dans les politiques des enfants pour atteindre un engagement social ferme, large et durable avec la défense du respect des droits des enfants vivant en Guinée équatoriale. Le Parti libéral-démocrate de Guinée équatoriale a approuvé un nouveau plan national pour les enfants et les adolescents doté des ressources économiques nécessaires pour faire face à la situation réelle de pauvreté et au risque d'exclusion des enfants. Le Parti libéral-démocrate de Guinée équatoriale améliorera les investissements publics dans la protection des enfants pour surmonter le niveau régional, augmenter les avantages économiques par enfant et assurer le développement adéquat des enfants menacés par la pauvreté. Le Parti libéral-démocrate de Guinée équatoriale va promouvoir une stratégie globale contre la violence infantile pour protéger l'intégrité physique et morale des enfants et agir contre les crimes de pédophilie. Grâce à un accord du gouvernement de la nation avec les provinces, les districts et les municipalités. Le Parti libéral-démocrate de Guinée équatoriale a approuvé un nouveau Plan national pour un vieillissement actif et en bonne santé en réponse au vieillissement de la population. Le parti utilisera les piliers de la santé, de la participation, de la sécurité et de l'apprentissage tout au long de la vie comme cadre de référence. Nous relancerons le Conseil d'État des organisations non gouvernementales d'action sociale en tant qu'instrument de contrôle du gouvernement et de participation des différents acteurs sociaux à la politique sociale. Nous accorderons la capacité d'interlocution en tant qu'acteur social au tiers secteur. Relancer et marquer avec prestige la figure du mécénat social.

PROMOUVOIR L'ÉGALITÉ DES SEXES AU SEIN DES ENTREPRISES

Le Parti libéral-démocrate de Guinée équatoriale vise à promouvoir le changement culturel à travers lequel nous éduquons les enfants à un âge précoce, dans les mêmes valeurs. L'objectif est d'éviter les choses dans le type d'éducation ou de carrière, par exemple, pour des raisons de sexe. Parti libéral démocratique de Guinée équatoriale visibilité des modèles féminins est encouragée dans un environnement considéré comme masculin. Parti libéral-démocrate de Guinée équatoriale. Le Parti libéral-démocrate favorise une culture de transparence dans le processus de sélection à tous les niveaux contractuels, ce qui devrait être publié dans le rapport annuel. Parti libéral démocratique de Guinée équatoriale entreprises stimulateurs de fixer des objectifs clairs pour la représentation des femmes aux postes supérieurs et des conseils. Le Parti libéral-démocrate de Guinée équatoriale va promouvoir une règle de droit contre la violence de genre. La lutte contre ce fléau social a été une question d'Etat dans un grand pays social, politique et institutionnel. Parti libéral démocratique de Guinée équatoriale travaille dur pour développer la prévention, d'information, de procédure, punitifs et la protection de toutes les formes de violence contre les femmes. Le Parti libéral-démocrate de Guinée équatoriale travaille à inclure la violence domestique, la violence dans les fréquentations, le trafic affecte principalement les femmes et les filles, les crimes de mutilations génitales féminines et autres formes de violence contre ces mesures. Les femmes ont forcé les mariages et les crimes d'honneur, par exemple. Parti libéral démocratique de Guinée équatoriale travaillent dur pour financer des éléments budgétaires pour la prévention et aux soins des victimes de toutes les formes de violence contre les femmes. Nous travaillons dur pour promouvoir des mesures pour assurer la priorité et l'accès continu aux services publics et sera une priorité rapide et individualisée, avec des plans spécifiques pour chaque cas. Parti libéral de Guinée équatoriale Activara Permanente, Plan national de sensibilisation et de prévention de la violence de genre. Lorsque vous avez des choses à améliorer et accroître les ressources pour les conflits de violence familiale, sélectionnez le soutien judiciaire personnalisé. Faciliter l'accès à l'information pour les femmes victimes de violence sexuelle sur la méthode la plus sûre du moment où la plainte a mis en danger jusqu'à la fin du processus. Parti libéral-démocrate de Guinée équatoriale. Restrictions spécifiques pour les soins complets pour les femmes qui ont retiré la plainte en raison de la violence sexiste ou à risque. Le Parti libéral démocrate de Guinée équatoriale a garanti la garantie du logement soumis à la plainte en cas de risque. Le Parti libéral-démocrate de la Guinée équatoriale lancera l'adoption d'un plan global de protection des enfants victimes de violence familiale. Développer une loi sur la violence intrafamiliale avec un budget suffisant pour prévenir et détecter les situations de violence à la maison. Elle examinera les mesures de soutien pour les personnes qui sont victimes d'abus et d'établir un protocole d'action abrégé rationalise les procédures pour répondre aux victimes et aux garanties qui ne relèvent pas de retour dans des situations vulnérables. Parti libéral-démocrate de la Guinée équatoriale à poursuivre la promotion de mesures, installer et fermer le site qui fait la promotion de l'anorexie, la boulimie ou d'autres troubles de l'alimentation.

DEFENDRE UNE NOUVELLE LOI GLOBALE POUR LA PROTECTION DES FAMILLES

Le Parti libéral-démocrate de Guinée équatoriale encouragera la poursuite d'une norme qui criminalise l'incitation à l'un de ces troubles. Nous allons promouvoir une nouvelle loi sur la grossesse de substitution. Garantir les droits de toutes les personnes impliquées dans le processus, et en particulier chez les mineurs, à travers cette technique de reproduction assistée. Le Parti libéral-démocrate de Guinée équatoriale aidera à soutenir une nouvelle loi sur la responsabilité parentale et la garde partagée. Par conséquent, nous recueillerons la modalité qui suit les lignes directrices de la Convention des Nations Unies relative aux droits de l'enfant. Norme qui ordonne, systématise, offre et étend le soutien de toutes sortes que les familles reçoivent des institutions de l'Etat. Le Parti libéral-démocrate de Guinée équatoriale défend la primauté du droit pour aider les personnes à charge et l'autonomie personnelle. Éliminer les doublons administratifs et les services d'unification sur tout le territoire national afin que vous ne puissiez pas voir vivre dans une autre municipalité ou dans une autre. Le Parti libéral-démocrate de Guinée équatoriale a mis en place un plan de soutien complet pour le soignant. Le Parti libéral démocrate de Guinée équatoriale mettra en œuvre des plans de formation, de conseil et d'aide psychologique. Nous étudierons pour récupérer la reconnaissance effective du droit de nomination et le chômage des soignants. Parti libéral-démocrate de Guinée équatoriale Il accordera le maximum de protection et de garanties aux droits sociaux, économiques et culturels des personnes ayant une diversité fonctionnelle et un handicap. Parti libéral-démocrate de

Guinée équatoriale Approbation d'une loi organique sur les droits des personnes ayant une diversité fonctionnelle ou un handicap. L'éducation inclusive se termine par la ségrégation scolaire en raison de la diversité fonctionnelle en Guinée équatoriale, la liberté personnelle élimine la possibilité d'internements volontaire non pas à cause de troubles mentaux et un soutien public suffisant pour l'autonomie personnelle, l'autonomie et l'inclusion sociale dans la communauté. Parti libéral-démocrate de Guinée équatoriale Garantir le droit au suffrage actif et passif des personnes ayant une diversité fonctionnelle et un handicap, recevoir des personnes de la vie communautaire suffisamment soutenues pour assurer leur pleine participation politique.

RECEVEZ LE PEUPLE DE LA VIE COMMUNAUTAIRE AVEC UN SOUTIEN PUBLIC SUFFISANT

Le Parti libéral-démocrate de Guinée équatoriale approuve la stratégie d'État pour l'inclusion sociale qui permet l'admission dans les institutions de personnes ayant une diversité fonctionnelle et des handicaps. Le Parti libéral-démocrate de Guinée équatoriale veillera à ce que tous les environnements, produits, biens, services, processus et procédures soient universellement accessibles. Le Parti libéral-démocrate de Guinée équatoriale réglementera les conditions de base de l'accessibilité et de la non-discrimination des personnes ayant une diversité fonctionnelle cognitive. Signifie qu'il sera réformé, le Parti libéral-démocrate de Guinée équatoriale mise à jour d'étendre le cadre réglementaire pour l'accessibilité de l'audiovisuel, de garantir les droits des personnes handicapées sensorielles et cognitives. Le Parti libéral-démocrate de Guinée équatoriale établira l'obligation pour toute production cinématographique d'inclure des mesures d'accessibilité audiovisuelle. Le Parti libéral-démocrate de Guinée équatoriale réglemente l'exonération totale sur les routes de péage pour les conducteurs handicapés, qui ont une mobilité réduite ou d'un véhicule pour le transport en Guinée équatoriale. Contrôleur du Parti Libéral Démocrate de Guinée Equatoriale, et la conformité des entreprises qui fournissent des services d'accessibilité pour le contenu de leurs pages Internet et des solutions mobiles. Le Parti libéral-démocrate a approuvé un nouveau modèle juridique d'inclusion professionnelle pour les personnes ayant une diversité fonctionnelle et un handicap. Le Parti libéral-démocrate de Guinée équatoriale défendra une nouvelle loi sur les entrepreneurs sociaux. Le Parti libéral-démocrate de Guinée équatoriale renforce la valeur des initiatives et des projets entrepreneuriaux pour les personnes handicapées et handicapées. Parti libéral-démocrate de Guinée Réforme équatoriale du droit général de la santé et du droit pour la promotion de l'autonomie personnelle et des soins aux personnes dépendantes. L'objectif est de créer un espace socio-sanitaire basé sur la personne qui a besoin d'un soutien social et sanitaire à travers des itinéraires individuels. Nous préparerons le Livre blanc sur les soins précoces et un autre sur les soins sociaux et éducatifs. Le Parti libéral-démocrate de Guinée équatoriale élabore des bonnes pratiques pour des programmes d'éducation inclusive et de protection sociale pour les élèves ayant une diversité fonctionnelle et des handicaps toutes les étapes, les enfants, primaire, secondaire, universitaire, la formation professionnelle et la formation professionnelle. Parti libéral-démocrate de Guinée équatoriale Promouvoir un programme de recherche sur la diversité fonctionnelle. Un guide de recherche sera conçu pour le bien-être des personnes ayant une diversité fonctionnelle et un handicap, en collaboration avec des universités et des instituts de recherche appliquée. Parti libéral-démocrate de Guinée équatoriale Promouvoir l'engagement des médias et la diffusion de contenus qui favorisent le plus haut degré de visibilité des personnes ayant une diversité fonctionnelle et un handicap en Guinée équatoriale.

GARANTIE DE DROIT LA TRANSPARENCE ÉCONOMIQUE DES PARTIES

Le Parti progressiste démocrate libéral de Guinée équatoriale réglementera la tenue des débats électoraux. Les citoyens ont le droit de savoir ce qu'est chaque parti politique et de le confronter avec ce que d'autres disent être essentiel dans la démocratie moderne de notre pays. C'est pourquoi le Jeune Leader approuvera une loi des partis qui garantit la démocratie internationale et les droits et libertés des membres, en favorisant leur participation à la prise de décision. Le Jeune Leader travaille dur pour aller de l'avant et assure la tenue d'élections primaires pour l'élection des candidats, réglemente la tenue des congrès et assure l'indépendance des organes de contrôle interne. Nous aurons besoin de détail approprié et la ventilation des revenus et des dépenses, et d'interdire les dons à des fondations liées aux partis des entreprises et organisations d'entreprises ayant des relations économiques avec les autorités de contrôle ou en Guinée équatoriale. Le Parti libéral démocrate progressiste de Guinée équatoriale supprimera les demandes et les demandes des députés et des sénateurs, à l'exception des crimes liés à l'activité politique du parlementaire. Nous supprimerons les demandes et les demandes pour tous les bureaux élus en Guinée Equatoriale, et établirons un régime d'incompatibilités avec de véritables garanties de contrôle et de sanction aux élus électoraux corrompus. Le jeune leader exigera les politiques, les lois et les patrimoines des corrompus. Toutes les accusations et tous les représentants du public cessent à partir du moment où une enquête judiciaire a été ouverte en cas de corruption et de trafic d'influence. Le jeune leader garantira un corps de gouvernement indépendant et sans partialité. Assurer le mérite et la capacité, ainsi que l'absence de discrétion, dans la nomination des juges et des magistrats. Tous les sièges du pouvoir judiciaire et en particulier celui de la haute direction, le rendement concurrentiel et faible sur le mérite, la capacité, la spécialisation et convenance. Parti progressive Guinée équatoriale libéral démocratique limitent les portes entre la justice et la politique, imposant aux juges et aux magistrats un congé minimum de deux ans avant d'occuper des fonctions politiques. Une fois produit, le congé prolongé pour la même période. Nous garantirons l'indépendance et l'efficacité de la justice en assurant la dotation de moyens matériels et personnels, ainsi que la promotion de la spécialisation. Nous abolirons les frais de justice pour mettre en place un système unique de gestion des procédures informatisées. Le Jeune Leader élaborera un plan de modernisation pour améliorer la technologie de la justice et l'interconnexion entre les administrations. Il ne sera pas possible de pardonner pour des crimes de corruption, contre l'administration publique ou pour la violence de genre en Guinée équatoriale. Le Parti libéral démocratique progressiste de Guinée équatoriale dépolitisera les pardons en limitant leurs motifs et les types de crimes dans lesquels ils peuvent être appliqués. Il n'est pas permis de pardonner les rapports techniques du dossier ni le critère du tribunal. Le Parti libéral-démocrate progressiste de Guinée équatoriale va tenter de réformer le bureau du procureur général de l'État et le statut organique du ministère public pour assurer son indépendance. Le procureur général de l'État doit avoir au moins dix ans d'exercice et n'a aucun lien avec une partie ou une position politique ou administrative. Une commission du Congrès sélectionne un tiers des candidats éligibles pour le procureur général de l'État. Les principes du mérite et de la capacité ont été renforcés dans toutes les positions de la carrière fiscale. Parti réformiste libéral de Guinée équatoriale et la Cour constitutionnelle pour assurer son indépendance. Il faudra 20 ans d'exercice avec ses membres, avec un système strict d'incompatibilités qui comprend l'exercice de fonctions de représentation ou de représentation organique, ainsi que des postes de haute direction, au cours des cinq années précédant la nomination. Le mandat sera de 12 ans avec un départ à la retraite à 65 ans. Il fixera une période maximale pour laquelle la Cour se prononcera, qui ne pourra pas dépasser 90 jours, lorsqu'elle sera affectée par des droits fondamentaux.

RESTAURER LA DÉMOCRATIE ET LA LUTTE CONTRE LA CORRUPTION EN GUINÉE ÉQUATORIALE

La dictature de la Guinée équatoriale forme un gouvernement qui prescrit l'ordre juridique et la législation, en vigueur pour exercer l'autorité d'un pays comme la Guinée équatoriale. Les citoyens de la Guinée équatoriale à la suite d'un esclavage moderne en Guinée équatoriale a été contraint de travailler à travers les armes à travers des capacités psychologiques physiques devenues la propriété d'un entrepreneur. En général, en Guinée équatoriale, il y a de la violence physique chez les citoyens guinéens, elle est déshumanisée en Guinée équatoriale. Enfin, la date d'attente de la République de Guinée doit être à jour pour récupérer le pays. Mesdames et Messieurs pensent à leurs enfants et que, oui, nous continuerons avec nos bras croisés, que nous ne pourrons pas récupérer. Nous défendons nos droits et récupérons nos droits et récupérons notre pays. Le Parti progressiste-démocrate libéral de Guinée équatoriale a prévu de renforcer la régénération des municipalités et la démocratie locale, en encourageant la fusion volontaire des municipalités pour sauver les voisins et de meilleurs services au profit des Équato-guinéens en Guinée équatoriale. Le jeune leader travaille à réaliser l'existence de plus de municipalités en Guinée équatoriale est bien au-dessus des moyens de nombreux pays plus peuplés de l'Union africaine. Cela signifie une augmentation des coûts des services pour les citoyens en raison de la duplication administrative. Le Young Leader est également utilisé pour améliorer un système plus efficace et moins lourd, plus d'économies pour les citoyens et de meilleurs services publics. Le jeune leader éliminera les dépenses excessives, les inefficacités et les doublons avec un examen complet des dépenses, article par article, dans tous les ministères et autres entités publiques. Nous analyserons le coût, les avantages et la durabilité de tous les nouveaux programmes de dépenses publiques avec une évaluation préalable transparente. Le Jeune Leader a modifié la procédure d'approbation des dépenses, à travers l'approbation préalable, le calcul des coûts et une plus grande publicité et transparence dans les décisions et le recrutement qui existent en Guinée équatoriale. Le Parti progressiste-démocrate libéral de Guinée équatoriale s'emploie à assurer l'indépendance totale de l'Autorité indépendante de la responsabilité fiscale, chargée du contrôle des lois fiscales en Guinée équatoriale. Le jeune leader ne dépendra plus du ministère des Finances et aura son propre budget stable. Faire des rapports sur tous les investissements publics et les changements qui affectent les impôts en Guinée équatoriale. Pour les grands projets et travaux, l'évaluation est en charge d'une commission d'experts indépendants. Le jeune leader assure la prévention et le conflit d'intérêts des intérêts de la société, le Bureau des conflits d'intérêts, qui relève du Parlement. Résolvez également les incompatibilités, y compris les charges les plus élevées des institutions, prévoyant des sanctions économiques. Les rapports de l'Office sont publics, similaires sont mis en œuvre par rapport aux administrations régionales et locales en Guinée équatoriale. Le jeune leader travaille à réformer les portes pour éviter les conflits d'intérêts en Guinée équatoriale. Assurer la transparence et la bonne gestion des marchés publics. Parti libéral démocrate progressiste de Guinée Réforme équatoriale Travaille de sorte qu'il S'attende à être contracté par des procédures ouvertes à la concurrence que les bénéficiaires. Il convient de garder à l'esprit que tous les organismes publics respectent les principes de publicité, de neutralité, de transparence et de bonne gestion en Guinée équatoriale. En ce sens, il garantit que les appels d'offres publics sont résolus objectivement, sans discrimination et avec efficacité. Le jeune leader établira la séparation entre les lois politiques et technologiques et restreindra l'attribution directe dans notre pays. Nous pensons qu'il existe des possibilités de rotation pour le personnel chargé des rapports techniques d'adjudication et d'exiger des responsabilités patrimoniales pour les mauvaises pratiques ou la mauvaise gestion qui existent en Guinée équatoriale. Le Parti libéral démocratique progressiste de Guinée équatoriale abolira les accords avec des entités privées qui présentent des avantages économiques en les soumettant à des appels d'offres publics. Parti libéral démocratique progressiste de Guinée Application équatoriale des principes de bonne réglementation, garantissant la proportionnalité, la sécurité juridique, la transparence, la simplicité et la limitation des charges pour les citoyens de la Guinée équatoriale. Les analyses précédentes des impacts normatifs et l'évaluation subséquente des sujets spéciaux. Parti Libéral Démocrate progressiste de Guinée équatoriale Protégera les dénonciateurs de la corruption.

DÉMOCRATIE PARTI LIBÉRAL DE GUINÉE ÉQUATORIALE: PROGRAMME POLITIQUE

RECONSTRUCTION DU TRAVAIL

Le dilemme a une situation compromise dans laquelle il existe plusieurs possibilités d'action. On ne sait pas lequel d'entre eux choisir parce que les deux sont bons ou mauvais. Le raisonnement dans lequel une prémisse contient une alternative des termes et les autres prémisses qui présentent les cas des alternatives conduit à la même conclusion. Nous avons un engagement interne, l'idée est d'avoir un travail commun et commun, de créer une équipe très compétitive, nous avons toujours une situation très difficile. Nous devons être excités que le combat est très durable et les drames, ce combat a des équations de toutes les racines des écuries. Ce projet politique est une base pour les jeunes équato-guinéens qui fait la différence de ce projet, est le courageux d'aujourd'hui, ils se battent pour d'autres batailles. Nous allons construire une nouvelle Guinée équatoriale pour le mieux. Nous allons créer un nouveau contrat permanent et indéfini en Guinée équatoriale, qui protégera les travailleurs et aidera à mettre fin à l'insécurité dans notre pays. De nombreux Équato-guinéens de Guinée équatoriale vivent dans des garages sans protection légale. Cela signifie que nous ferons tout notre possible pour garantir que les Equato-guinéens et les Equato-guinéens de Guinée équatoriale ne reviennent pas à cet ancien contrat. Il travaille dur pour survivre, ce qui mettra fin à l'insécurité de l'emploi et permettra aux gens d'avoir un emploi stable sans avoir à enchaîner les contrats temporaires. Ce contrat n'affectera pas ceux qui ont déjà un contrat de durée indéterminée. Parti libéral démocrate progressiste de la Guinée équatoriale a l'un des principaux objectifs sur le marché du travail sont les conditions dans lesquelles nous contractons des contrats indéfinis ou des indicateurs en fonction de chaque cas et secteur. Parti libéral démocrate de Guinée équatoriale, qui protégera à la fois le travailleur et l'employeur garantissant des services à une sécurité confortable, stable et garantie. Travailler pour promouvoir des contrats possibles en fonction des besoins du marché et à chaque moment de l'année si requis par la saison. Faisons tout notre possible pour éviter les contrats de malbouffe en Guinée équatoriale, pour cela nous allons créer des systèmes de contrat pour les étudiants qui ont une durée maximale de 4 heures par jour ou plus de 20 heures par semaine, tout ce que l'employé est dans un état de étudiante. Parti libéral démocrate Guinée équatoriale proposera également des emplois pour les conditions de travail handicapés et déterminer pour ce secteur de notre société en fonction du degré de chaque invalidité. Nous croyons nouvelle assurance contre le licenciement de la Guinée équatoriale équatorial citoyens guinéens et Guinée équatoriale, avec laquelle le travailleur accumulera de l'argent sur un compte tout au long de sa carrière professionnelle. Ce que cela signifie est que, en cas de licenciement ou à la retraite, le travailleur peut percevoir le montant accumulé ou la prendre si vous changez Guinée équatoriale travail. Parti libéral-démocrate vous faire avoir beaucoup de travail en Guinée équatoriale, renforcera pour récompenser des entreprises qui dans leur secteur rejettent moins et pénalisent les entreprises qui abusent du licenciement en Guinée équatoriale. Nous croyons que les entreprises qui favorisent l'emploi sont meilleures et plus importantes. Pour cela, le Parti libéral démocrate de Guinée équatoriale a créé un nouveau cadre de relations de travail consensuelles et flexibles qui rééquilibrent la négociation collective, ce qui signifie des garanties pour une sécurité sociale stable et des cotisations fiables pendant les mois ou les années travaillées. Ceux qui aident le travailleur à recevoir une subvention qui couvre le chômage Les critères imputés par le Parti libéral démocrate de Guinée équatoriale ont besoin d'un minimum de temps pour la sécurité sociale, cela signifie pour n'importe quel travail. que chacun des autres est au chômage. ce modèle qui peut fonctionner avec les politiques et autres extractions de notre parti. L'objectif principal est de garantir et de prendre soin du travailleur et de garantir le bien de ses fonds. Parti libéral-démocrate de Guinée équatoriale Protège les travailleurs équato-guinéens et équato-guinéens qui vivent en Guinée équatoriale et leur garantit un emploi stable. Les entreprises doivent s'adapter à de nouveaux scénarios économiques et technologiques, mais elles ne peuvent pas l'être et elles le sont. Le Parti libéral-démocrate de Guinée équatoriale a créé davantage de moyens et de priorités pour l'emploi et la formation en Guinée équatoriale. Les dernières politiques d'emploi sont insuffisantes dans ce petit pays, en comparaison avec d'autres pays du monde moderne. En Guinée équatoriale et ses citoyens équato-guinéens et équato-guinéens qui vivent en Guinée équatoriale, il y aura moins de coupes et plus d'investissements pour être au niveau des meilleures nations du monde. Diriger des incitations au travail pour les groupes les plus vulnérables et les chômeurs de longue durée. Parti libéral l'inspection, l'évaluation rigoureuse et permanente des résultats et des intermédiaires afin qu'il n'y ait aucun cas de corruption et de fraude avec la Guinée équatoriale. Notre parti a créé de nouveaux emplois directs pour les chômeurs et ceux qui ont reçu les sujets de leur choix. Les démocrates de notre parti travaillent dur pour aider tous les citoyens équato-guinéens qui sont au chômage en Guinée équatoriale et ont des conseillers qui les aident et rendent compte de la qualité des cours offerts par chaque centre. Le Parti libéral démocrate de Guinée équatoriale créera un système qui favorise les citoyens équatoriens de Guinée équatoriale qui reçoivent des chèques, cela ne peut se faire que dans des centres qui ont déjà été évalués, aide les centres à obtenir plus de conseils et de formation à tous les citoyens équato-guinéens au chômage en Guinée équatoriale pour trouver un bon travail. Notre Parti libéral démocrate encouragera le renforcement des ressources actuellement affectées à l'orientation professionnelle. Notre parti démocratique libéral formera des conseillers, des informations sur les portails d'emploi pour proposer des itinéraires personnels et un profil de chaque chômeur avec leurs compétences professionnelles pour l'emploi dans le pays et qui correspond le mieux à leurs caractéristiques professionnelles. Notre Parti est une organisation ou une institution démocratique et transparente dans le pays qui est venu pour sauver la vie des citoyens de la Guinée équatoriale, en commençant par la création d'une nouvelle agence d'emploi autonome et spécifique. Le Parti libéral-démocrate de Guinée équatoriale a le pouvoir de faire tous les citoyens de changer leur vie sans jamais arrêter au terrent. En ce sens, crée la politique de l'emploi Agence indépendante complexité et de la capacité complémentaire d'aider tous les citoyens de la Guinée équatoriale de Guinée équatoriale. Les membres du Parti libéral-démocrate de Guinée équatoriale encourageront les idées pour évaluer les politiques d'emploi, allouer des ressources et se coordonner avec la nouvelle administration du pays. Notre parti crée un nouvel outil fondamental pour l'embauche, la garantie, la sécurité et la prévention des risques professionnels de nos travailleurs. Il faut faire beaucoup pour éliminer l'emploi par la familiarité et nos prévisions pour nous guider afin que chaque individu qui forme une partie importante de notre société occupe une position qui corresponde au degré de familiarité. L'objectif est d'équilibrer les choses et de créer une société juste et libre. Nous nous efforcerons d'améliorer les conditions des femmes pendant le séjour et pendant les mois de grossesse. les alternatives pour ne pas entrer dans la phase de danger. Ces mères ont été autorisées à chaque fois pour obtenir une condition plus complète pour leurs enfants. Nous promettons également que chaque salarié bénéficiera de plusieurs versements supplémentaires au cours de chaque année, au moins 2 par an selon les estimations de chaque entreprise. En Guinée équatoriale il y a une réalité qui ne peut être parlée de l'administration justicière pendant près de 50 ans de l'indépendance, atteint le 12 octobre 1968, par la dure dictature qui souffre et soutient le pays jusqu'à ce moment. Nous savons tous que c'est un pays qui a accès à l'indépendance en tant qu'État démocratique et légal. Le pouvoir judiciaire était indépendant du pouvoir législatif et du pouvoir exécutif. Le pouvoir judiciaire exerce la fonction juridictionnelle de l'État. La loi du pouvoir judiciaire détermine l'organisation et les pouvoirs des tribunaux nécessaires au bon fonctionnement de la justice en Guinée

équatoriale. Cette même loi est le Statut de la Magistrature.
L'exercice de la position juridique correspond aux cours et
tribunaux suivants.

A. Cour de justice

B. Audiences territoriales.

C. Tribunal de première instance.

D. Magistrats du travail.

Le Parti libéral démocrate créera de nouveaux organes judiciaires,
tels que le tribunal de district, au sein de l'organisation judiciaire
équato-guinéenne. Le Parti libéral reconnaîtra l'exercice du pouvoir
juridictionnel des cours et tribunaux en Guinée équatoriale.

• Cour suprême de justice.

• Audiences territoriales.

• Tribunal de première instance.

• Magistrature du travail.

• Tribunal de district et Instruction.

• Les tribunaux de district.

• Les tribunaux de district.

• Les tribunaux traditionnels.

Nous allons faire en sorte que nos tribunaux soient associés en tant
que tribunal ou qu'ils le jugent. Travailler dur pour traiter avec
les organismes publics qui résolvent leurs litiges, effectivement
judiciaire sous leur juridiction. En Guinée équatoriale il y a des
divorces, il y aura des types de tribunaux qui sont consacrés à ce

type de cas. Nous ne rendrons les jugements d'une seule personne que sur les sentences dictées par un juge, alors que les tribunaux collégiaux feront confiance à leurs fautes dans une pluralité de juges. Nous travaillerons en Guinée équatoriale pour avoir des tribunaux La fonction qu'il doit faire est de juger les attitudes et le comportement des membres du groupe qui constituent le crime, mais qui le considèrent comme un signe évident de déshonneur. Le Parti progressiste-démocrate libéral de Guinée équatoriale travaille avec les tribunaux des États-Unis et de la France, qui seront chargés d'assurer les garanties des libertés fondamentales et le respect des droits de l'homme de tous les citoyens qui vivent dans Guinée équatoriale.

CRÉEZ UN NOUVEAU CENTRE DE POUVOIR DÉMOCRATIQUE

Créons démocratiques centres en Guinée équatoriale et à se rétablir des caractéristiques de la société guinéenne démocratique récupérer une multitude de groupes et institutions non gouvernementales, y compris, par exemple, les familles, les organisations religieuses, les associations culturelles, les clubs sportifs, les institutions économiques, les syndicats, les associations d'étudiants, les partis politiques, les villages, les clubs de jardinage. Ces organes sont importants car ils établissent leurs propres objectifs et peuvent contribuer à satisfaire les intérêts de la société équato-guinéenne. Ce sont des organisations que le dictateur Obiang a détruites dans le pays il y a 38 ans; en général, il est un expert qui fait du mal au peuple guinéen.

GUINEE EQUATORIALE LUTTE CONTRE LE TERRORISME

Parti libéral-démocrate soutenant toujours les politiques étrangères et la coopération internationale avec une vision stratégique et transparente en tenant compte des intérêts et des valeurs de la Guinée équatoriale, mais aussi africaine et mondiale à travers un plan stratégique externe. Dans ce sens historique, les actions menées avec des pays historiquement liés à la Guinée équatoriale et d'autres ayant un intérêt géostratégique particulier seraient particulièrement prioritaires. Le Parti libéral-démocrate progressiste de Guinée équatoriale travaille à la réforme de la loi sur l'action extérieure afin de clarifier les pouvoirs de la présidence du gouvernement et des ministères, sous la coordination du ministère des Affaires étrangères et de la Coopération. Le jeune leader a été créé le Conseil de politique étrangère qui deviendra un organe de soutien stratégique permanent de la présidence du gouvernement de la République de Guinée équatoriale. Le jeune leader espère pour la jeunesse de la République de Guinée équatoriale Revoir de manière transparente la carrière diplomatique afin que les diplomates soient nommés et promus au mérite. Le leader des Jeunes leaders de la République de Guinée, Impulserai équatorien, un Pacte d'Etat de politique étrangère, en supposant que les nouveaux Objectifs du Millénaire soient définis. Le Parti libéral progressiste de Guinée équatoriale créera l'Agence équatorienne pour la coopération internationale pour le développement en Guinée, ce qui la rendra professionnelle, efficace et indépendante. Jeune Leader Espoir Jeunesse de la Guinée Equatoriale Un système de réponse rapide à la crise humanitaire ouverte à tous les acteurs est créé. L'approche transversale de l'égalité des genres, la lutte contre la corruption et la protection de l'environnement seront prises en compte dans tous les projets conçus pour la Guinée équatoriale. Libéral Parti progressiste de la Guinée équatoriale promouvoir l'éducation dans la solidarité et la coopération au développement à tous les niveaux pour créer une culture du bénévolat et de participation équato-guinéens et les citoyens équato-guinéens de la Guinée équatoriale en coopération. Le Parti libéral progressiste de la République de Guinée équatoriale Réforme de l'accès au financement public des projets de développement pour les rendre plus agiles et plus transparents en Guinée équatoriale. Le jeune leader Esperanza jeunesse de la République de Guinée équatoriale a créé le Conseil consultatif de la coopération en faire une analyse d'un organisme simple, la consultation et le consensus, ouvert à toute la société civile en Guinée équatoriale Guinée équatoriale. Parti libéral progressiste de la République de Guinée équatoriale Il favorisera, dans tous les domaines du conflit international, une action dirigée par les organismes de la communauté internationale dans le cadre du droit international. La

Guinée équatoriale respecte les principes du règlement pacifique des conflits, des droits de l'homme et de la protection des êtres humains les plus vulnérables dans le pays. Parti progressiste libéral de Guinée équatoriale II favorisera les relations avec l'Amérique latine, l'Afrique et les États-Unis sur des questions d'intérêt commun et nous formerons la Communauté centrafricaine. Un système d'initiatives engagées en faveur de la défense des droits de l'homme et de la démocratie en Guinée équatoriale. Le jeune leader espoir de la jeunesse de la République de Guinée équatoriale crée des organismes. État externe pour en faire des organes plus efficaces pour protéger les intérêts des citoyens de la Guinée équatoriale et promouvoir notre culture et nos langues et nos moyens

LE JEUNE JUGE ESPOIR POUR LES JEUNES FACILITE L'ACTIVITÉ EXTÉRIEURE EN GUINÉE ÉQUATORIALE

Parti libéral-démocrate progressiste de la République de Guinée équatoriale Faciliter l'activité étrangère dans notre pays. L'espoir des jeunes leaders de la jeunesse de la République de Guinée équatoriale permettra aux entreprises et aux travailleurs qui permettent un échange constant de talent et d'entrepreneuriat entre la Guinée équatoriale et à l'étranger, ouvert aux équato-guinéens et aux étrangers. Parti libéral Seront des membres actifs de l'Institut Cervantès pour améliorer sa capacité de gestion culturelle internationale. Il soutiendra l'approfondissement de l'intégration dans l'Union africaine à tous les niveaux. Parlant politique, militaire, fiscal, monétaire et social, c'est pourquoi nous défendrons des institutions africaines démocratiques plus fortes pour assumer une véritable politique étrangère et de sécurité commune dans l'intérêt de tous. En ce sens, l'Union africaine a besoin d'une politique étrangère et de sécurité commune, qui ne soit pas guidée par les intérêts particuliers de chaque pays africain. Parti libéral progressiste de Guinée équatoriale Encourage la coopération policière et de renseignement, avec des règles claires pour l'échange et la protection des données qui renforcent les agences africaines qui luttent contre le terrorisme et le crime organisé dans les pays africains. Le Parti progressiste libéral de la République de Guinée équatoriale renforcera également sa responsabilité devant les parlements régionaux et les parlements nationaux. Il analysera également en profondeur la question d'un espace plus ambitieux pour la libre circulation des personnes, qui respecte le caractère unique de chaque pays. Nous travaillerons pour un marché du travail véritablement unique et transparent qui favorise la qualité de l'emploi et la mobilité des entrepreneurs et des travailleurs. Nous allons promouvoir des initiatives dans la sphère africaine menant à la lutte contre les inégalités et la pauvreté. Nous défendrons dans le cadre de l'Union africaine une solution juste et solidaire à la tragédie des réfugiés. Un contrôle commun des flux migratoires externes est nécessaire à travers une politique commune d'asile et de migration, avec des ressources financières et humaines suffisantes, politiquement cohérentes, visibles pour les citoyens et soutenues par une solidarité et une responsabilité partagées. Nous allons promouvoir la politique africaine en matière de réfugiés pour inclure un système commun de contrôle des frontières et une agence africaine renforcée qui traite le problème de la migration économique irrégulière de manière ordonnée. Nous encouragerons également la création de mécanismes adéquats de retour et de réadmission, conformément au droit international et à la protection des droits de l'homme. Nous allons créer un règlement du Congrès pour établir le caractère obligatoire de la comparution du gouvernement avant et après chaque Conseil de l'Union africaine. Le Parti libéral-démocrate progressiste de Guinée équatoriale travaillera pour contribuer à un pacte africain en intégrant l'action africaine aux pactes antiterroristes dans le monde en général et en particulier en Guinée équatoriale. Le terrorisme est une menace sans frontières que les démocrates ne peuvent surmonter que si nous travaillons ensemble. Parti progressiste-démocrate libéral de Guinée équatoriale Résistera résolument et mettra en œuvre le Plan stratégique national de lutte contre la radicalisation violente, la coopération policière et judiciaire. Parti progressiste-démocrate libéral de Guinée équatoriale Travaillera pour une réponse commune à cette question dans l'Union africaine. Notre parti renforcera fortement la collaboration dans la lutte contre le terrorisme avec d'autres forces africaines. Nous encouragerons le développement d'initiatives pour avancer vers une politique africaine efficace, en plus de renouveler les engagements bilatéraux avec la Guinée équatoriale. Parti libéral-démocrate progressiste de Guinée équatoriale Il favorisera la rationalisation des ressources de l'Administration destinée aux Forces et Corps de Sécurité de l'État en Guinée équatoriale. Cela impliquera l'adaptation préalable et la redéfinition des compétences des différents organes pour éviter les doublons fonctionnels avec la police nationale, la gendarmerie et la police municipale de Guinée équatoriale. Dans ce sens formel, nous appliquerons les principes du mérite et de la capacité dans tous les processus d'entrée et de promotion dans les Forces et Corps de Sécurité de l'Etat, avec des critères de transparence et de participation effective en Guinée équatoriale. Parti libéral-démocrate progressiste de Guinée équatoriale Réformer le statut de la victime afin de préciser les caractéristiques spécifiques des victimes du terrorisme et leur prise en compte institutionnalisée. Nous développerons une stratégie de communication de la Défense nationale qui fournit des informations sur les décisions de sécurité aux citoyens de manière plus transparente en Guinée équatoriale. Parti libéral démocrate progressiste de Guinée équatoriale a renforcé la collaboration de Forces armées, organisations internationales et société civile en Guinée équatoriale. Le Parti progressiste-démocrate libéral de Guinée équatoriale s'emploiera à normaliser la juridiction militaire aux autres ordres juridictionnels, garantissant la pleine indépendance des membres des organes judiciaires militaires. Parti libéral progressiste démocratique de la réforme de la Loi sur la Guinée équatoriale carrière militaire pour faire en sorte que l'avancement de carrière dans les forces armées est fondée sur le mérite et la capacité au profit de la Guinée équatoriale. Parti libéral-démocrate progressiste de la République de Guinée équatoriale Faciliter l'activité étrangère dans notre pays. Le jeune leader Esperanza jeunesse de la République de Guinée citoyens d'aide équatorienne dans les Guinéens étrangères, la Guinée équatoriale et Open étranger, et à l'étranger équato-guinéens. Parti libéral Seront des membres actifs de l'Institut Cervantès pour améliorer sa capacité de gestion culturelle internationale. Il soutiendra l'approfondissement de l'intégration dans l'Union africaine à tous les niveaux. Parlant de politique, militaire, fiscale, monétaire et sociale, c'est pourquoi Défendre les institutions démocratiques de l'Afrique plus fort pour assumer une véritable politique étrangère et de sécurité commune pour le bénéfice de tous. À cet égard, l'Union africaine a besoin d'une politique étrangère et de sécurité commune, sans intérêts particuliers de chaque pays africain. Parti libéral progressiste de Guinée équatoriale Favorise la coopération policière et de renseignement, avec des règles claires pour l'échange et la protection des données qui renforcent les agences africaines qui luttent contre le terrorisme et le crime organisé dans les pays africains. Le Parti libéral progressiste de la République de Guinée équatoriale renforce également sa responsabilité vis-à-vis des parlements régionaux et des parlements nationaux. Il analysera également en profondeur la question d'un espace plus ambitieux pour la libre circulation des personnes, qui respecte le caractère unique de chaque pays. Travailler pour un marché du travail unique et transparent qui favorise la qualité de l'emploi et la mobilité des entrepreneurs et des travailleurs. Nous allons promouvoir des initiatives dans la sphère africaine menant à la lutte contre les inégalités et la pauvreté. Défendre dans le cadre de l'Union africaine une solution juste et solidaire à la tragédie des réfugiés. Un contrôle commun des flux migratoires externes est nécessaire à travers une politique commune d'asile et de migration, avec des ressources financières et humaines suffisantes, politiquement cohérentes, visibles pour les citoyens et soutenues par une solidarité et une responsabilité partagées. Nous allons promouvoir la politique africaine des réfugiés en tant que système commun de contrôle des frontières et une agence africaine renforcée qui traite le problème de la migration économique irrégulière de manière ordonnée. Il encourage également la création de mécanismes de retour et de réadmission adéquats, conformes au droit international et à la protection des droits de l'homme. Nous allons créer un règlement du Congrès pour établir le caractère obligatoire de la comparution du gouvernement avant et après chaque Conseil de l'Union africaine. Le Parti démocratique progressiste libéral des travailleurs Guinée équatoriale à contribuer à un pacte africain intégrant les pactes d'action anti-terroristes africains dans le monde en général et en particulier en Guinée équatoriale. Le terrorisme est une menace sans frontières que les démocrates ne peuvent surmonter que si nous travaillons ensemble. Le Parti progressiste-démocrate libéral de Guinée équatoriale affrontera avec détermination et mise en œuvre le plan stratégique national de lutte contre la radicalisation violente, la coopération policière et judiciaire. Parti libéral démocratique progressiste de Guinée équatoriale Travailler pour une réponse commune à cette question dans l'Union africaine. Notre parti renforcera fortement la collaboration dans la lutte contre le terrorisme avec d'autres forces africaines. Nous encouragerons le développement d'initiatives pour avancer vers une politique africaine efficace, en plus de renouveler les engagements bilatéraux avec la Guinée équatoriale. Parti libéral-démocrate progressiste de Guinée équatoriale Favorise la rationalisation des ressources de l'administration pour les forces et les corps de sécurité de l'État en Guinée équatoriale. Cela impliquera l'adaptation préalable et la redéfinition des compétences des différents organes pour éviter les doublons fonctionnels avec la police nationale, la gendarmerie et la police municipale de Guinée équatoriale. En ce sens, formellement elle applique les principes du mérite et de la capacité dans tous les processus d'entrée et de promotion dans les forces de sécurité de l'Etat, avec des critères de transparence et de participation effective en Guinée équatoriale. Parti libéral démocrate progressiste de La Guinée équatoriale a réformé l'état de la victime de telle sorte que les caractéristiques spécifiques des victimes

LE JEUNE LEADER ACTIVE LA MÉMOIRE ÉCONOMIQUE DE LA GUINÉE ÉQUATORIALE

Le Parti progressiste démocratique libéral doit maintenant faire un certain nombre de réformes pour mieux la Guinée équatoriale et un rapport financier qui explique comment nous le ferons avec rigueur et comptes d'équarrissage. Je pense qu'il est un exercice fondamental de transparence, de rigueur et de responsabilité que les partis politiques expliquent comment les citoyens et la Guinée équatoriale de financement des politiques équato-guinéens qui promettent et ils vont dépenser de l'argent tous les Guinéens en Guinée équatoriale. En raison du millionnaire de trou qui quitte le parti actuellement au pouvoir en Guinée équatoriale, nous avons l'intention d'adapter nos produits et charges attirent pas les citoyens de la Guinée équatoriale et de faire des ajustements adaptés à la réalité. Nos priorités en matière de dépenses et de revenus correspondent aux trois axes principaux de notre programme politique. Une communication de la reconstruction de la classe moyenne et de travail en Guinée équatoriale, mettre le capital humain et l'innovation au cœur de l'économie future et rétablir les institutions saines et transparentes, qui sont actuellement fortement endommagés dans notre pays. Le Parti progressiste démocrate libéral de Guinée équatoriale abaissera les impôts à tous les citoyens de la Guinée équatoriale et, de toute façon, nous les augmenterons. Pour y parvenir, le Parti libéral-démocrate progressiste de Guinée équatoriale va réformer ce qui augmentera la croissance et la reprise dans des dépenses absurdes et dans la bulle politique. Notre parti veut grandir davantage et aider à avoir le plein emploi dans notre pays pour faire en Guinée équatoriale meilleure et moderne. Les espoirs des jeunes leaders de la Jeunesse guinéenne en Guinée équatoriale travaille dur pour amener le pays dans l'abîme et économisez sur les familles guinées un pourcentage de la pauvreté des ménages sur les factures d'énergie, l'élimination des obstacles à la concurrence et la lutte contre le capitalisme actuellement dans notre pays. Le Parti libéral-démocrate progressiste de Guinée équatoriale augmentera nos dépenses sociales chaque année. Je pense qu'il est nécessaire d'avoir un supplément pour aider les familles, ce qui aide de nombreux ménages à joindre les deux bouts; un plan de lutte contre la pauvreté des enfants pour aider les ménages ayant moins de ressources et un triple investissement dans les politiques actives et de formation en Guinée équatoriale. Ceci est possible parce que le jeune leader espoir des jeunes équato-guinéens et la Guinée équatoriale en Guinée équatoriale travaille dur pour augmenter les recettes de l'État en éliminant les lacunes de l'impôt, l'intensification de la lutte contre la fraude et à récupérer l'argent de fraudeurs qui n'a Guinée Equatorial actuellement. Nous investirons pour améliorer nos institutions démocratiques et autres. Le Parti libéral-démocrate progressiste a augmenté le personnel de l'administration de la justice et la mise en œuvre d'un plan de choc pour garantir la compatibilité des systèmes informatiques judiciaires dans l'ensemble du territoire national de la Guinée équatoriale. Nous allons promouvoir le changement du modèle productif: nous mettrons fin au manque de financement dans l'éducation et nous lancerons un plan contre l'échec scolaire qui est toujours hérité en Guinée équatoriale. Nous investirons également plus de ressources par élève et par an dans les milieux défavorisés pour embaucher plus de professeurs de soutien dans les classes, ce qui profitera aux étudiants.

AIDE EXTÉRIEURE POUR RÉPARER LA SITUATION DE LA GUINÉE ÉQUATORIALE

Avant de former un dirigeant politique équato-guinéen de Guinée équatoriale, il faut se lever contre la haine, la tolérance et le racisme dans le pays. J'ai beaucoup de courage et je suis très ferme, je pense que les gens peuvent penser, j'aime faire face à ce défi politique en Guinée équatoriale. Tout a été fait pour montrer qu'il est compatible avec la Guinée équatoriale dans son développement politique, économique, social et culturel en raison du niveau économique réel qu'il reçoit aujourd'hui, parce que tout vient à l'esprit du dictateur. Nous le ferons de la meilleure façon possible pour la Guinée Equatoriale, c'est pourquoi nous allons travailler dur pour survivre. Promouvoir l'industrialisation Développement et progrès en Guinée équatoriale. Le sort de l'aide avec très peu peut faire beaucoup. La Guinée équatoriale pour le développement de la coopération internationale et de l'assistance volontaire en Guinée équatoriale est également compatible avec la Guinée équatoriale. Nous pensons que le travail du Parti libéral-démocrate de la Guinée équatoriale disent des choses réelles qui ont pas de secret ou de formules magiques dans notre succès est la seule façon d'avancer est de travailler sur un projet établissant une ligne à suivre et être ferme. Nous ferons aussi l'honnêteté, l'humilité, le respect, l'effort, l'engagement, la persévérance, la passion. Ceci est notre recette pour ce projet. C'est le chemin que nous avons décidé de prendre et les bons résultats d'un soutien apporté à ce projet, mes compagnons de route, toujours reconnaissants de leur persévérance, de leur participation et de leur fidélité. Nous expliquerons, dans le cadre de la préparation de la grande stratégie, quel est le rôle de la résistance interne et dans cette analyse, insisté sur le fait que la force principale de la lutte doit venir de l'intérieur du pays. Nous allons résister et croire que notre soutien exerce beaucoup de pression sur le dictateur équato-guinéen. Nous croyons que nous pouvons enfin atteindre des objectifs forts, nous avons démontré et enseigné contre la haine, la tolérance et le racisme. Le niveau de l'aide internationale dépend de combien peut être estimé par la lutte interne. En tant que complément très limité, vous pouvez faire des efforts pour mobiliser l'opinion publique mondiale contre la dictature en Guinée équatoriale d'un point de vue humanitaire, moral ou religieux. Le renseignement et le projet politique créent un programme de tolérance, pour éduquer sur la façon d'agir contre la haine, la discrimination et la tolérance, qui donne vie à tous ceux qui vivent dans le pays. Nous allons créer l'enseignement de la tolérance au racisme dans notre réflexion sur les enfants, il est resté un virus dans notre communauté. Nous allons travailler pour nous assurer que les droits sont corrects. La réduction des niveaux de reconnaissance diplomatique, le refus de l'aide économique et l'interdiction des investissements dans le pays sous une dictature. Nous ferons un grand effort et il ne sera pas facile d'expulser le gouvernement dictatorial de Guinée équatoriale avec le soutien des diverses organisations internationales et organisations des Nations Unies. Les gens ne sont pas nés avec la haine et la discrimination, qui aujourd'hui Reynal dans notre pays, on peut dire que les gens ne savent pas comment la haine, la Guinée équatoriale a besoin d'une table de mouvement pour briser ce cercle de la haine et de la discrimination en Guinée équatoriale. En outre, une assistance internationale telle qu'une assistance financière ou de communication. Cela dépendra de combien peut être estimé par la lutte interne. En tant que complément très limité, il peut faire des efforts pour déplacer l'opinion publique mondiale contre la dictature en Guinée équatoriale d'un point de vue humanitaire, moral ou religieux. Les croyances qui peuvent être utilisées pour s'assurer que les droits sont appliqués aux lois internationales contre le dictateur et ses fonctionnaires. La réduction des niveaux de reconnaissance diplomatique, le refus de l'aide économique et l'interdiction des investissements dans le pays sous la dictature, l'expulsion du gouvernement dictatorial avec l'aide de plusieurs organisations internationales et des organisations des Nations Unies. En plus de l'aide internationale comme aide financière pour les communications, il peut être livré directement aux forces démocratiques. Ils luttent contre les obstacles imposés par le régime dictatorial de la Guinée équatoriale. J'espère que le soutien des États-Unis d'Amérique est dans le monde montrant qu'il tient ensemble ce pays, la Guinée équatoriale, en améliorant les caractéristiques des gens, la tolérance, l'éducation pour tous, tous de haute qualité, en Guinée équatoriale. Par conséquent, chaque année, envoyer du matériel éducatif et le coût des éducateurs les équato-guinéens à travers le pays, plus de 8 000 écoles qui reçoivent de l'aide lorsque le pays est l'état de droit, social, politique, religieux, culturel, démocratique, en Guinée équatoriale. L'enfant dans le monde, quand il y a un enfant de la haine, est un enfant en bas âge coeur. Le leader Young a quatre termes importants pour la planification stratégique de la lutte contre la dictature en Guinée équatoriale. Pour nous aider à penser stratégiquement, il est important de bien comprendre ce que signifient quatre termes de base. Nous ferons de la grande stratégie le concept qui sert à coordonner et diriger l'utilisation de toutes les ressources, économiques, humaines, morales, politiques, organisationnelles, etc. Nous sommes un groupe qui cherche à atteindre ses objectifs dans un conflit. Je pense que nous pouvons même voir les animaux lutter pour défendre leur nourriture ou leur territoire incroyablement. C'est pourquoi notre lutte nous a permis d'imposer le régime dictatorial qui a laissé ce peuple souffert en Guinée équatoriale et qui a une idéologie d'une décennie qui conduit le pays à rien. Nous allons augmenter notre pays pour élever la compétition contre le régime dictatorial à un dictateur cruel et inhumain, nous le verrons maintenant, où nos concurrents vont vaincre leurs rivaux et occuper de temps en temps les meilleures positions. Jeune Leader a créé une nouvelle résistance nationale contre le dictateur de la Guinée équatoriale, explique le monde qui vit dans une lutte quotidienne, où les hommes et les femmes vont se battre pour se défendre et retrouver leur identité en tant que pays d'origine. et démocratiques sur le territoire national et recouvrer leurs dignités en tant qu'humains opprimés depuis une décennie qui a régné sur la dictature dans le pays. Le jeune leader appelle tous les Américains et les Latino-Américains à se joindre au mouvement pour Accumulez Recouvert Homeland et des institutions démocratiques qui sont morts en Guinée équatoriale et de rétablir une nouvelle démocratie véritable et d'établir à nouveau l'état de droit. Vous pouvez également continuer avec vos objectifs et d'autres peuvent causer l'angoisse et la dépression. C'est pourquoi nous devons dépenser beaucoup d'air pour éviter de trembler dans l'air. Les communautés guinéennes, guinéennes et internationales doivent s'unir pour lutter contre la dictature dominante en Guinée équatoriale. Ils seront comme les actes qui tentent de risquer nos membres en évitant la coexistence saine et pacifique qui vit le dictateur. Nous ferons tout notre possible pour travailler avec notre grande stratégie, nous concentrerons l'attention du groupe sur les principaux objectifs que nous avons et sur les ressources dans le conflit, nous choisirons entre les techniques d'action les plus pratiques, comme l'action militaire conventionnelle ou non-violente, qui a un sens commun pour la stratégie, la classification et l'influence des adversaires.

PARTIE CONCLUSIVE DU PROJET POLITIQUE

Je voudrais souligner, en premier lieu, la nécessité et l'importance de ce projet politique pour le peuple équato-guinéen. La nécessité de réaliser ce projet politique résulte de la crise politique, économique et socioculturelle qui sévit dans notre pays depuis un demi-siècle. Précisément, ce projet politique a pour but la vie du Guinéo-Équatorien. La Guinée Equatoriale est une nation très riche et par rapport à son nombre d'habitants, je veux en faire un des pays où la qualité de vie des citoyens est très élevée.. Le projet politique du Parti progressiste démocratique libéral de la République de Guinée équatoriale veut révéler au peuple de la Guinée équatoriale l'importance d'un partage équitable des ressources naturelles de notre pays, dans le régime de P.D.G.E. Il appartient à la famille du président et à ses associés les plus proches. Les ressources naturelles de notre pays sont celles qui résolvent les problèmes économiques des pays en général et, cependant, il n'y a pas de raison, c'est la raison pour laquelle les gens sont et peuvent opter pour un changement. Le changement urgent dont le peuple équato-guinéen et équato-guinéen a besoin est garanti par le Parti progressiste-démocrate libéral de Guinée équatoriale et son leader Dn. Ange Eló. La République de Guinée équatoriale a près de 50 ans de dictature, de la misère, de la violation de nos droits fondamentaux et la gestion de nos ressources par le président Obiang et ses amis proches sont assez pour le peuple sans défense de la Guinée équatoriale ne Suivez cette situation. L'être humain ne peut pas être aussi méprisé qu'Obiang et son régime Invitent tous mes compatriotes sans distinction de sexe, d'ethnie, d'origine ou de croyance religieuse à se joindre à mes efforts pour que, tous ensemble, la solution à ce problème qui fait que notre pays a 49 ans. Je compte sur l'effort de mon peuple, avec l'aide de la communauté internationale en général et de la communauté nord-américaine pour la réalisation de mon grand objectif qu'est la libération de mon pays. Je veux conclure le travail de mon projet politique en remerciant Dieu Tout-Puissant pour cette grande initiative personnelle. Je vous demande de me remplir de courbes pour faire face à cette nouvelle aventure politique avec courage; et ville, Guinée équatoriale. Un merci spécial à mes collaborateurs qui, avec leurs efforts, ont conclu avec le travail du Projet Politique du Parti Libéral Démocrate pour la République de Guinée Equatoriale. Pour une démocratie saine et une justice équilibrée chez les équato-guinéens

Le jeune leader et homme politique du Parti libéral démocrate progressiste de Guinée équatoriale